DRC　丛书主编·李 伟

国务院发展研究中心
研究丛书2013

中国企业
转型发展调查研究

The Survey on the Transformation
and Upgrading of Chinese Firms

赵昌文 张文魁 马 骏等 著

中国发展出版社
CHINA DEVELOPMENT PRESS

图书在版编目（CIP）数据

中国企业转型发展调查研究/赵昌文等著. —北京：
中国发展出版社，2013.6
（国务院发展研究中心研究丛书/李伟主编. 2013）
ISBN 978-7-80234-964-3

I.①中… Ⅱ.①赵… Ⅲ.①企业发展—调查研究—中国
Ⅳ.①F279.2

中国版本图书馆 CIP 数据核字（2013）第 124320 号

书　　　名：中国企业转型发展调查研究
著作责任者：赵昌文　张文魁　马　骏等
出 版 发 行：中国发展出版社
　　　　　　（北京市西城区百万庄大街 16 号 8 层　100037）
标 准 书 号：ISBN 978-7-80234-964-3
经 销 者：各地新华书店
印 刷 者：北京科信印刷有限公司
开　　　本：700mm×1000mm　1/16
印　　　张：16.25
字　　　数：224 千字
版　　　次：2013 年 6 月第 1 版
印　　　次：2013 年 6 月第 1 次印刷
定　　　价：40.00 元

联 系 电 话：(010) 68990630　68990692
购 书 热 线：(010) 68990682　68990686
网 络 订 购：http://zgfzcbs.tmall.com//
网 购 电 话：(010) 88333349　68990639
本 社 网 址：http://www.develpress.com.cn
电 子 邮 件：bianjibu16@vip.sohu.com

"中国企业转型发展的调查研究"
课题组

深化体制改革　促进转型发展

国务院发展研究中心主任　李伟

　　党的十八大提出了到 2020 年全面建成小康社会的宏伟目标。届时，按不变价计算，城乡居民收入水平比 2010 年实现倍增。要实现这一宏伟目标，到 2020 年前，我国 GDP 年均增长速度需要略高于7%。如何在转变发展方式的基础上保持经济较快增长，实现全面建成小康社会的宏伟目标，对我们的工作提出了新的要求。

　　未来中国经济发展面临着全新的国际环境。全球金融危机爆发后，世界经济进入了大调整大转型时期。发达经济体难以在短期内恢复高速增长，世界经济进入低速增长新阶段。全球性产能过剩问题加剧，国际市场竞争更加激烈，贸易投资保护主义有所抬头。区域贸易安排取代多边贸易体系，成为贸易投资自由化的主要形式，发达国家正按照自身利益酝酿新的贸易投资规则。三大主要经济体同时采取宽松的货币政策，导致全球性流动性过剩，对国际资本流动、全球金融市场的稳定均产生巨大影响。能源供求结构与格局深刻变化。主要发达经济体在救助金融危机和刺激经济的同时，实施"再制造业化"战略，重视新兴产业发展，推动经济加速转型。国际环境的变化，蕴含着新的机遇与挑战，战略机遇期的内涵与条件发生了重要变化。

中国经济发展进入了新阶段。我国已经进入了中等收入国家的行列，潜在经济增长率将出现下降，经济增长动力正处于转换之中。我国比较优势也在发生深刻变化，以往支撑我国参与国际分工与竞争的低成本劳动力优势正在快速削弱，劳动密集型产品在国际市场上面临着日益激烈的挑战。

转变发展方式刻不容缓。依靠要素投入驱动的经济发展方式难以为继，不平衡、不协调、不可持续的矛盾日益尖锐。经济结构不合理的问题日益严重，影响社会和谐稳定的矛盾更加突出，产能过剩、房地产泡沫、地方融资平台蕴含的金融风险等问题不可忽视。年初华北地区大面积持续的雾霾天气，不仅突显了资源环境问题的严重性，更反映了转变发展方式的紧迫性。

既要转变发展方式，又要保持经济稳定增长，唯一的出路是深化体制改革。体制机制是决定经济发展方式的根本因素，老的体制机制决定了老的发展方式。要转变发展方式，必须要有一套新的体制机制，否则，转变发展方式只能是纸上谈兵。除此之外，抓住新的发展机遇，释放经济增长的潜力，同样需要进一步深化改革。

深化改革要坚持不断完善社会主义市场经济体制。深化改革的关键是处理好政府与市场、政府与社会的关系，要尽可能把市场与社会可以自行承担的职能交给市场和社会，要用体制机制用好、管好政府这只"看得见的手"，充分尊重市场这只"看不见的手"，真正发挥市场机制在资源配置中的基础性作用。

改革进入深水区，需要我们用极大的智慧与勇气推进改革。各种体制盘根错节，相互影响，牵一发而动全身，改革不能零打碎敲，必须做好改革的顶层设计，系统化推进。

国务院发展研究中心是直接为党中央国务院决策服务的政策研究咨询机构。我们始终坚持围绕中心、服务大局的方向，开展政策研究，将战略性、综合性、全局性和前瞻性的重大战略问题研究与对经济社会发展中的热点、难点、焦点问题研究有机结合，力争为党中央国务院决策提供"管用"的政策建议与解决方案。

2013 年的"国务院发展研究中心研究丛书"共包括 16 本著作，是过去一两年我中心部分政策研究成果。《改革攻坚（上）——改革的重点领域与推进机制研究》和《改革攻坚（下）——推进经济体制重点领域改革研究》是对下一步经济体制改革的总体设计，是我中心重大课题研究成果。丛书中还收录了对特定领域改革的研究成果，如《稳定与完善农村基本经营制度研究》《利率市场化改革研究》。关于转型发展方面的研究成果则包括：《中国制造业创新与升级——路径、机制与政策》《中国企业转型发展调查研究》《要素成本上涨对中国制造业的影响及相关政策研究》《大调整时代的世界经济》《全球农业战略：基于全球视野的中国粮食安全框架》《完善城镇化进程中的社会政策》《人口倒挂地区社会管理研究》等。针对经济社会发展中的热点问题，丛书重点收录了建立房地产市场调控长效机制的研究成果，包括《中国住房市场：调控与政策》《土地供应制度对房地产市场影响研究》。另外，丛书还收录了关于经济社会发展中一些新趋势、新问题的研究，如《中国云计算应用的经济效应与战略对策》《中国场外股权交易市场：发展与创新》《中国中长期负债能力与系统性风险研究》。

我们正在着力建设"一流智库"，不断提高政策研究的水平与质量。尽管如此，丛书中收录的研究成果，可能还存在种种不足，希望读者朋友不吝赐教，提出宝贵意见与建议，帮助我们不断改进。我衷心希望，社会各界都能够关心支持政策研究与咨询工作，为实现中华民族伟大复兴的"中国梦"，不断作出新贡献。

2013 年 6 月 3 日

目　录
Contents

转型升级：企业要做什么，
政府能做什么

从 1987 年党的十三大首次提出"要从粗放经营为主逐步转上集约经营为主的轨道""使经济建设转到依靠科技进步和提高劳动者素质的轨道上来"，到党的十八大报告重申"加快转变经济发展方式"，中国经济转型之路已经至少走过了 1/4 个世纪。经济发展方式转变的艰巨性、复杂性和长期性，使其成为中国谋求长期可持续发展的最重要任务。

中国经济发展方式转变的关键之一在于如何改变企业的行为，促进企业转型升级。要顺利实现经济结构的调整和经济发展方式的转变，既需要宏观政策、制度层面的调整，也需要企业微观层面的转型升级。企业的行为决定了经济增长的质量和效益，企业的投入产出方式决定了经济增长的方式。所以，没有企业发展方式的转变，经济发展方式是不可能有实质性转变的。

一、转型升级是企业应对当前困难环境
谋求更好发展的根本出路

（一）当前中国的企业发展受到以下几个突出矛盾的制约

资源和环境约束日益加深。煤炭本是中国的优势能源，但从 2009 年开始已经呈现净进口的局面。2011 年，中国生产煤炭 35.2 亿吨，进口 1.8

亿吨，煤炭消费总量相当于其他国家煤炭消耗的总和。中国石油消费量的近60%依赖进口。全国600多个城市中，有400多个城市缺水。由于多年来持续高速的经济增长，环境压力也越来越大。

劳动力、土地等要素综合成本上升导致传统比较优势快速下降。随着中国农村剩余劳动力不断减少，近年来农民工工资大幅度提高，与周边一些国家特别是东南亚国家相比，中国劳动力成本低的传统比较优势正在逐步消退。2000年中国制造业职工月平均工资约88美元，同年印度和越南分别为59美元和67美元，三个国家的平均工资水平相差不大，中国分别为印度和越南的1.5倍和1.3倍。但到2011年，中国和印度的月平均工资分别为456美元和107美元，中国是印度的4.3倍。从土地价格看，2011年末，全国主要监测城市地价总水平为3049元/平方米，是2005年的2.4倍。

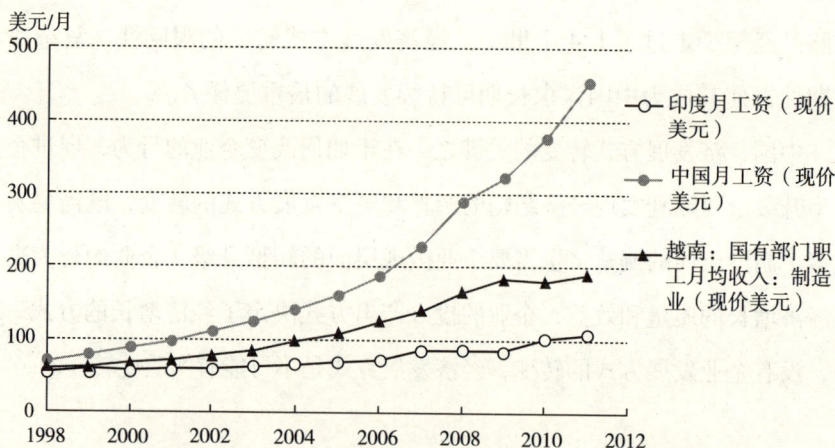

图1 中国、越南、印度平均工资水平比较

数据来源：wind资讯。

多年高投资率，不仅导致中国总体投资效率急剧下降，而且许多行业产能过剩问题突出。中国不少传统产业甚至新兴产业领域，比如粗钢、水泥、平板玻璃、太阳能电池等都占世界产能的50%以上，产能过剩不仅导致企业之间出现恶性竞争、效益下降，还会使企业看不清未来的发展方向，更可能导致系统性风险甚至经济危机。

外部环境仍然非常复杂。作为中国出口主体的欧美国家在未来较长一个时期可能仍处于艰难的复苏期或者低速发展期，贸易、投资保护主义可能会更加严重和普遍，企业发展的外部需求空间受到制约。

（二）基于以上矛盾，中国企业必须实现转型升级，寻找新的发展机遇和增长点

当前，中国企业的转型升级，需要实现三个最主要的目标：一是通过进一步实施创新驱动战略，实现企业增长动力转型。或者说，要改变以往主要依靠扩大要素投入和生产规模的粗放式增长模式，通过技术创新、工艺创新和产品创新不断提高企业创造附加价值的能力；二是通过进一步提高管理水平、加强企业形象和品牌建设、提高生产效率等途径，全面提高企业核心竞争力，形成以技术、品牌、质量、服务为核心的竞争新优势，实现企业发展能力转型；三是通过进一步强化节能减排措施，减少生产过程中的资源消耗、能源消耗和环境污染，实现绿色发展的转型。

二、面对转型，企业正在做什么

根据我们对上千家企业的调研发现，企业在转型升级过程中普遍具有以下特点。

第一，创新正成为不少企业发展的主要驱动力量，但也面临关键技术和核心技术突破难、创新人才缺乏的问题。调研企业普遍认可并重视研发的重要作用，研发投入显著增强。问卷统计表明，研发费用占销售收入的比重低于2%的比例从2007年的19.8%下降为2011年的12.2%，在2%～4%的企业所占比例则从2007年的33%提高至41.7%，其中，中小板和创业板上市公司中有高达94.3%的企业设有专门的研发机构。直接反映研发效果的"企业专利数"快速攀升,2007年至2011年,专利数量超过20个的企业比例提高了33.6个百分点。与制造环节相比,研发设计、销售服务等"微笑曲线"的两端利润空间相对较大。在被调研企业中,从2007年到2011年,非制造环节对总利润贡献在10%以下的企业比重下降了18.4个百分点,在10%~50%的企业比重提高了15.1个百分点,超过50%的企业比重提高了3.2个百分点,反映出这些企业在价值链升级、提高附加价值方面取得了明显进步。但是,企业也面临不少困难,突出的是很多基础和关键行业的核心技术长期不能突破,也难于从国外引进,给企业转型升级带来了巨大障碍。同时,创新所需要的人才也普遍缺乏,既缺乏高端管理人才和技术人才,也缺乏高水平的技能型人才及普通工人,员工流动性较大也影响了企业工艺和技术创新。

第二,企业普遍开始重视通过引进现代管理技术和工具推动管理转型,但总体管理水平仍然较低。长期以来,中国很多民营企业主要实行家族式管理,企业运营受企业家个人影响很大。不少国有企业虽然建立了形式上的现代企业制度,但实际决策管理水平仍有很大提升空间。本次问卷调查结果显示,发展较好的公司普遍重视现代管理技术和工具的应用,管理手段越来越丰富。2007年约有30.4%的企业实施了ERP(企业资源计划),这一比重到2011年上升到65.3%。其他的如引入全面质量管理、精益生产、电子商务等管理技术和工具的比重也都有大幅度提高。此外,上市公司的公司治理正在不断完善。

第三,在推动绿色发展方面取得了一定进展,但节能减排的动力和压力仍然不足。企业单位产品能源消耗量总体上有一定降低。14.8%的企业过去五年来单位产品能源消耗量有显著降低,每年下降5%以上;52.8%的企业有一定降低,每年在1%~5%之间。同时,在减排方面的成效大于节能降耗。34.3%的企业2007年以来产品污染物排放有显著降低,平均每年下降5%以上;53%的企业有一定降低,每年在1%~5%之间。但调研结果也反映企业节能减排的动力和压力还很不足。从动力方面看，节能减排给企业带来的收益并不显著。从压力方面看，57.7%的企业认为能源成本占比较小，节能压力不大；61.8%的企业认为，排污收费占收入比重较小；35.6%的企业认为，改进工艺或者运行污染治理的成本很高，不合算。

三、企业转型：政府不能无为而治

要实现企业的转型升级，离不开企业和政府的共同努力。

企业的问题主要还是要靠企业自己解决，最终还是要靠市场解决。但与此同时，政府需要发挥其重要的政策引导和支持作用。政府最重要的作用，是进一步完善有利于企业创新发展的公开、公平、公正的市场环境。外部环境决定了企业行为，在一个没有"创新溢价"的环境里，知识产权得不到有效保护，创新的企业还不如不创新的企业效益好，企业就不会投入更多的资源用于研究开发；在一个机会收益较高、管理粗放的企业也能获得较好收益而不担心倒闭破产的环境中，企业就不会有很强的管理创新的激励；在一个资源环境成本很低，节能减排收益小而投入大的环境中，企业也不可能有很强的清洁生产和集约发展的动力。所以，促进企业转型升级、改变企业行为方式的关键，在于创造和完善当前的发展环境。

一是从创新投入和创新收益等多个方面，创造有利于创新的政策和制度环境。从创新投入看，可进一步完善对企业研发投入实行的税收优惠、财政补贴、金融支持等激励措施，加大培养技术型和技能型人才的力度，调整对研究人员特别是对高校、科研机构研究人员的评价考核导向，建立共性技术和关键技术的公共研发平台，促进科技创新与金融创新的结合，等等；从保护创新收益看，特别重要的是大力加强对品牌和知识产权的保护力度，维护企业合法权益，降低企业维权成本。

二是以提高市场开放性为主要目标营造和建设公正透明的商业环境。

强化公平的市场竞争，是推进企业进行管理创新以提高效率和竞争力的关键。要进一步深化经济体制改革，特别是政府投资管理体制、国有资本管理体制改革，限制垄断，鼓励竞争，贯彻和落实"新36条"实施细则，切实破除民间投资的"玻璃门"、"弹簧门"限制。

三是创造有利于企业节约资源和环境保护的激励制度。从提高资源使用成本看，要通过资源定价制度改革制定合适的土地、水、能源等各种资源价格，加强对企业排放污染物的监控和收费，将企业对环境的污染内化在企业的生产成本中。从加强引导和激励看，要制定相应的财政政策，用于资源节约产品和技术的开发以及对应用这些产品和技术的企业的支持。

四、本书研究内容的组织及各章撰写人员

本书的研究内容以较大规模、深入细致的调查研究为基础。

2012年5～10月，国务院发展研究中心企业研究所对全国企业转型发展的情况进行了多次实地调研以及问卷调查。课题组分成6个调研小组，通过组织政府部门和企业座谈会、去企业实地访谈调研等形式，共对广东、浙江、上海、江苏、山西、湖北、江西、辽宁、四川、北京等10个省区市约300家企业进行了访谈调研，与煤炭、纺织服装、通用装备制造和医药制造业等行业协会进行了讨论与交流。另外，课题组回收了1491份调查问卷（其中包括在深圳证券交易所中小板和创业板的全部887家上市公司）。

2013年3～4月，国务院发展研究中心企业研究所进行了一次实地调研和问卷调查分析，这次调查的主要目的是为深入了解当前中国企业对进一步理顺政企关系、全面深化经济体制改革的看法和建议，其中也涉及如何进一步推动企业转型升级的问题。本次调查包括东部的北京、浙江温州、江苏太仓、广东深圳，中部的湖北武汉、湖南长沙、广西南宁，西部

的四川成都和东北的黑龙江哈尔滨。共回收问卷 1539 份，其中上市公司 1334 份，对上市公司的问卷由国务院发展研究中心企业研究所和中国上市公司协会共同完成。

本书共分七章，分别从总报告、文献综述、国际经验、政策演变、行业调查、地区实践和政策建议等方面全面阐述了当前中国企业转型发展的重要问题。

其中，前言部分由赵昌文、许召元撰写；第一章"当前中国企业转型发展的进展、问题及政策建议"由赵昌文、许召元、范保群、马淑萍、周健奇、项安波、王继承撰写；第二章"转型发展文献综述"由王怀宇、马淑萍、周健奇撰写；第三章"部分追赶型经济体促进企业转型发展的政策与经验"由郭兆利和贾涛撰写；第四章"中国促进企业转型发展的政策演进"由许召元和于长城撰写；第五章"中国企业转型发展的行业调查研究"中纺织工业由马淑萍、周燕、赵明霞撰写，装备制造业由王继承、周健奇、李志能撰写，医药制造业由项安波、王怀宇、梅雄撰写，煤炭行业由王继承和贾涛撰写；第六章"中国企业转型发展的地区实践与经验"中"地区特征总体分析"由袁东明撰写，"广东省促进产业转型升级的进展和措施"由范保群、张永伟、贾涛撰写，"上海和江苏工业企业转型发展情况"由项安波和袁东明撰写，"浙江省企业转型发展的情况"由肖庆文、马淑萍、张政军撰写，"东南沿海产业转型升级的方向"由王忠宏、李建伟撰写，"湖北省转型发展调研分析"由许召元、周燕、亓长东撰写，"四川省企业转型发展的地区实践与经验"由王继承、王怀宇、赵昌文撰写；第七章"促进中国企业转型发展的政策调整"中产业政策部分由肖庆文撰写，研发创新部分由张永伟、王怀宇撰写，节能减排部分由许召元、袁东明撰写。

借本书即将正式出版之际，需要由衷地表达以下的感激之情。

感谢本课题顾问：国务院发展研究中心学术委员会副主任吴敬琏研究员，原国务院发展研究中心党组书记、企业研究所名誉所长陈清泰研究员，国务院发展研究中心原副主任侯云春研究员；感谢我们开展调查研究过程中所涉及的中央政府有关部门，主要是：工业与信息化部、国务院国资委、国家工商总局、财政部、国家税务总局等；感谢相关地方政府的研究室、发展研究中心以及经济与信息化局、行业协会及所有企业提供的大力支持和帮助；感谢项目研究人员付出的辛勤劳动，他们在时间很紧、任务很重的情况下开展了高质量的调查研究和撰稿工作；感谢中国发展出版社的领导和编辑同志，正是由于他们的辛勤努力，才使得本书得以顺利及时出版。

转型发展是中国企业在未来较长一段时期的重要战略任务，无论是对于企业还是关于这一问题的研究，都是任重而道远。本书难免存在不少缺点甚至错误，我们诚恳地希望各位读者批评指正，也希望有关方面就此进一步开展更加深入的研究。

赵昌文

2013 年 5 月

第一章

当前中国企业转型发展的进展、问题及政策建议

一、研究背景及调查情况

推动经济结构调整、促进经济发展方式转变，是当前中国面临的突出问题之一。党中央和国务院一直把推进经济发展方式转变作为促进经济长期健康稳定和可持续发展的重要任务之一。"九五"计划中就明确提出要"积极推进经济增长方式转变，把提高经济效益作为经济工作的中心"。"十五"和"十一五"规划中也都再次强调了加快转变经济增长方式的重要性和迫切性。2011年的"十二五规划纲要"更是明确指出，"以加快转变经济发展方式为主线，是推动科学发展的必由之路"。

企业是经济发展的微观基础，经济发展方式转变离不开企业的转型与发展。企业的转型发展，是提升中国产品在国际价值链分工中的地位、加快科技进步和创新、推动产业结构优化升级、实现资源节约与环境保护、提高居民收入和扩大内需的必然要求。因此，企业的转型发展，是加快经济发展方式转变的根本保证。没有企业发展方式的转变，就没有经济发展方式的根本转变。

为全面了解 2008 年国际金融危机以来，特别是当前中国企业转型发展的现状、模式以及发展中存在的问题和挑战，分析当前各级政府支持企业转型发展的政策措施及其效果，反映企业的政策诉求，并提出促进企业转型发展的政策建议，国务院发展研究中心企业研究所于 2012 年 5 ~ 10 月间进行了多次实地调研以及问卷调查。课题组分成 6 个调研小组，通过组织政府部门和企业座谈会、去企业实地访谈调研等形式，共对广东、浙江、上海、江苏、山西、湖北、江西、辽宁、四川、北京等 10 个省区市约 300 家企业进行了访谈调研，与煤炭、纺织服装、通用装备制造和医药制造业等行业的行业协会进行了讨论与交流。另外，课题组回收了 1491 份调查问卷（其中包括在深圳证券交易所中小板和创业板上市的全部 887 家公司）。

本次调查的企业具有较强的代表性，在约 300 家访谈调研的企业中，包括了东、中、西和东北地区，包括了大、中、小规模和各种所有制，重点关注了纺织服装、通用装备制造和医药制造业（分别代表劳动密集型、技术密集型和资金密集型行业）。在深交所上市的 887 家上市公司中，行业分布广泛，包括了所有制造业的大类行业以及房地产和金融通信业。其中比重较大的几个行业为：通信、计算机、电子产品 18%，化学原料、化学制品、化纤产品 11.7%，通用专用设备 11.5%，电气机械产品 9.7%，医药产品 8.8%，房地产 7.2%。

本报告主要依据课题组对各地 300 家企业的访谈调研和回收的 1491 家公司的问卷结果进行分析。需要指出的是，由于中小板和创业板上市公司基本是所在细分产业领域内最好的公司，总体上是最优秀的一个企业群体，所以，以下的多项统计指标可能会高于一般的企业群体。

我们发现，当前转型发展已经成为绝大多数企业的自发要求，不少企业在转型发展中积累了许多好的经验和做法，各级政府部门也出台了许多引导、鼓励和支持措施，但企业转型发展过程中也面临诸多困难，需要加以进一步推动解决。

二、企业对当前经营与发展环境的总体看法

1. 多数企业认为当前总体经营环境与金融危机初始阶段相比有所好转

参与调查的受访企业中，认为企业经营环境"很好"和"比较好"的比例累计占49.8%，39%认为"一般"，10.2%认为"比较差"，1.1%认为"很差"。当前经营环境与国际金融危机后相比，50%的受访企业认为"有所好转"，25%的受访企业认为"差不多"，25%认为"有所变差"。

2. 影响企业竞争力的主要因素是品牌、市场和研发能力

塑造企业独特的竞争力是保持企业持续发展的根本基础。对于企业竞争力的主要影响因素排名前五位分别为："品牌认可度较高"（66.3%）、"稳定的客户群体，市场稳定"（65.7%）、"研发和创新能力较强，有专利技术"（63.4%）、"生产工艺先进，质量高"（61.4%）、"自我研发的产品，有独特的功能"（56.5%）。

3. 国内市场需求潜力巨大是企业最重要的发展机遇

与过去企业更多强调国际市场的重要性不同，许多企业认为今后最大的机遇在于国内市场。调查中对公司发展机遇的看法排名前五位的是："国内市场需求仍有较大增大空间"（80.6%）、"本企业研发能力较强，有较强竞争优势"（72.8%）、"企业品牌优势正在形成"（67.6%）、"国外市场仍有增长空间"（45.1%）、"生产技术有突破或者较大提升的可能，生产成本可能显著降低"（20.5%）。

4. 推动企业发展的主要驱动力量是技术创新、管理规范化

调查表明，技术创新、管理规范化、产品升级及调整产品结构、扩大规模是推动企业发展的主要力量，而且具有中长期的持续影响效应。受访

企业认为推动企业发展的主要驱动力量包括技术创新（82.9%）、管理规范化（70%）、产品升级（63%）、扩大规模（55.1%）、调整产品结构（53.9%）、扩大内销（33.3%）、降低能耗（31.9%）、向中西部转移（23.2%）等。

5. 技术创新的主要困难是缺乏人才和技术

创新是企业发展的主要原动力。对"企业在技术创新过程中所面临的主要困难"问题，统计结果是：超过半数企业认为困难来源于"缺乏研究人员"（55.1%）、1/3 的企业认为困难来源于"缺乏技术研究的合作伙伴"（33%）、1/4 的企业认为困难来源于"资金紧张"和"难以引进或购买相关技术"，1/5 的企业认为困难来源于"缺乏技术信息"。

三、国际金融危机以来中国企业转型发展取得积极进展

关于企业转型发展，并没有一个非常权威的定义。一般地讲，转型发展指企业通过改变原有的发展模式，包括在产品、产业、商业模式、生产工艺、市场结构和内部管理等方面进行变革，以获取并提升竞争优势、提高企业可持续发展能力的行为。需要说明的是，它不仅包括转型升级，也包括虽然没有实现升级，但通过转型使企业更加适应外部经营环境和自身特点变化的情形。基于上述转型发展的涵义以及企业数据的可获得性，本报告中的转型发展主要包括以下几个方面的内涵：①市场转型：主要反映企业销售市场的结构调整情况；②经营转型：指企业经营模式的变化，例如从代工到自主品牌以及商业模式的创新；③价值转型：指通过各种途径增加产品的附加价值，包括产品从低端到高端，也包括产品本身附加值的提高等，价值转型主要来源于企业的研发创新和产品升级等；④产业转型：主要考查企业在专业化水平分工和完善产业链以及产业多元化程度等

方面的发展情况；⑤管理转型：主要考察企业管理规范化、科学化方面的进展；⑥绿色转型：主要考察企业提高生产效率和降低污染方面的进展。

（一）多数企业仍处于低水平同质化竞争中，但也有不少公司在提高附加价值方面取得了显著进展①

1. 调研中的多数企业由于创新能力不强，产品特色不鲜明，表现出明显的低水平同质化竞争

在整体经济高速发展时期，这些企业受益于好的市场环境，也取得了较快的发展，但一旦遇到经济走缓，效益就明显下降，甚至陷入微利或亏损的经营困难状况。在成本上升的情况下，企业盈利能力的变化状况往往是竞争力的直接体现。从问卷调查结果看，近几年能源、原材料及劳动力成本不断上涨，对企业盈利影响不大甚至盈利能力提高的比例合计不足1/4，而盈利状况有所下降的比例累计超过3/4（见表1.1）。这说明企业总体上竞争能力较弱，不能很好地消化成本上升带来的压力。

表1.1　　随着能源原材料及劳动力成本增长、公司的盈利状况

成本上升情况下，公司盈利状况的变化	百分比（%）
产品价格提高较快，盈利能力提高	4.8
产品价格同步提高，对盈利影响不大	19.0
产品价格有所提高，但幅度低于成本上涨，通过管理保持盈利	52.8
产品价格很难相应提高，盈利状况大幅度降低	19.9
产品提价困难，有所亏损	3.5

2. 调研发现也有许多优秀企业在价值链升级方面取得了显著进展

向研发设计、品牌建设、销售服务等附加价值更高的非制造环节延伸，不断提高企业在"微笑曲线"的位置是转型发展的重要表现。金融危

---

① 在中小板和创业板上市的公司基本都属于中国中小企业的佼佼者，因此，问卷调查的结果更多代表了当前中国优秀中小企业的转型发展状况。

机以来，企业由于外部市场需求的萎缩带来竞争加剧，本来利润率就偏低的生产制造环节的价值空间受到进一步挤压，而与此相比，研发设计、销售服务等微笑曲线的两端利润空间相对较大。从 2007 年到 2011 年，非制造环节对总利润贡献在 10% 以下的企业比重下降了 18.4 个百分点，在 10% ~50% 的企业比重提高了 15.1 个百分点，超过 50% 的企业比重提高了 3.2 个百分点。

表 1.2   **非制造环节对企业总利润的贡献（%）**

非制造环节对利润的贡献	2007 年	2009 年	2011 年	2007 ~2011 年的变化
10% 及以下	63.0	51.5	44.6	-18.4
10% ~50%	26.3	36.3	41.4	15.1
50% ~90%	8.5	10.0	11.6	3.1
90% 及以上	2.3	2.2	2.4	0.1
合 计	100	100	100	

数据来源：1491 份问卷调查结果，下同。

向高附加值延伸也体现在公司生产装备和技术水平的提升上。近 70% 的受访企业生产装备和技术水平属于国内先进水平，近 20% 的受访企业生产装备技术水平属于国际先进水平，约 90% 的企业今后三年内还有改进生产装备（工艺）来升级的计划。另外，81.8% 的受访企业主导产品品种更加丰富并向高端化发展，也是企业提高附加值的重要形式。

3. 研发投入有所加大是促进企业提高附加值的重要原因

企业专职研发人员占职工总数的比重不断上升。调查结果表明，2011 年专职研发人员占职工比重在 10% 以上的企业达到 76.7%，累计比 2007 年提高 10.9 个百分点。

企业研发费用占销售收入的比重有所上升。研发费用占销售收入的比重低于 2% 的企业所占比例从 2007 年的 19.8% 下降为 2011 年的 12.2%，在 2% ~4% 的企业所占比例则从 2007 年的 33% 提高至 41.7%，提高了近 9 个百分点，10% 及以上的企业所占比例从 6.9% 增加到 8.9%（表 1.3）。

表1.3　2007年、2009年和2011年企业研发费用占销售收入的比重（%）

研发费用占销售收入比例	2007年	2009年	2011年	2007~2011年的变化
2%及以下	19.8	13.7	12.2	-7.6
2%~4%	33	38	41.7	8.7
4%~6%	28.1	27.5	23.2	-4.9
6%~8%	8.7	8.1	9.2	0.5
8%~10%	3.6	6	4.9	1.3
10%及以上	6.8	6.7	8.8	2
合　计	100	100	100	0

4. 研发的效果及其在公司转型发展中的关键作用得到普遍认同

企业专利拥有数量显著提升。2007年，企业专利数量不足5个的比例高达40%，到2011年这一比例为13%，减少了27个百分点，而专利数量超过20个的企业比例则提高了33.6个百分点。与此同时，高达89.3%的企业认为研发作用显著。其中，32.7%的企业表示作用很显著，形成了独特竞争优势，56.6%的企业表示作用比较显著，提升了产品竞争力等。

调研发现，近年来许多企业纷纷加强了研发力量，不少企业开始设立专门研发部门或机构。中小板和创业板上市的企业中有高达94.3%的企业设有专门的研发机构，通过机构建制化专注、持续从事研发工作。

尽管目前发展态势良好，但是在调研中的多数企业由于创新能力不强，产品特色不鲜明，表现出明显的低水平同质化竞争。在高速发展时期，这些企业受益于好的市场环境，也取得了较快的发展，但一旦遇到经济走缓，效益就明显下降，陷入经营困难或微利甚至亏损的状况。

（二）发展自主品牌存在诸多困难，但强化品牌经营是众多企业的共识

调研中不少企业反映由于发展品牌投入大、周期长、风险和不确定性较高，特别是受市场容量、资金投入的限制，发展自主品牌的难度很大。

1. 金融危机背景下，品牌对企业利润的提升和市场地位的作用进一步凸显

调研中发现，已经建立品牌优势的企业，受经济减速影响相对较少，甚至发展得更好。许多品牌优势企业，内外销订单两旺，产品或服务供不应求，企业赢利水平不断提升。相反，没有品牌的企业，大都面临着市场和利润双双大幅下降的挑战，举步维艰。调查也充分表明：在上市公司中，自有品牌销售收入是总销售收入的重中之重。根据问卷统计结果，2011 年自有品牌销售收入占总销售比重 50% 以上的企业占 90.2%，而且，近八成的企业自有品牌销售收入占总销售比重超过 90%。

调研中企业普遍肯定了品牌的重要作用。94.2% 的企业认为品牌对利润和市场地位有突出作用，其中 65.2% 的企业认为自有品牌的利润率较高，29% 的企业认为虽然发展品牌在短期内对利润没有大的改观，但巩固了市场地位（表 1.4）。

表 1.4　　　　　　　　　　品牌对企业的利润影响作用

品牌对企业利润的影响作用	百分比（%）
自有品牌的利润率较高	65.2
虽然有一定效果，但投入太大	4.7
虽然短期内利润没有大的改观，但巩固了市场地位	29
投入大，但见效不显著	1.1

2. 企业更加重视发展品牌，从无品牌到有品牌是企业转型的主要模式之一

出口加工贸易型企业目前转型升级的最主要模式是从无品牌向有品牌发展。中国的加工贸易型企业普遍是通过贴牌方式发展起来的，近年来这些企业发展自我品牌的趋势明显。服装纺织、玩具加工、家电、IT、日化、通讯等行业的贴牌企业（OEM）近些年都以向品牌企业转型升级为主导。

对于无品牌企业的调查也证实了这一趋势：85.8%的受访企业选择或计划在未来 3 年内发展自我品牌。

以国内市场为主导的企业也在普遍经历从无品牌到有品牌的转型。例如，服装龙头企业"雅戈尔"、厨房家电的"苏泊尔"、家电行业的"海尔"、"TCL"，IT 终端行业的"联想"、汽车零部件行业的"万向"等。坚定提升质量、加强创新发展品牌是目前全国许多著名品牌优势企业的成功经验。

3. 不少受访企业开始由单一品牌向多品牌转变，拥有商标数量增长迅速

调研中不少企业拥有商标的数量迅速增长。拥有商标数量在 5 个以上的比例从 2007 年的 32.3% 上升至 2011 年的 53.9%，提高了 21.6 个百分点。

（三）加强协作整合，向产业链上下游延伸是企业进行内部产业结构调整的主要模式

1. 进行产业结构调整的企业比重逐年增加

根据市场和自身情况，不断提高企业的多元化程度是部分企业加强内部协调、提高企业竞争力的重要途径。调查问卷发现，2007 年在 1175 家企业中①，有 170 家进行过产业结构调整，占比为 14.5%，而 2011 年这一比例为 19.7%，进行产业结构调整的企业比重不断提高。

2. 超过一半的企业选择向上下游产业延伸的模式

在产业结构调整的方式中，向产业链上下游延伸是最主要的形式。2007 年，向上下游延伸的企业有 71 家，占各种调整方式的 76.5%，2009 年为 56.9%，2011 年为 67.7%，都超过了一半的比重（表 1.5）。

---

① 1175 为 1491 家企业中回答该问题的企业数量。

表 1.5   近年来进行过产业结构调整的企业数

	2007 年	2009 年	2011 年
在本行业内向上下游产业延伸	71	110	117
主业不变，进入新的行业	27	53	75
主业转向新行业，但保留原行业	16	13	25
退出原行业，完全进入新行业	7	4	5
小计	119	180	222
当年样本企业总数	874	884	887

说明：少数企业在同一年中有多种类型的产业结构调整，因此每年各种调整方式的小计数大于有过产业结构调整的企业总数。

3. 保持主业不变，进入新行业的情形也较普遍

保持主业不变，进入新行业也是企业转型发展的常见方式之一，2011年这一方式在各种方式中的比重为 33.8%。调研中，有不少企业成功地实现了跨行业发展。例如广州 TIT 纺织厂从亏损企业通过跨行业转型，从传统的纺织加工企业转变为集多家知名服装服饰企业和设计产业链企业于一体的综合性文化创意产业园，年产值超过 150 亿元人民币。

企业通过跨行业实现转型发展，在各个行业基本都有典型代表。在家电行业，奥克斯从竞争激烈的空调制造业，向移动通信、地产、医疗、物流、能源、金融服务业等跨行业转型。在化工行业，浙江传化集团从单一化工行业向现代农业、物流和投资行业跨行业转型。江苏的法尔胜集团则从创业初期的纺织业麻绳生产，跨行业到桥梁用的钢绳生产，再跨行业到高技术行业的光纤生产。

（四）总体管理水平仍然较低，但企业普遍重视通过引进现代管理技术和工具推动管理转型

调研发现，中国企业总体管理水平相对较低，仍存在很大发展空间。很多民营企业主要实行家族式管理，企业运营受企业家个人影响很大。不少国有企业虽然建立了形式上的现代企业管理制度，但实际管理水平并没有实质提高。

问卷调查结果显示，发展较好的公司普遍重视现代管理技术和工具的应用，管理手段越来越丰富。2007年约有30.4%的企业实施了ERP（企业资源计划），这一比重到2011年上升至65.3%。其他的如引入全面质量管理、精益生产、电子商务等管理技术和工具的比重也都有大幅度提高。

表1.6　企业现代管理手段应用比例（%）

引入的管理手段	2007年	2009年	2011年
引入ERP（企业资源计划）	30.4	48.0	65.3
引入TQM（全面质量管理）/ISO9000	52.1	64.1	68.3
精益生产（LP）或准时生产（JIT）	15.2	27.6	36.6
开始采用电子商务	20.1	31.3	43.2
合计	117.7	171.0	213.3

说明：许多企业会同时引入多种管理工具，因此合计大于100%。

推进管理规范化，是企业实现转型发展，提高效益的重要途径。2007年以来，85.3%的企业加强了管理的规范化。金融危机后，由于外部市场需求不断萎缩，虽然原材料价格、劳动力成本、融资成本持续上升，但大多数企业并没有能力将价格和成本上升的压力转移出去，通过加强管理降低成本是企业生存与发展的必然选择。调查问卷统计结果也表明：加强管理对企业应对成本上升和保证盈利具有重要作用。在企业面临着劳动力成本的持续快速上升的背景下，有56.6%的企业相应提高了产品销售价格，但幅度低于成本上涨，在价格不能相应提高的情况下，大多数企业通过加强管理以提高效率并降低成本，从而保持盈利增长。

（五）在推动绿色发展方面取得了一定进展，但节能减排的动力和压力仍然不足

企业单位产品能源消耗量总体上有一定降低。在调查的企业中，12.8%的企业过去五年来单位产品能源消耗量有显著降低，每年下降5%

以上；52.6%的企业有一定降低，每年在1%~5%之间；34.7%的企业表示变化不明显。

较高比例的企业采用了节能生产工艺或技术。参与调查的企业中，46.3%的企业能源使用效率提高是因为采取了节能的生产工艺或者技术；40.5%的企业能源使用效率提高是因为加强管理，减少浪费。

企业污染物排放方面总体上有一定降低。28.9的企业2007年以来产品污染物排放有显著降低，平均每年下降5%以上；57.7%的企业有一定降低，每年在1%~5%之间；13.4%的企业表示变化不明显。

调研结果也反映企业节能减排的动力和压力还很不足。从动力方面看，节能减排给企业带来的收益并不显著。从压力方面看，57.7%的企业认为能源成本占比较小，节能压力不大，还有22.5%的企业认为改进工艺或者加装节能装置费用较高，与收益相比不合算；61.8%的企业认为，排污收费占收入比重较小；35.6%的企业认为，改进工艺或者运行污染治理的成本很高，不合算。

（六）市场压力不断加大，企业普遍加强了对国际和国内市场的拓展力度

2008年国际金融危机以来，美、日等发达经济体经济持续低迷，欧元区深陷债务危机，导致中国出口产品的外部需求萎缩并出现较大幅度下降。为此，越来越多的中国企业特别是出口型企业适时调整市场结构，一方面更加注重国际出口市场的多元化和深耕细作，另一方面也开始更注重国内市场的拓展。

进一步拓展和深化出口市场。调查显示，近年来许多企业扩展了出口市场的分布范围：出口国家和地区在5个及以下的企业由2007年的44.3%下降至2011年的33.5%，下降了9.8个百分点；而出口国家（地区）在20个以上的企业比例由2007年的14.2%提高到2011年的21.2%，

累计上升了7.0个百分点。不少企业除了继续巩固和开拓传统的欧美等发达国家市场外，不断加大力度开发新兴市场国家、转型经济国家和发展中国家的市场。

从国内市场看也是如此，国际金融危机以来许多企业拓展了在国内的销售范围。调研中，以外向型经济为代表的珠三角、长三角地区企业普遍反映，由于出口比重不断下降，近几年开始更加注重国内市场，纷纷加大在国内的市场投入和开发力度，强化国内市场布局和地位已成为企业的新战略。调查显示，许多企业拓展了在国内的销售范围，国内市场省、市数在20个及以下的企业占比逐年下降，而在20个及以上的企业比例从2007年的42.4%上升到2011年的57.2%，提高了14.9个百分点（见表1.7）。

表1.7 2007、2009和2011年国内市场的省区市数量分布（%）

国内销售地区数量	2007年	2009年	2011年	百分比变动
5个及以下	15.5	10	6.8	-8.7
5~10个	10.2	8.7	6.2	-4
10~20个	21	18.6	16.1	-4.9
20个及以上	53.3	62.8	70.9	17.6

四、影响企业转型升级的因素分析

为定量分析影响企业转型升级的影响因素，我们根据问卷调查的数据进行了计量分析。计量分析的一个重点在于如何选择合适的指标度量企业的转型升级，根据对企业转型升级的定义，是否实现转型升级的重点在于企业是否存在从低技术水平、低附加价值状态向高技术水平、高附加价值状态的转变。而确定企业创造价值能力的指标有很多，比如人均产出，人均增加值等，但这些指标与企业不同性质有很大关系，比如有些企业是劳动密集型，有些是资金和技术密集型。本次调查中，我们设计了一个指标，即"您估计近几年来，在贵公司的利润来源中，除制造业务以外的其他部分（例如研发设计、品牌价值、销售渠道和售后服务等），对公司总利润的贡献比例"，并选择用这一指标来度量企业创造附加价值的能力。因为根据企业价值链的"微笑曲线"理论，在企业的价值构成中，由研发设计、售后服务、品牌等非制造业部分处于价值链高端，创造价值的能力强，如果企业利润中，来源于非制造业务以外的比重在提高，则有理由认为企业有所升级。根据调查数据，计量分析的结果如下。

表 1.8　　　　　　　　　影响企业转型升级的主要因素

自变量	含义	系数	标准差	p 值
p_rd	研发人员占全体职工比重	0.451	0.089	0.000
ratio_exprd	研发经费占销售收入比重	0.873	0.327	0.008
brand	企业拥有商标数量	0.048	0.014	0.001
selfbrand	总销售中自有品牌所占比重	0.005	0.002	0.012
humca_a	人力资源状况虚拟变量	4.752	2.226	0.033
growth	企业销售增长情况	3.932	1.302	0.003
tqm	是否采取了全面质量管理	5.154	2.707	0.057
_cons	常数项	18.066	4.713	0.000
观察值个数	718			
R square	0.117			

说明：被解释变量为：企业利润中来自于非制造业务的比重。

根据调查数据的分析结果，可知影响企业创造附加价值能力的主要因素有如下几点。

（一）研发投入是促进企业转型升级的最重要因素

根据计量结果，企业专职研发人员的比重每提高 1 个百分点，企业非制造业务创造利润的比重提高 0.45 个百分点，而研发费用占总收入的比重对企业升级也有显著促进作用[1]。

---

① 本文的解释变量均进行了相关性检验，满足多重共线性要求。

　　从实际调查数据看，2007 年以来企业专职研发人员占职工总数比重不断上升。调查表明，2011 年专职研发人员占职工比重在 10% 以上的企业达到 76.7%，累计比 2007 年提高 10.9 个百分点。

　　企业研发费用占销售收入的比重有所上升。研发费用占销售收入的比重低于 2% 的企业所占比例从 2007 年的 19.8% 下降为 2011 年的 12.2%，在 2%~4% 的企业所占比例则从 2007 年的 33% 提高至 41.7%，提高了近 9 个百分点，10% 及以上的企业所占比例从 6.9% 增加到 8.9%（表 1.7）。

　　研发的效果及其在公司转型发展中的关键作用得到普遍认同。首先，企业专利拥有数量显著提升。2007 年，企业专利数量不足 5 个的比例高达 40%，到 2011 年这一比例为 13%，减少了 27 个百分点，而专利数量超过 20 个的企业比例则提高了 33.6 个百分点。与此同时，高达 89.3% 的企业认为研发作用显著。其中，32.7% 的企业表示作用很显著，形成了独特竞争优势，56.6% 的企业表示作用比较显著，提升了产品竞争力等。

（二）　商标和品牌对提高企业创造附加值的能力非常重要

　　根据数据分析结果，企业拥有的商标数量越多，销售收入中来自于自我品牌的销售比重越大，则企业提高附加值的能力越强。与此相对应的是，企业拥有专利的数量对企业创造附加值的能力没有显著影响。

（三）　拥有充足的人力资源对促进企业转型升级有显著影响

　　问卷调查中，对于企业的人力资源状况有一个专门问题，即"贵公司在招录用员工方面的情况：A 人力资源状况很好，能满足企业需要；B 普工招聘困难；C 技工招聘困难；D 优秀人才流动性大，不稳定；E 新招用大学生/技工的实际能力不足；F 其他"，我们将每个选项作为一个虚拟变量进行计量分析，从表 1.8 可见（humca_a 变量），当企业回答"人力资源状况很好，能满足企业需要"时，企业的非制造业务创造利润比重提高

4.75 个百分点。

（四）加强先进管理技术应用对促进企业转型升级有重要作用

问卷调研中对企业自 2007 年以来采用 ERP（企业资源管理系统）、准时生产模式、全面质量管理以及对于家庭企业是否聘用职业经理人进行了调查，根据计量分析结果，采用了全面质量管理的企业其创造附加价值的能力显著高于其他企业，说明提高管理水平对促进企业升级有重要作用。

五、企业转型发展过程中的主要困难

（一）核心技术难以突破

中国一些行业的整体技术已接近或达到世界领先水平。但很多基础和关键行业的核心技术长期不能突破，也难于从国外引进，给企业转型带来了巨大障碍。例如，高档数控机床等高端装备制造业，已有的尖端技术与国外差距大，精密传动等基础零部件核心技术被国外垄断，特种钢材冶炼技术缺乏，等等。关键技术和核心技术不突破，产业竞争力就难以提高。中国机床产业的市场规模在不断扩大，但国产机床在国内市场的占有率却在逐年下降。2009 年，国产机床国内市场份额为 70%，2011 年下降到 60%，2012 年一季度仅为 50%。很多企业和行业协会也都重点谈到了此类问题。

解决核心技术的问题，必须发挥行业内龙头企业的带动作用，将分散于产业链各价值环节的资源积聚起来，实现重点突破。对此，不少企业已经意识到并开始了有益的尝试，例如纺织企业上下游合作，通过资源集成进行"产业链创新"，不断研发出世界领先的、具有极高附加值的高端产品。但直到目前，资源片断化仍是中国各行业长期存在的共性问题。对此，企业希望加强政府投入的引导作用，对龙头企业带动下的产业链联合创新提供必要的支持。同时，希望大型企业能够发挥引领作用，组建若干行业基础和共性技术开发平台，联合攻关，以实现核心技术和关键技术的突破。

（二）高端人才普遍缺乏

调研中企业反映，真正需要的人才难觅难留。当前既缺高端管理人才和技术人才，也缺高水平的技能型人才。调研中仅有38.4%的受访企业认为"人力资源状况很好，能满足企业需要"，41.4%认为"技工招聘困难"、41.8%的访企业认为"新招用大学生/技工的实际能力不足"，人力资源总体环境不容乐观。技工和普工招聘难、新招用大学生或技工实际能力不足、人才的稳定性差是突出问题。

在关于企业转型发展制约因素的问题上，有30.7%的企业认为"缺乏高端人才"是当前妨碍企业转型的最大困难。另外，有21.7%的企业认为企业面临"优秀人才流动性大，不稳定"的问题。针对技术创新问题，企业面临的首要困难也是缺乏研究人员，其次是缺乏技术研究合作伙伴和难以引进或购买相关技术。对此，很多企业表示从企业自身来说，准备在人力资源考核方面有所创新，建立留住人才的长效机制。

调研过程中很多企业反映，对员工"跳槽"缺乏有效的法律约束，核心岗位人才流动性过高，二、三线城市或一线城市偏僻地区的企业难以留住优秀人才。

（三）法制环境还有较大改善空间

企业经营的法制环境状况直接影响企业的行为和经营策略。针对在发生贸易纠纷时，法律对公司合同和财产权的保护程度，仅6.5%的受访企业认为"保护程度非常高"，48.9%认为"保护程度高"。选择"高"和

"非常高"累计比例刚刚超过 55%，意味着接近一半企业对经营的法制环境不乐观，而所有企业每年都会遇到知识产权纠纷，但只有 6.6% 的企业在知识产权被侵犯时通过法律手段解决，法制环境仍存在较大改善空间。

（四）市场化改革有待进一步深入

一是市场准入问题。调查显示，51.6% 的企业认为"审批太多，许多行业难以进入"。这一比例比排在第二位的"用地困难"高了近 11 个百分点。受准入限制，企业或者直接被排除在"门槛"之外，或者即使拥有准入资格也难以实际进入，"玻璃门"现象普遍存在。

二是政府行政干预的问题。一些企业反映当前政府对企业的行政干预较多，例如很多地区开展的煤炭、钢铁产业整合实际上是政府主导下的行为，但整合容易重组难。很多整合没有实现资源的优化配置，并不成功。还有一些在本地区占主导地位的国有企业反映，多元化发展决策经常受到政府主管部门的行政干预。一方面，企业在政府的要求下要花费大成本"被动"兼并、重组劣质资产，"被动"投资不熟悉领域，造成财务包袱；另一方面，企业看好的投资项目却受政策或政府规划限制而无法投资，丧失了市场机遇。

三是流通环节的政府管制问题。很多行业企业反映，中国的流通体制需要进一步市场化改革。例如纺织企业反映棉花采购价格形成机制不合理，主要集中在两个方面：一是未与国际接轨的棉花保护价削弱了下游纺织服装企业的全球竞争力；二是棉花配额倾向于贸易型企业的分配方式以及生产企业向贸易企业购买配额时不合理的无发票现金结算方式，大大增加了纺织服装实体企业的生产成本。钢铁企业反映铁矿石进口资质管理制度存在问题，主要是贸易型企业进口权比重偏高，容易造成铁矿石进口市场暗箱操作。

四是政府对企业的直接管理有所增强。为了比较国际金融危机前后，企业市场化程度的变化，我们设计了"公司负责人一年中大约有几天用于和政府部门打交道"的问题，比较了国际金融危机前后的三年情况（见表1.9）。2007年和2011年相比，公司负责人一年中用于和政府部门打交道的天数，"20天以下"的比例由21.4%减至18.2%，下降了3.2个百分点，而"20~50天"、"50~100天"、"100天及以上"比例分别上升1.6%、1.3%和0.3%。这说明金融危机发生后，企业负责人与政府打交道的整体时间增多，一定程度上反映了政府对企业的直接管理程度增强，企业市场化程度降低。

表1.9　　公司负责人一年中大约有多少天用于和政府部门打交道

打交道天数	2007年	2009年	2011年	2007~2011年的变化
20天以下	21.4%	20.7%	18.2%	-3.2%
20~50天	42.4%	45.2%	44.0%	1.6%
50~100天	24.1%	22.6%	25.4%	1.3%
100天及以上	12.1%	11.6%	12.4%	0.3%

（五）税费负担过重

一是税费负担有所增加。调查发现，2007年和2011年相比，税费负担较低的企业比重（税费占总收入比例在5%以下），由43.4%下降到38.4%，降低了5个百分点。而税费负担在10%~20%和20%以上占比分别上升4.3%和0.4%，这说明国际金融危机以来企业的税费负担有一定程度上升。

表1.10　　2007、2009、2011年税费占企业总收入的比重及差值

税费占总收入比重	2007年	2009年	2011年	2007年与2011年差值
5%以下	43.4%	34.7%	38.4%	-5.0%
5%~10%	34.0%	38.3%	34.3%	0.3%
10%~20%	18.7%	23.1%	23.1%	4.3%
20%以上	3.9%	3.9%	4.3%	0.4%
合　计	100.0%	100.0%	100.0%	

不少企业反映近年税费种类增加，而且税费率有所提高。调查显示，48.7%的企业认为税费负担增加的原因是"税费比例提高"，41%的企业认为是"税费种类增加"。很多企业反映，缴费项目多、数额大，严重挤压了企业利润空间。还有一些企业反映，原有的一些退税政策在近两年被不明原由地取消了，对企业效益产生了不小的影响。

二是"特惠型"财政政策改变不了整体税负高的现状。不少企业反映大量专项性财税支持政策力度小、手续复杂，成本高，并不能对多数企业形成实质性帮助。特惠政策是指国务院不同政府部门、各级政府面向特定行业、特定企业出台的财税激励政策，是各级政府优化产业结构和引导企业发展的普遍做法。尽管发挥了积极的引导作用，但并不利于财政资源的优化配置，且容易形成不公平的市场竞争环境，甚至产生"寻租"行为。调研企业希望，尽可能减少定向、专项支持，强化普遍性的政策安排，以利于企业形成长期的、合理的投资预期。

（六）金融业服务实体经济的效率不高

在经济增速放缓的宏观背景下，企业效益全面下滑，甚至出现了石化、钢铁、造船等行业企业普遍亏损的局面。与此同时，企业的融资成本居高不下甚至大幅上升，给企业的影响无疑是雪上加霜。调研企业普遍呼吁，金融业应尽快提高服务实体经济的质量与效率。

中国的金融资源高度集中于大银行，垄断性的供给结构是当前实体企业融资难、融资成本高的根本原因。我们在调研中发现，大型国有钢铁企业的融资成本已高达20%~30%，银行贷款中的现汇只有30%~40%，其余都以承兑汇票支付，贴现利息达到10%以上。民营钢铁企业融资更贵更难，融资成本、贴现利息甚至超过30%。石化行业企业的下游企业以中小型企业为主，银行贷款的支付方式多为承兑汇票。承兑汇票经中小企业层层上传，大大增加了石化企业资金周转压力。如大连锅炉厂反映，企业目前资金缺口非常大，银行贷款太难，手中订单又不能进行抵押，只能经常到钱庄借高利贷，苦不堪言。受下游企业资金短缺的影响，陕西煤化集团的应收账款高达 50 多亿，新"三角债"的阴影已开始笼罩一些产业和企业。

此外，中国的金融服务体系不健全也是金融业服务效率不高的重要原因。一是服务于中小企业的相关金融机构缺失，中小企业贷款难的问题长期无法解决；二是金融中介机构发展滞后，融资性担保机构有所发展，但数量仍然有限，已有的中介机构存在操作不规范、辐射面窄等问题，有些甚至就是银行收取不合理费用的代理人。

（七）政府公共管理和公共服务平台的作用没有充分发挥

很多企业认为，政府对企业的管理是以"行政型"为主，而非"市场化"方式。调查显示，31% 的企业认为需完善政策法规和加强执行力度，30.6% 的企业认为需改进政府服务和支持，15.8% 的企业认为需改善平等准入与公平竞争环境。调查问卷涉及的企业中，43.6% 的企业都不同程度地存在创新成果被竞争对手模仿的问题。

调研中，企业的反映主要集中在五个方面：一是政府引导出现偏差，企业投资短期化，成为"资产泡沫"的受害者，导致运营成本高、风险大，对转型发展非常不利；二是缺少公共研发平台、公共检测平台；三是缺少严格的制度监管和完善的法律服务；四是一些政策出台后没有相应的实施细则跟进；五是市场体系不健全，能源资源类产品市场价格发现功能无法充分发挥等。

六、政府促进企业转型发展的主要政策措施及效果

近年来，中央和地方各级政府在支持和引导企业加快转型发展方面出

台了一系列政策，充分发挥了政府的规划引导、政策激励和组织协调作用，为企业应对金融危机和持续健康发展发挥了积极作用。但是，现有的相关政策也存在支持重点不够突出、政策间协调配合不够、落实不到位等问题。

（一）加强技术改造和创新的扶持力度

利用财税制度，鼓励企业自主创新、技术改造和科技成果转化。一是各地普遍落实国家的"企业研发费用加计抵扣"、"高新技术企业所得税减免"以及"加速研发设备折旧"政策；二是各地加大财政支持力度，支持企业技术改造。一些地区对符合条件的技改项目，其设备投资额超过500万元的，属于传统产业项目按设备投资额的8%给予补助，属于新兴产业项目的按设备投资额的10%给予补助；三是落实国家科技成果转化项目对所需进口设备及关键零部件，减免关税和进口环节增值税政策；四是各地普遍实施科技成果转化专项制度，不少地区对认定的项目返还土地出让金，对成果所有者和实施者给予奖励等。

支持建立创新组织、加强知识产权创造和保护。一是落实国家关于鼓励建立科技园和孵化器的税收优惠政策，同时对入园的企业实行税收等优惠政策；二是各地着力培育高技术企业和发展科技型中小企业，对认定企业实行奖励，并加大对企业研发机构建设的扶持；三是鼓励推进创新战略联盟和产学研一体化合作，如浙江省余姚市按企业实际支付的技术合作经费的20%给予补助，浙江省还由政府牵头组建了23个产业技术创新联盟，约200多家龙头企业和80多家科研院所参加；四是地方鼓励创造和保护知识产权，如上海对认定为"上海市专利新产品"的研发费用，在企业上缴的增值税的新增部分，连续3年享受地方增值税退税；浙江组织开展专利保护条例修正和保护专利权专项行动。

通过多种金融创新手段鼓励和支持企业创新。一是建立创业风险投资引导基金。通过阶段参股、跟进投资和风险补偿等方式实行投资运作，扶持民间创业投资企业发展，引导创业投资企业投资高技术产业、战略性新兴产业和有利于长期经济结构调整的领域；二是通过政府融资性担保机构与金融机构合作，为企业创新提供信贷支持，特别是探索形成了"知识产权质押贷款"、"投贷保一体化"等多种创新模式；三是发挥资本市场的作用。深圳等一些地方为鼓励企业上创业板，对上市企业实施补贴或奖励制度，中关村的股份代办转让系统（"新三板"）对于解决非上市科技型企业融资有重要作用。

总之，国家和各级政府部门利用财税政策、金融政策等，在研究开发、技术转移、创业孵化、产业化等创新的各个环节对企业给予了大力支持，为企业营造了良好的创新环境。调查中，86.7%的企业认为目前的研发和创新政策，对企业发展有一定的促进作用。特别是允许民营企业申报国家专项是一个重大政策突破，激发了民营企业开发高新技术和新产品的积极性，使一批企业积极转型，如石药集团从传统制药向创新制药发展。推动技术创新战略联盟的效果也初步显现，如"十一五"期间，国家通过"重大新药创制"等专项，建立了50多个以企业为主导的国家级技术中心，提高了技术创新能力。这一系列政策还促使企业科技研发经费投入规模的大幅度增加。

但是，调研中许多政府部门和企业也认为需要进一步改革科技投入体制。一是国家专项资金使用效果差，管理分散，企业实际得到的支持强度小，不利于突破重大关键技术；二是投入结构有待优化，对传统产业的技术改造投资不足。部分企业认为，政府应该减少专项政策，直接通过税收普惠政策降低企业的研发负担和风险。还有企业认为，知识产权保护的执法力度不够等。

（二）鼓励管理创新，打造自有品牌

支持企业提升产品质量。如浙江、江苏组织实施了质量强省工程，大力推广先进质量管理方法。对获得相关质量认证的企业给予一次性奖励，部分地方建立了企业诚信管理体系。

强化标准和自主品牌建设。支持企业参与国际标准、国家标准、行业标准的制定，如江苏对完成标准起草的企业给予一次性奖励。加快品牌创建，打造自主品牌。如广东实施名牌带动战略，上海对入围"品牌产品/服务"的中小企业，优先推荐中小企业发展专项资金，优先向银行推荐申请贷款。江苏制定《江苏省名牌管理办法》完善名牌培育、评价、宣传和保护机制。很多地方实施支持自主品牌出口政策。

引导企业创新管理模式。部分地区出台了引导企业向总部型、品牌型、产业联盟主导型发展，对新引进的总部型企业给予税收优惠和补贴。还有地方支持企业管理信息化建设，积极推广电子商务、总承包、总集成等新型商业模式。

以上政策对企业提高经营管理水平有一定促进作用。与此同时，调研中一些企业也反映，政府推行国家认可的统一质检标准力度不够，造成质检流程标准地区间互不认可，导致重复质检；对自主品牌、民族品牌企业的整体规划及扶持力度不够，等等。

（三）加强高端和特色专业人员引进与培养

着力培养和引进领军人才。一是组织落实国家的"千人计划"，如浙江入选国家"千人计划"已累计93人；二是各地设立了地方高端人才计划，加大人才引进和培养的资金投入，如辽宁对增加人才引进经费的企业，政府按一定比例予以补助，同时对引进的高端人才提供住房及启动资金等。

培养企业创新人才队伍。一是组建省级科技创新团队，积极承担国家和省级重大项目，如浙江；二是鼓励有条件的企业按不低于销售收入的0.6%设立人才发展专项资金，用于企业人才的引进、培养和使用，如江苏。

培养和留住高技能实用型人才。各地普遍鼓励校企合作，依托高技能人才公共实训基地、大型骨干企业、技师学院、高级技工学校等，培养造就一批企业急需的高技能人才。部分地区出台了留住人才的制度，如广东实施了居住证制度，开展了技工转市民的政策。

国家和地方实施的有关企业人才引进和培养的政策，对企业转型发展提供了重要的人才保障和智力支持，特别是珠三角、长三角和环渤海地区的产业结构正在发生快速而巨大的变化，如何保证企业顺利转型中的高级管理、技术人才和高技能实用人才的供给，不仅关系到现在，更关系到未来。但调研中政府和企业普遍反映，中国人才培养的结构不合理，目前高校的培养机制和专业设置已不适应企业发展的要求，企业难以招到合适人才，应该大幅度提高教育投入用于技能型人才培养的比例。

（四）支持节能降耗和循环经济发展

制定和执行环保标准。落实国家特别排放限制和环保标准，严格项目准入。各地普遍设立节能降耗专项资金，对节能项目、资源综合利用企业项目、清洁生产项目等以及节能技术的应用予以补助。如湖北等地按节能技术设备投资额的 10% 予以补助，杭州对高效照明产品推广工程予以补助等。

创新节能体制机制。开展合同能源管理，制定出台合同能源管理实施办法，培育能源管理服务公司。

加快淘汰落后产能。各地安排专项资金，制定淘汰落后产能行动计划，落实国家和省淘汰落后产能任务。例如湖北省在 2007 年到 2010 年，共关闭各类污染企业 705 家，2011 年又关闭产能落后的 50 家小企业以及 170 多家小砖瓦和小锅炉等污染企业。

节能减排政策措施对企业节能降耗和发展循环经济起到了一定倒逼作

用，单位能耗有所下降。调查显示，多数企业认为国家促进节能减排政策有一定效果，其中 21.9% 的企业认为对本企业节能减排起了重要作用，53.8% 的企业认为有一定作用。

但也有不少政府部门和企业认为，要处理好企业发展和环保的关系。一些企业反映，环保标准制定过高，目前经营困难，难以承受过高的污染治理要求；实施污染物排放总量控制的办法不科学，对重污染行业的企业可采取集中生产、集中治理办法；享受资源综合利用所得税优惠的行业目录范围已落后、不合理，税收优惠力度还不够；能耗总量控制的思路不对，应控制单位能耗；淘汰落后产能行政干预过多，关闭企业职工安置等补偿制度有待落实和完善。

（五）加快有利于企业转型发展的产业组织建设

支持发展产业集群。各地区以产业园区、特色基地、龙头企业、产业联盟、重大项目为抓手，设立专项资金，对一定规模的产业基地中的核心企业进行支持，发展现代产业集群。

支持和培育行业龙头优势企业。许多地方通过开展标杆企业试点、成立产业技术创新战略联盟、围绕产业链延伸配套、强强联合和上下游一体化经营等多种形式培育龙头骨干企业。很多地方设立企业并购专项资金，如江苏对重组后一次性增加投资超过 5000 万元的项目，奖励龙头企业 50 万元，推进民企与大型央企和国企的合作。

调研中地方政府认为，产业组织政策引导和推动了中国产业集群发展，对重点产业的发展和传统产业的升级以及区域经济的带动起到了很大作用，使产业集聚力进一步加强。如杭州的块状经济已占全市工业总产量的 70%。

调研中的多数大企业认为，培养龙头骨干企业的措施，有利于形成一批具有国际竞争力和对行业发展有较强带动作用的大企业集团，有利于完善产业链，有利于发挥大企业引领中小企业升级的作用，形成长期稳定的合作关系。但同时一些企业认为，要进一步打破垄断，降低市场准入门槛，为企业创造公平的竞争机会和条件。

（六）支持战略性新兴产业发展

各地普遍采取多种措施扶持发展战略性新兴产业和高新技术产业。通过设立专项财政资金、税收优惠等措施，推进战略性新兴产业示范基地、重点行业转型升级示范项目等建设；通过发展公共服务平台，为战略性新兴产业和高新技术产业发展作支撑。

加快培育和发展战略性新兴产业是国务院的重大战略决策，是各地加快企业转型，实现经济跨越发展的重要举措。但调研中一些地方政府和协会认为，不应盲目发展战略性新兴产业。目前，各地的战略性新兴产业结构趋同，一些没有相应资源和人才优势的地方也在发展，造成资源浪费和产能过剩，很多企业在政策的刺激下不惜放弃原有主业贸然进入，给企业发展带来了严重的问题，如资金链紧张甚至关闭破产。一些地方政府建议，要协调发展传统产业和战略性新兴产业，根据地方的具体情况有选择性地发展具有地方特色和优势的战略性新兴产业。此外，制定战略性新兴产业的统计标准、规范统计口径也非常重要。

七、进一步促进企业转型发展的政策建议

几年来，中国已有一批企业根据发展环境的变化主动适应，积极调整，企业转型发展的意识越来越明确。我们所调研的企业大多认为，"企业的问题最终还是要靠企业自己解决，企业的问题最终还是要靠市场本身解决"。就政府而言，应相信企业的适应、调整能力，尊重企业的市场主

体地位，重视市场规律，坚持市场化原则。同时，转型必然伴随创新，创新必然会伴随风险，市场化原则并不意味着政府在企业转型发展过程中无所作为。实际上，政府应该发挥其重要而不可替代的作用。首先是创新体制机制，为企业创造公平竞争、有序经营、鼓励创新的市场环境；其次是通过产业规划、社会性规制、需求侧鼓励、财税政策引导、金融支持等发挥重要作用。

（一）创造有利于企业形成稳定预期和长期行为的政策环境

中国正处于经济社会的加速转型期，政府的政策既要有应对当前问题的短期政策，更要有一直坚持并且保持稳定的长期政策，决不能因为短期应急的需要忽视甚至背离长期的政策目标。对于企业而言，如果政策多变并且有套利机会，就很容易导致企业短期投机行为，影响企业的创新、转型和升级等长期战略。

从调研情况看，大多数企业对当前自身发展面临的困难和机遇都有较清醒的认识。除15.8%的企业认为需改进平等准入与公平竞争、11%的企业认为需完善融资环境外，对进一步出台促进企业发展的其他政策并无迫切或具体的诉求与建议。

相反，企业普遍认为需要加强政策执行力度、提升政府服务和支持的效率，建议尽可能减少短期应急型政策，而将重点放在完善和落实成效较好的已出台政策，为企业创建稳定和可预期的政策环境，对地方政府实行与转型发展相适应的指标体系和考核体系，这将有利于有长远规划的优秀企业转型发展。关键在于保持政策的稳定性和连续性，如坚持执行稳健的货币政策和积极的财政政策，通过严格控制通货膨胀和物价水平保持企业成本的相对稳定。

（二）有机结合企业转型发展中市场机制与政府引导的作用

在促进企业转型发展的过程中，要在进一步尊重和发挥市场机制作用的基础上，积极发挥政府的引导作用。企业转型既是市场行为，也与政府的规划和指导直接相关。已有的产业政策可能过多，致使重点不突出、不明确，没有发挥指导性作用，有时甚至误导企业。"对于政府职能而言，企业认为今后对于发展最需要改进的方面"问题的分析中，受访企业对政府职能需要改进方向的看法：37.6%的企业认为"需完善的政策法规和执行力度"、29.1%认为"需改进高效的政府服务和支持"、12.5%认为"需改进平等准入与公平竞争"、9.1%认为"需改进完善的融资环境"。可见，政府应重点改进政策法规和执行、政府服务和支持、平等准入和公平竞争等方向。当前，应该更多地利用环境保护、安全生产、资源消耗、产品质量、技术标准等规范形成的倒逼机制，促进企业加快转型发展；还可以充分发挥政府采购和政府主导的大型项目建设的引导与带动作用，从需求侧来促进企业提高技术水平和增强核心竞争力；政府投资应发挥必要的基础性和保障作用，但不能形成对民间投资和市场的替代，不能形成挤出效应。通过这些措施，引导和促进企业更积极主动地加快转型发展进程。

（三）简化审批、加强服务，建设公正透明的商业环境

51.6%的参与调查的企业认为，审批太多、许多行业难以进入，是企业经营和发展中最大的制约因素。应进一步减少审批数量，下放审批权限。对可以由市场解决的问题，实行由审批制向备案制的转变。要加强"新36条"及其细则的落实工作，真正做到对不同所有制企业一视同仁，大幅度放开市场准入。要推动审批权限向基层政府部门下放，推广"并联审批"、"一站式服务"等地方改革经验，大力规范部门审批程序，特别是在诸如新药审批等事关企业创新和发展的关键环节，提高审批的透明度，严格时效要求。优化营商环境，改善对企业的公共服务。

调研中有近40%的企业认为，现有法律对公司合同及财产权的保护程度不高。因此，需要加强法制建设，进一步完善立法，要把保护私人合法

财产权放在更加重要的位置，真正使有实力的民营企业家有一个长期的预期，愿意继续把现有的事业做大做强。此外，要特别强调严格执法对企业经营具有重要作用。

针对企业加强知识产权创新和品牌建设的迫切要求，必须加强对品牌和知识产权的保护和执法力度，严厉打击假冒伪劣产品，建立有利于优秀企业、知名品牌和高质量产品发展的市场环境。

（四）加强人力资源的教育与培训，提高就业质量和稳定性

一是加强人力资源的培训，创新高端人才的引进及使用模式。要适应产业升级和结构调整的需要，整合各部门的技能培训资金和资源，加大农村劳动力和中小企业员工的技能培训；要进一步完善国家吸引优秀人才的模式，例如许多地方反映中组部的"千人计划"起到了较好的效果；鼓励各地区进一步探索吸引海内外人才的模式。例如中关村管委会、武汉东湖新区等为海内外高端人才提供股权激励、财产权保护、签证绿卡等一系列服务，加强对海外人才的吸引力。对于内陆欠发达地区尤其要创新对高级管理和技术人才的优惠和鼓励措施。

二是要加快农民工市民化进程，提高产业工人稳定性。优先解决有落户需求的技能型农民工在务工地融入、并定居下来，为企业的技能型人才提供充足和稳定的来源，建立起扎根于务工地的熟练制造业技术工人队伍。

（五）加强对传统产业升级改造的支持政策

传统产业仍具有很大的转型升级和改造空间，并具有风险小、成本低、见效快等特征。转型升级绝不是淘汰传统产业，也不简单等同于一味发展新兴产业，因为战略性新兴产业发展并不是一朝一夕的事情。现阶段，推进经济结构调整除了要大力发展战略性新兴产业、高技术产业之

外，仍应以传统产业的改造提升为主导。要加大对传统产业转型升级的重视程度和支持力度，促进传统产业和新兴产业融合，支持传统产业提升基础能力，做深做久、做专做精。如在各地园区规划中，应让传统产业成为其中一部分，通过传统产业的搬迁、进园，进行相对集中的改造提升；同时应鼓励、支持传统行业企业加大对现有设备和技术的投入，引导、支持他们通过引入新技术、新设备、新工艺开发新产品，积极探索商业模式创新。

（六）进一步完善鼓励企业技术创新的政策体系

在对企业竞争力的主要影响因素的调查中得出，影响企业竞争力的主要因素是品牌、市场和研发能力。排名前五位的分别为，"品牌认可度较高"（66.3%）、"稳定的客户群体，市场稳定"（65.7%）、"研发和创新能力较强，有专利技术"　（63.4%）、　"生产工艺先进，质量高"（61.4%）、"自我研发的产品，有独特的功能"（56.5%）。调查中企业普遍反映，创新政策体系在促进企业转型发展中发挥了积极作用，但还有较大完善空间。首先，要改革科技投入体制，改变目前科技经费分散在各个部门的散乱格局，特别是要调整研发投入结构，将研发经费向企业倾斜，使企业真正成为技术创新主体，推动创新体系协调发展；二要改革科研成果、技术转移机制，通过需求鼓励、将政策性支持资金与创新成果产业化结果挂钩等方式支持企业加快科技成果转化和产业化；三要完善科技评价体系，提高科研经费投入产出效率，如可通过成立国际咨询委员会进行同行评议等方式完善科研成果评估体系；四要切实加强知识产权保护，使其真正成为鼓励创新、奖励先进的有效工具；同时，也要避免滥用专利保护以实现知识产权权利人的利益和社会公共利益的平衡。

（七）更加注重普惠性的政策措施

财税政策过去在促进企业转型升级方面以各类专项财政资金计划支持

最为突出。但这种特惠型的政策安排也带来诸多不良效果，如"撒胡椒面"缺乏规模效应、"养懒汉"培养了一批跑专项资金的"专业户"等等，企业普遍反映申请手续繁琐、耗时耗力，导致专项投入产出和经费效率均不高。建议进一步完善技术改造专项资金、工业转型升级资金和中小企业科技创新基金等支持计划，特别是加强专项资金之间的协调配合。相应地，促进企业转型发展的政策重点要转向具有普惠性质的税收政策。建议实行结构性减税，切实降低企业的税费负担，使企业能轻税轻费、公平竞争，树立转型发展的长期信心。

（八）以差别化金融政策促进企业转型发展

以差别化金融政策和服务助推企业转型发展，引导金融机构优化金融服务结构，促进企业转型升级，尤其要与财税政策协调配合，引导资金更多地投向、支持实体经济发展。一是加强政府资金、信贷资金和社会各类资金的紧密结合、有效互动，加大对传统产业的金融支持力度；二是通过政策引导促进信贷资金结构优化，优先支持资源节约型、环境友好型和创新型企业发展；三是完善资本市场，如强化创业板的上市和退市制度，为企业提供规范、便捷的融资渠道，借助资本市场压力和动力促进优势企业转型发展；四是进一步深化金融改革，建立并完善开放、竞争、透明和高效的金融资源配置市场，鼓励创新型金融机构发展和金融产品创新，形成与企业融资需求结构相适应的金融供给结构。

第二章

转型发展文献综述

推动经济结构调整，促进经济发展方式转变是当前中国面临的突出问题之一。企业是经济发展的微观基础，企业的转型发展是一个产业、一个地区乃至整个国家经济发展方式转变的主体，也是重要载体。当发展到一定阶段，企业内外部的资源条件将会发生改变，需要做出转型发展的战略调整。尤其是在国家经济增速放缓，国内外经济形势复杂多变的大背景下，转型发展已成为企业走出困境、抢抓机遇的必然选择。然而，转型发展拥有丰富内涵，任何一个企业的转型都要经历一段探索的历程，其中既有成功的案例，也有失败的教训。有些企业的转型历经十几年甚至更长时间，仍在继续。研究当前企业转型发展问题，有必要清楚企业转型发展的内涵和动因是什么，企业如何转型，企业转型有哪些类型和哪些主要影响因素以及制度环境对企业发展模式会产生怎样的影响。

一、中国企业转型发展的内涵

（一）转型发展概念研究

基于不同的研究视角，学界对企业转型的理解存在一定的分歧。同时，企业转型的多样性和企业转型背景、动机的差异性，也决定了大家对转型的概念很难达成共识。国内外有很多关于企业转型的定义，但没有一个被普遍接受。本节将从以下四个方面对企业转型的定义进行梳理。

一是企业转型与企业组织行为。组织学家贝克哈德从组织行为学角度将企业组织转型定义为：企业组织转型是"组织在形式、结构和性质上发生的变革"。Kinann 和 Covin（1988）认为企业转型是指企业检查本身过去是什么、现在是什么、将来还需要做什么及如何去完成必要的改革的过程。Hammer 和 Champy（1993）认为企业转型是指企业在重新思考和检讨传统的功能式组织结构的基础上，通过企业的横向作业流程管理，从而使组织在成本、质量及服务等绩效指标上，获得跳跃式的改进的过程。Shaheen（1994）认为，企业组织在价值、形态、表达、技术及行为等项目的移转，让组织架构具备弹性化，能实时应对环境的变化；并认为企业转型不仅是企业改造的重新设计，还包括组织文化的重造、组织架构的重组、战略与产品的新定位及企业核心能力的新变化等；此外，转型的主要目的是企业在历经一段时间的努力之后，能大幅改善竞争绩效，并能持续维持企业竞争力。Muzyka 等（1995）则认为企业转型是由企业行为的根本性改变而引起的组织内在逻辑的改变。巴图克（1998）认为，组织转型是一种发生在组织对自身认识上的跳跃式的变革，并伴随着组织战略、结构、权力方式、模式等各方面的变化。吴鹏辉（2011）指出企业转型是指企业为了求生存并持续经营以获利成长而突破现状，在经营策略、组织结构或企业文化等方面所作出的重新规划或创新性改变，从而提高企业经营绩效和竞争力的行为。

二是企业转型与企业经营战略。Lavy 和 Merry（1988）提出定义：转型是企业为了求生存，在构面上发生重大变化，包括组织使命、目标、结构及企业文化等，亦即是第二次变革，是多构面的、多层次的、定性的、不连续的逻辑跳跃式的现况变革。竹本次郎（1989）认为转型是企业应对外部环境变化所采取的经营策略。Hamel 和 Prahalad（1990）认为企业面对竞争冲击时，需要进行战略改造，重新建立企业的核心战略，改造产业的竞争规则；通过战略改造，公司能主导本身所属产业的转型过程或重新划定产业间的界线，甚至创造出全新的产业，最后取得产业领导者绝对地位和未来竞争优势，这一系列的过程构成了企业的转型。Klein（1996）认为，转型就是要通过组织调整或目标转换的战略，改变结构形态所创造出适应未来的新经营模式。周佳欣（1997）的定义是：企业对环境和竞争变化下的一种基本的、全面的及大规模的革命性改变，企图调整或改变企业现有的营运架构，重新创造企业活力的一种行为现象。曹振华（2006）认为，转型是企业在审视外在竞争环境变化以及企业所具备的战略资源基础上，通过产业选择的调整及经营模型的改变而制订战略。

三是企业转型与企业心智（观念）转移。Adams（1984）认为，转型是企业为了创造出一个不可回复、与先前不连续的系统而在思考和行为上彻底且完全的改变。Daft（1994）则直接认为转型就是组织采用了新的思维或行为模式。Blumenthal 和 Haspeslage（1994）也同样认为转型是在认知、思考及行为上的全新改变。Joyce 和 Tim（1995）从思考性的角度切入提出：一个组织无法自己转型，除非他改变本身的思考方式。组织中的思考意指组织中的心智活动、观念开发、学习及技巧改进、信息交换、策略方向改进、计划、沟通、市场调查、问题解决与过程改善等，这些构成了组织的整体知识活动。袁素萍（2003）认为，在企业经营环境及自身经营条件发生变化时，企业为了持续经营或改变现状而从事的包括经营思维、经营策略、经营形态及作业流程等策略性思考及大规模革命性的转变就是转型。

四是企业转型与企业行业转变。王吉发（2006）认为，转型可以做如下的定义。企业往往是由于自身在所处行业的竞争能力降低和竞争优势的衰退，促使自身通过组织等的变革，提升企业在产业内的能力；或者由于所处行业的衰退，企业发展前景黯淡，迫使企业不得不主动或者被动地采取产业转移的战略，寻求新的经济增长点，使企业获得新的生机。这种行业间的转移，可能是企业保留原有行业的业务，实行多元化的策略，也能是完全退出原有行业，全部进入新的行业。

（二）企业转型发展模式研究

赵昌文、范保群、许召元（2012）基于对 10 省区市 300 多家企业实地调研和 887 家深交所上市公司的问卷调查，完成了《当前中国企业转型发展的主要模式与进展——基于实地调研及中小板创业板上市公司问卷调查》研究报告，总结了当前中国企业转型发展的若干模式与进展。

作者认为，报告是在对东中西部具有代表性的 10 个省区市①约 300 多家企业（包括了大、中、小规模和各种所有制）访谈调研的基础上，结合对深交所 887 家中小板和创业板上市公司的问卷调查②，评估和总结了当前中国企业转型发展的总体情况、转型发展的若干模式和进展③，值得说明的是，在中小板和创业板上市的公司基本都属于中国中小企业的佼佼者，因此，报告的分析结果更多代表了当前中国优秀中小企业的转型发展状况。

报告指出：在调研与调查的基础上，从价值、产业等六个维度，对当前企业转型发展模式和进展进行了分析和归纳，具有一定的代表性和适用性。但企业的转型发展往往是多维度、综合、互动的，因此，现实中企业转型发展模式往往是前述模式的综合交互体现。而且，不同的企业虽然有一些共同的发展趋势，但并无一个标准化、普适性的转型模式，只要有利于企业成功持续发展的经营模式就是好的模式。

---

① 调研的省区市分别为广东、浙江、上海、江苏、湖南、湖北、江西、辽宁、四川、北京等。

② 2012 年 5 月，课题组对深交所的中小板和创业板上市公司 887 家进行了问卷调查，收回问卷 887 份，其中有效问卷 823 份。参与调查的受访企业分布的行业为：通信、计算机、电子产品 18%；化学原料、化学制品、化纤产品 11.7%；通用专用设备 11.5%；电气机械产品 9.7%；医药产品 8.8%；房地产 7.2%；金属制品 5.6%；纺织、服装 4.8%；交通运输设备 4.4%；食品、饮料产品 4.1%；橡胶、塑料产品 3.4%；交通运输仓储 3.1%；仪器仪表文化办公机械产品 2.9%；建材产品 2.2%；木材、家具、造纸、印刷产品 2.1%；软件和信息服务 1.4%；黑色、有色冶炼产品 1.3%；文体用品 1.1%；金融保险证券 1%；其他产品 0.4%；石油加工产品 0.3%。

③ 如没有特别说明，本报告中的数据均来自对深交所中小板和创业板上市公司的问卷调查统计结果。

报告认为：英美德日这些国家经济发展到了一定的阶段后，就无一例外地开始进入新一轮产业结构的调整期，同时伴随着大量企业的转型发展行为。国际经验表明，企业转型发展的周期与经济发展周期之间具有密切的关系。中国经济在经历了 30 年来的高速增长之后，正在进入新的发展阶段，经济增长开始由高速增长向中速增长转变。由此，中国的企业转型发展也将进入重要的转折期。当前转型发展已经成为绝大多数企业，特别是优秀企业的自发要求，不少企业在转型发展中积累了许多好的经验和做法，各级政府部门也出台了许多引导、鼓励和支持措施，但企业转型发展过程中也面临诸多困难，需要加以进一步推动解决。在发挥市场主导、政策引导的条件下，积极推动中国企业加快转型发展，具有重要的理论与现实意义。

（三）转型发展与转型升级

转型并不等同于升级。转型（Transformation）是状态转变的过程，升级（Upgrade）是能力提升的过程。大多数情况下，企业转型包括了企业升级。因此，很多学者关于企业转型的研究往往与企业升级联系在一起，或是给出的转型定义中包含升级的含义，或是给出的升级定义体现了某类转型的内涵，或是将转型与升级合并研究。Gereffi（1994）认为，升级就是企业提高迈向更具获利能力的资本和技术密集型经济领域的能力的过程，即企业在产业链和价值链上位置的提升，一般通过创新和整合来实现。Poon（2004）认为，企业转型升级就是制造商成功地从生产劳动密集型低价值产品向生产更高价值的资本或技术密集型产品的经济角色转移过程。Rouse（2005）认为企业转型升级是指企业为获取并保持竞争优势而寻求的一种根本性、非连续的、甚至是突然的变化，而这些变化会改变企业与其利益相关者（如顾客、员工、供应商与投资者）之间的关系；常规的连续的变化（如实施全面质量管理 TQM）则不属于企业转型。林佩君

（2002）认为，"转型"通常指企业走出原有核心技术或经验领域，而"升级"是指在原有核心技术或经验领域上有更进一步的提高。杨桂菊（2010）以代工企业为例，认为企业转型升级的过程，即是代工企业在"核心能力"不断升级的基础上，扩展其"价值链活动"范围的过程。孙宝强（2011）认为转型的科学内涵是"转变效益来源的类型"，不是"形式"，也不是单纯的"转行"。升级的关键是产业或企业在全球价值链上位置的移动，出现了产业结构调整、全球价值链和产业价值链升级三种思路。企业完整的升级路径为：低价无名牌（LPNB）进占边缘市场升级到委托组装（OEA），再升级到委托加工（OEM）与自主设计和加工（ODM），最后升级到自主品牌生产（OBM）。

但本研究明确的概念是企业转型发展，而非转型升级。主要原因在于，转型与升级其实是两个层面的问题，企业转型的过程通常包含有能力的升级，但企业升级未必意味着企业转型。而且，企业转型的目的也不是升级，而是为了发展。

（四）转型发展的概念和六种主要类型

综合以上研究，本文认为：企业的转型发展，一般是指企业通过改变原有的发展模式，包括对市场、经营、产业、管理等方面进行改变与变革，以更好地适应外部环境变化，获取并提升竞争优势、提高企业可持续发展能力的行为。企业转型发展主要包括以下几个方面。

①市场转型：主要反映企业销售市场的分散化程度，主要指国际国内市场销售份额变化，国际国内市场的分散化程度。

②经营转型：指企业经营模式的转型，例如从代工到自主品牌的变化（用自主品牌占所销售产值的比重和广告费用所占比重进行度量）；商业模式的变化；企业产品向服务等延伸等。

③价值转型：指通过各种途径增加产品的附加价值。价值转型包括产

品从低端到高端，也包括产品本身附加值的提高等；价值转型主要来源于企业的研发创新和升级等，用研发投入占销售收入比重、每年申请专利数量、研发人员占企业员工比重、资本报酬和劳动成本的比重、是否有生产工艺、生产技术的改进或革新等因素来表示。

④产业转型：主要考查企业在专业化水平分工和完善产业链以及产业多元化程度等方面的发展情况，重点考察产品数量、产业链或产业数量的变化。

⑤管理转型：主要考察企业管理规范化、科学化进展，例如对家族企业的公司制改造，引进职业经理人、管理制度化等，还包括企业管理效率的改进，用定性结合定量的方式度量，管理效率方面用单位产品的生产成本（人均产品数量）等表示。

⑥绿色转型：主要考察企业提高生产效率和降低污染方面的进展，以资源能源消耗率、单位产品碳排放量、单位产品污染物排放量等表示。

二、企业转型的动因及影响因素

（一）企业转型的动因

1. 综合因素

学者们从不同视角研究企业转型的动因，并将各种动因划分为不同类型，如内部—外部因素，主观—客观条件，拉动—推动因素，压力—能力因素等。

Boyle 和 Desai（1991）将其分为外部因素（战略因素、行政因素）和内部因素（战略因素、行政因素）。Reger（1992）认为企业变革受多种因素影响，如外部环境因素、科技因素、组织文化因素等，当外部环境稳定时，企业一般会选择渐进式变革方式，一旦外部环境出现巨变，则往往采用彻底的革命性转型。Gersick（1994）则认为，企业内部条件与外部环境改变只是产生改变的需求，并不会直接产生革命性的变革，企业转型发生的主要原因之一在于领导者认知的主观条件，只要领导者对组织的情况认为有变革的需要，组织就会发生变革。Kanter 等（1992）总结企业转型有三大动因：①企业内部权力系统的变迁（如所有权的转移、经营控制权的转移、第二代接班等重要的人事变动）；②企业成长过程中内生的变迁力量（主要指企业生命周期阶段的转换）；③环境的变迁（如市场需求的偏好转变、原料市场的价格变动、重要技术突破或产业结构改变等）。Barker 和 Irene（1997）认为进行变革的压力（绩效压力、技术变迁）和进行变革的能力（资源）是企业转型的两大动因。杨振（2004）将转型动因分为内外两个原因，外部原因包括宏观经济环境变化、产业结构调整和市场竞争日趋激烈 3 个方面；内部原因主要有获取竞争优势和企业发展需要两个方面。王吉发和秦夏明（2006）同样认为企业转型的动因在于内生和外生动因的影响，企业转型问题的研究过程一般遵循着"资源——能力——行业内地位提升——产业定位"的逻辑线索。吴家曦（2009）认为企业转型的动因可以分为拉动因素和推动因素，拉动因素包括：对企业未来长远发展的考虑、对当前形势判断、找到了新的市场渠道和新的技术；推动因素包括：产能过剩和过度竞争带来的压力、企业成本难以消化、市场萎缩、行业发展前景暗淡、受其他企业的影响。

2. 具体因素

（1）外部因素

① 经济因素：国家经济发展、全球化的冲击、产业结构的调整、经济转轨及体制改革、贸易条件恶化、贸易壁垒、新型工业化道路的推动、本币升值；②政治因素：政府的管制、政策规制上的解除、绿色壁垒（环保标准的提高）、出口退税政策、劳工政策、企业转型优惠政策的取消、出口产品内销限制的解除；③科技因素：国家科技水平的提高、国家对行业技术发展的支持、技术的创新、信息技术的广泛运用；④文化因素：消费

习俗的变迁、社会阶层的改变、社会文化水平的提高；⑤市场环境因素：市场结构、市场需求状况、消费者价值观的改变；⑥行业结构因素：竞争者的作用、供应商的作用、竞争的日趋激烈、行业地位的变化、其他行业的吸引、多元化经营、国际产业结构的转移。

（2）内部因素

①企业能力：营销能力、生产能力、研发能力、管理能力、动态能力、技术能力；②资源：营销能力、生产能力、研发能力、管理能力、动态能力、技术能力；③组织结构：权力系统的变迁、组织结构的改变；④企业文化。

（二）影响转型效果因素

1. 外部环境影响企业转型绩效

Meyer（2000）研究认为网络是企业间市场的重要机制。激烈竞争、组织内部的资源与能力以及外部合作伙伴的支持是 OEM 企业转型升级的基础（Pfeffer, Salancik, 2003）。企业转型升级需要市场基础、文化自信心和制度条件等因素的支持（刘志彪, 2008）。

发展产业集群可以促进企业转型发展。本地化的企业间合作、人际交流、劳动力流动等集群学习方式有助于促进集群企业的转型成长（Grabher and Ibert, 2006）。郲爱其（2009）把超集群学习分为异地同产业学习、异地跨产业学习和本地跨产业学习三种模式，它们激发和促进了企业的业务转型和战略转型；随着企业阶段性成长，超集群学习模式总体上呈现出从异地同产业学习到异地跨产业学习再到本地跨产业学习的演变特征；直接投资、战略联盟、聘请专家、国际参展等是超集群学习的主要方式。特别对于中小企业转型，张聪群（2009）认为应将中小企业置于集群网络之中探究其转型模式，抱团转型和联动转型是浙江中小企业转型的主要模式。此外，将产业集群嵌入全球价值链有助于集群企业在与链上企业的合作过程中学到知识和实现创新，进而促进发展中国家的集群企业从全球价值链低端转向中高端（Staber，2001；Schmitz，2006）。但同时指出，尽管各地的集群企业高度重视集群学习，实践中还是不断出现集群企业被本地网络锁定、外迁发展甚至衰退等问题（Uzzi，1997；Eriksson，Lindgren and Malmberg，2008），发展国家的集群企业在跨国公司主导和控制下难以成功转型升级（Pietrobello，Rabellotti，2007）。Oinas（2000）指出，全球价值链和集群学习（本地网络）仅代表产业协作分工的两个端点。因此，同时整合利用全球价值链和集群学习的积极作用，成为发展中国家推进集群企业转型成长的重要任务（Rappert，Webster and Charles，1999）。

张聪群（2011）强调了地方政府在企业转型中的重要作用。产业共性技术和区域品牌都具有公共产品属性，因此地方政府应该扮演该战略的制定者和战略实施的组织者。

2. 企业内部环境影响转型效果

（1）企业转型需要有效的转型管理

Kotter（1995）指出企业转型每个阶段都不能轻视，整个转型过程包括8个阶段，概括为：①营造危机感；②塑造富有战斗力的团队；③勾勒愿景；④传达愿景；⑤授权按新愿景行动；⑥计划并实现阶段性胜利；⑦巩固成果并推动更多的变革；⑧制度化。

曹建海和黄群慧（2004）揭示了企业制度转型和管理模式创新对中国现阶段民营企业成长的决定性意义，并进一步引申出民营企业成长管理的"三维模型"。Valerdi 和 Blackburn（2010）研究指出，绩效评估对企业转型有重要作用。

（2）经营者素质是影响企业转型绩效的重要因素

大前研一认为，企业要转型成功的首要条件是企业领导者要下定转型的决心，并能准确辨识企业经营基础的变化，再根据变化调整企业组织形式，将改革的重点放在企业组织如何适应环境变化及如何积极开发的员工能力。

筒井信行、龙泽正雄（1988）同样认为企业成功转型有赖于经营者的果断与魄力，首先，企业领导者重视转型的时机，并能选择出最适合的方案；其次，对经营领域的潜力及新市场与顾客群进行彻底调查，并建议借助外来专家的智慧来提供转型升级。

台湾学者袁素萍（2003）认为经营者策略敏锐、经营者参与程度、领导团队是影响企业转型成功前三大关键因素，其他因素依序为：支持产业竞争态势、愿景沟通、企业规模/国际化脚步、产业竞争态势、人力素质、人际网络/策略联盟、发明及创新能力。

（3）企业文化和企业能力是重要因素

Rouse（2005）认为价值观与企业文化，激励机制与企业认同机制，员工个人能力及团队能力以及领导力是影响企业实施转型能力的重要因素。

Amsden（1989）以韩国企业为例提出"学习论"，认为代工企业可以通过学习，缩小与国际品牌客户的差距。代工过程中学习到的先进技术与管理知识有助于代工企业的转型（Hobday，1995；Ching，Wayne，2008）。技术能力的提升可以促进代工企业从 OEM 到 ODM 再到 OBM 的演进升级（瞿宛文，2007；刘志彪，2008）。

Prahalad and Oosterveld（1999）总结了企业转型成功的几个特点。首先，企业必须对发展战略有一个通盘的思考；第二，高层管理者应具备强有力的组织领导能力；第三，在转型过程中，没有什么是金科玉律，企业需要从根本上改变当前的观念、做法以及股东的态度和行为；第四，必须对雇员进行培训以提高他们的技能和竞争力；最后，加强对员工的激励，提供更好的薪酬条件、发展机会和职业前景。

三、中国转型发展的有关实证研究

国务院发展研究中心多个部门及不同的研究人员近年来在这个领域做了不少研究，在内部发表调研报告数十篇。涉及建材、机床装备、医药、纺织等行业领域，覆盖江苏、浙江、上海、杭州（东南沿海）等地。研究角度则包含宏观、区域、企业、资本市场及出口等多个方面。

（一）宏观层面

宏观层面的研究有两篇，包括刘世锦的"中国'挤压式'增长后的速度回落与增长模式转型"以及任泽平的"当前中国产业结构的变动趋势和制度需求"。刘世锦的报告借鉴二战以后成功追赶型经济体的历史经验，结合中国实践，分析了"挤压式"增长的特点，认为今后几年中国有很大可能性进入增长速度下台阶的"时间窗口"。这不仅是增长速度的变化，更重要的是经济结构和增长模式的转型，应从结构性、体制性和时效性上理解增长模式转型。报告认为，中国未来制造业比重下降幅度不宜过大。服务业发展的重点应在于包括研发、金融、物流、培训、信息服务、售后服务等在内的生产性服务业。中国有一个比重较高且具竞争力的制造业，将是更长一个时期参与国际竞争的需要。报告还指出，改革应有更为明确的目标和价值观，并提出了推动"参与促进型改革"的问题。具体含义是以促进社会成员更多范围、更深程度、更高质量参与工业化、现代化进程，进一步释放社会成员发展潜能为目标，着力推进相关领域改革取得突破。其要点可概括为扩大参与机会，提升参与能力，完善鼓励就业、创新的制度和政策，创造稳定参与预期的法治环境等。

任泽平认为，工业化后期，为了启动新一轮发展浪潮，表面上是主导产业由低端制造业向中高端制造业和生产性服务业升级的过程，实质上是一国竞争优势由低成本优势向创新优势转变的过程，更深层次的是发展模式由政策指导向制度保障变革的过程，总体上是市场经济体制不断完善、推向成熟的过程。当前，中国产业升级正呈现出积极态势，产业"深化"和高级化取得新进展，新一轮主导产业呼唤新的制度环境。应当建立市场化、风险分散流量化、信息公开透明化的金融制度，也应该对现有分税制进行变革，改变地方政绩考核重 GDP、轻就业，地方财政收入主要来自于生产而非消费的状况。

（二）区域层面

其他研究则从区域或行业的角度看转型升级。王忠宏等研究了东南沿海、上海、浙江、广东、江苏等地的产业升级。报告认为，东南沿海（包括江苏、上海、浙江、广东、福建五省市）正处在向创新驱动转型的新时期，面对路径依赖、自主创新技术欠缺、体制机制等问题，应保持足够的耐心，处理好短期增长和长远能力提升的关系，健全倒逼、激励机制，充分发挥各方积极性，突出抓好质量、创新能力和人才队伍建设，推进政府率先转型，探索设立示范区，引导产业转型升级健康有序进行。

王忠宏还研究了几个地区促进转型升级的典型做法。一是通过产业转移促转型升级（广东经验）。近年来，广东省坚持把产业转型升级作为加快转变经济发展方式的重中之重。报告分析了广东产业转型升级面临的环境，介绍了广东省以产业转移促进产业升级的做法与成效，指出了存在的不足和困难（主要是创新能力不足，传统产业升级困难，中小企业困难突出），最后提出了加强自主创新和人才培养、"筑巢引凤"和"筑巢孵凤"并举、承接产业转移必须坚持环保原则、政府要从"干预"转向"服务"、大力扶持中小企业发展等启示和建议。二是通过创新促产业创新升级（江苏经验）。近年来，江苏在实施创新驱动战略、推动产业转型升级上进行了积极的探索，取得了新的成效，但也面临认识、体制、技术、人才、资金等诸多复杂的问题。三是浙江传统产业转型升级的经验。浙江经济一直以传统产业为基础和特色，传统产业占工业的比重基本在75%左右，企业数量达到82%。近年来，随着资源环境约束的凸显、各种要素成本的上升、外需的下滑，浙江传统产业面临日益严峻的挑战。为此，浙江提出了发展现代产业集群、促进企业家转型、深化"两化融合"、构建和谐劳动关系等举措，取得了一定的成效，但仍存在一些突出的矛盾和问题亟待探索。四是上海转型升级的多种探索。上海工业基础雄厚，科技与人才资源丰富，开放型经济发达，经济发展走在全国前列。但近年来面临要素成本上升、土地供给紧张、固定资产投资下滑、经济增长趋缓等挑战。为解决发展中遇到的问题，上海积极探索产业转型升级的方式，取得了良好成效，但也存在路径依赖、创新环境不完善、体制机制障碍等困难。结合上海实际和国家政策，报告提出了促进中国产业转型升级的启示和建议。

（三）行业层面

技术经济部研究了高技术服务业、纺织业、水泥产业及民营建材业的转型升级问题。吕薇认为，发展高技术服务业是中国产业结构升级的必然选择，国家应当建立有利于高技术业发展的政策体系和制度环境，实行分类管理，制定具有针对性的行业政策。戴建军认为，中国水泥产业已经进入依靠技术创新转变发展方式阶段，发展循环经济提高经济效益、实现节能环保的潜力很大。须逐步消除制约水泥产业发展循环经济的体制机制障碍，通过完善节能环保的政策法规、经济计量等方式推进产业方式转变。沈恒超等调研纺织业发现，中国绝大多数纺织企业的创新活动集中在生产环节，以装备更新、工艺改进、简单新产品开发为主，仍处于引进技术消化吸收再创新阶段，能影响国际纺织市场的高端创意设计非常少，缺乏自主品牌。针对纺织业特点，应支持技术改造和新产品开发，鼓励企业开展创意设计，加强知识产权保护，通过支持企业技术中心支持骨干企业创新。沈恒超在另一篇针对服装鞋帽业的研究中指出服装鞋帽业已处于转型升级的关键时期，企业主要通过采用适用技术和设备改造企业、产能战略转移、培育和运营自主品牌、进入新的产业领域等方式转型升级。影响服装鞋帽企业转型升级的主要因素有：企业研发和品牌培育能力弱，转型资金不足，政策支持少，知识产权保护仍需加强。建议增加财政对基础研究和共性技术开发的投入，加强自主品牌保护、支持企业培育与运营商标，改善经营环境、引导企业向内地转移产能，提高企业资金积累能力、改善筹资环境。

（四）总结

已有研究均没有对"转型升级"或"转型发展"给出明确定义，从内容看，地方政府推动转型发展的重要抓手可以包括提升创新能力（包括技术创新、商业模式创新）、推动产业转移、制定合理的节能减排目标等。此外，产业集群、人才培训、和谐劳动关系、创新支持和各种基础设施建设（促进技术创新）以及规范的行政执法是地方政府推动转型发展的主要有效途径。

行业来看，转型发展的最重要目标是提升在产业价值链中的位置。已有的研究认为，政府应从产业支持系统和产业发展环境两方面入手完善有关制度，促进转型发展。但有关研究对产业支持系统和发展环境的论述仍过泛泛，没有针对行业特点且能切实有效的具体改进措施。

现有研究对多个行业的企业转型发展进行了具体研究，涉及技术创新、创意设计、知识产权、资源利用等多个方面。但尚未形成思路清晰的框架，难以形成国家或区域层面的共性政策。

四、文献综述的主要启示

根据文献综述，或者可以形成我们未来研究的主要关注点：对企业微观的关注应和行业中观及国家宏观层面的导向相结合。国家层面的三个直接关注点：一是高新技术发展，二是节能、循环经济和能源节约，三是环境保护（减排）。行业层面的主要目标是提升在全球行业价值链中的位置。企业在不同动因之下，需要从内部能力和外部环境两方面入手，通过转型发展，实现上述中观或宏观的目标。内部能力包括认识（如企业家认识，战略规划）、信息获取、能力（技术、创新、市场开拓）等方面；外部环境则包括竞争环境（大中小企业的平等发展等）、创新环境（创新支持政策、知识产权制度及创新服务平台等）、融资税负环境以及法治环境等等。

因而，我们未来的调研可以从企业内部能力入手，同时将外部环境对内部能力提升的作用作为重点。结合国家及行业目标，重点关注技术及创意、人力资源、节能减排方面的技术及发展；外部环境也可以这三方面内容为主要关注点。

第三章

部分追赶型经济体促进企业转型发展的政策与经验

企业的转型发展在很大程度上是企业自身适应外部环境变化的自主行为，但对于处于追赶过程中的经济体而言，政府宏观政策的推动和营造的经营环境则对企业转型发展有着十分重要的意义。

从国际看，日本、韩国和中国台湾等先行国家和地区在这方面积累了许多经验。中国正在逐渐完善有中国特色的社会主义市场经济，根据中国国情，制定和实施促进产业结构日趋合理、引导产业结构逐步升级和企业转型发展的规划与政策，是十分重要的。在此方面，我们可以借鉴相关国家和地区的成功做法与经验。在这些国家和地区中，产业结构的调整升级是与企业的转型发展同时发生的，或者说企业的转型发展是微观基础，构成了产业结构调整升级的宏观表象，而产业结构的调整升级也促使了企业的转型发展。因此，在下文的分析中，我们主要从日韩台推动产业结构调整升级的阶段与政策来分析它们促进企业转型发展的做法与经验。

一、日本企业转型发展的主要阶段及相关政策

战后，日本经济发展很快，产业结构不断调整、高度化，企业也相应

地实现了转型发展。在促成日本经济以较快的速度持续增长的诸多因素中，日本政府主要经济管理部门——日本通商产业省较为成功地制定并实施了日本通商产业政策，对于日本工业和贸易的快速发展，起到了重要作用。

（一）战后产业复兴及高速增长时期主要促进重点产业发展

二次世界大战以后，日本经济几乎是在一片战争废墟的基础上开始重建，在战后复兴及高速增长时期（1945～1970 年），日本采取了各种措施来促进重点产业的优先发展。

1. "重点生产方式"产业政策

由于战争的破坏和战败造成的经济混乱，日本的工业极度萎缩，企业生产停滞。为在短期内恢复经济和长期内改变落后的工业技术水平和落后的经济结构，吉田内阁接受了东京大学教授有泽广巳的建议，实行"重点生产方式"。"重点生产方式"的基本内容是首先将全部进口的重油拨给钢铁生产部门，将由此生产的钢铁投入煤炭生产部门；煤炭生产部门利用这些钢材调整产煤设备，增加产量；把增产的煤炭配给钢铁生产部门，以促进钢铁生产，再把增产的钢铁配给煤炭生产部门。逐渐形成可使煤炭工业和钢铁工业循环增产的良性循环，进而使二者的供求状况得到改善，突破生产萎缩的严重局面，从而逐步以其成果推动电力、化肥、运输等工业部门的恢复，然后带动整个工矿业生产的回升。

为了保证"重点生产方式"政策目标的实现，日本政府采取了下列政策和措施：①资金倾斜政策。政府为保证"倾斜生产"资金贷款的需要，1947 年 1 月专门设立了"复兴金融公库"，并制定了《金融机构资金贷款准则》为煤炭和钢铁等重点产业提供优惠贷款。②价格补贴政策。对于政府所规定的重点生产部门的产品，在公定价格低于生产成本时，其差价以国家金库的价格调整补助金进行补贴。③物资统制政策。为了顺利执行

"重点生产方式"，日本政府对进口的工业原材料和能源采取严格的物资统制政策，在政府有关部门设置了特别行政机构，控制物资流通的方向，保证对重点产业部门的供应。至 1948 年末，推行"重点生产方式"产生了实际效果，煤炭、钢铁的增产目标实现，也促进了其他企业部门的恢复。

2. 贸易立国战略下的产业保护育成政策

日本经济经过前一时期的初步恢复后，结束了战后初期混乱状态并基本形成现代市场经济体制，接着实行的是贸易立国战略下的产业保护育成政策。贸易立国战略认为日本经济应积极参与到国际经济大循环当中去，通过扩大贸易、引进现代化技术，推进本国的国民经济工业化和现代化的进程。在此过程中，日本政府主要通过统制手段限制进口、限制以参与企业经营为目的的外国直接投资来保护对国民经济有重要影响但缺乏国际竞争力的"幼稚行业"，对促进经济独立具有较大生产潜力但仍处于发展中的基础产业采取扶持政策，使其在短期内迅速"育成"，这就是贸易立国战略下的产业育成政策。

日本政府经常利用减免税收和财政补贴方式，促进主导产业的发展。如 1952 年制定的《企业合理化促进法》，规定对重要产业的现代化设备，实行加速折旧制度，对国民经济急需的新设备的制造和试用，免收三年法人税或所得税。以后又实行奖励补助金制度，对进口最新式机械的企业，进口价格的一半由政府支付。如国内生产类似机械，政府对该产品给予相当于成本一半的补助金，以鼓励企业试制。在货币政策上，通过设立日本开发银行等政策性金融机构，提供长期低息贷款给有关企业。在税收政策方面，政府直接对私人企业、特别是垄断大企业在税收上实行一系列的优待措施，促进了企业的资本积累和现代化投资，加强了企业的竞争力。在贸易政策方面，日本于 1955 年加入关贸总协定（GATT），一方面日本在外汇短缺的时代对进口的物资和技术均采取了严格的审批制度，保证了外汇应用在急需发展的产业；另一方面，日本对进口实施高进口关税和配额，到 1960 年日本 60% 的产品都实行了进口配额。这些措施使得日本企业在经济发展中避免了国际市场的强大冲击。

1950 年代中期，日本经济虽然已全面恢复，但比起欧美资本主义国家的水平仍然很低，企业设备陈旧，生产效率低下，产业结构落后，在国际市场上竞争能力很弱。为消除同欧美发达资本主义国家的工业技术差距，日本确立了以重化工业为主导的产业政策。

政府从多方面采取措施保证优先发展重化工业。在金融政策方面，首先对各种利率进行人为规定，将其限制在市场供求关系决定的均衡利率之下。然后对资金进行人为的分配，即执行人为低利率政策的金融机构贷款对象都是在经济发展中起主要作用的基础工业企业和进出口企业，优先给这些企业以低利率优惠贷款。

在技术创新方面，首先，政府直接干预外汇管理和引进外资，优先发展重工业。如指定的《外资法》和《外汇和对外贸易管理法》在充分考虑本国国情、国力的基础上，按照轻重缓急稳步地推进贸易与资本自由化的进程。第二，将教育政策和产业政策结合，发展职业技术教育，培养技术创新人才。如日本文部省早在 1957 年和 1961 年两度制订了增招理工科大学生的计划，为吸收和消化引进技术打下人才基础。第三，以补助金、税收优惠和低息贷款等多种方式，促进企业部门的研究开发活动。如设置新技术企业化贷款（1951）、小规模企业者等设备引进资金补助法（1956）、机床试制补助金（1958）。

（二）稳定增长时期开始实施技术立国的方针（20 世纪 70 年代）

经过 20 世纪 60 年代的高速增长，日本的经济实力和国内企业的竞争力迅速提升。但进入 1970 年代后，日本的经济遇到了国内外的诸多挑战。这一时期日本国内的主要问题是：经济的高速增长带来了严重污染和生态环境恶化，生产集中带来城市人口拥挤，城市化带来公共基础设施不足以及通货膨胀等"增长的代价"。国际主要问题有两个，一是日本国际收支顺差扩大导致国际贸易摩擦频繁及日元面临升值；二是 1973 年和 1979 年两次石油危机给日本经济带来巨大挑战。

在 1970 年代，日本经济和产业政策遭受了两次石油危机以及尼克松新经济政策的冲击。为了摆脱当时的困难局面，日本政府将注意力转移到重视科技的开发与利用上，以高科技的发展来弥补自然资源的不足，促进日本的对外贸易，最终明确了科技在"贸易立国"战略中的主导地位，提出了"科技立国"方针。

日本政府在 1971 年提出的《七十年代通商产业政策设想》和 1976 年的《产业结构长期设想》中，将产业结构高级化的发展方向从"重化学工业化"转向"知识密集化"，鼓励电子计算机、集成电路等的研究开发，扶植信息、服务等知识产业，有计划地降低重化学工业的增长速度，采取有效措施促进产业的节能化和替代性能源的开发利用。

1978 年，日本政府根据产业结构的知识密集化设想，制定了《特定机械产业振兴临时措施法》，明确规定加强对集成电路、电子计算机、飞机等产业的政策扶持，对尖端技术领域的开发提供政策补贴，对指定的高科技产业实施税收和金融方面的优惠措施。1980 年公布的《80 年代的通商产业政策》明确提出了实施科技发展新战略的"技术立国方针"：以高技术、未来产业基础技术和公益等技术为科技发展的重点，通过培养和应用创造性、开拓性技术尖子和基础研究人才来提高基础研究的比重，最终走向自主开发创造性技术的"技术立国"战略。该时期以自主开发尖端技术为中心的"创造性知识密集产业"为主导产业，提高了产品的"创造性科技"含量，不仅使产业结构进一步高级化，而且也激活了整个经济。

（三）经济结构调整时期着重促进设备更新换代（20 世纪 80 年代）

20 世纪 80 年代，日本战后经济发展达到了成功的顶峰。日本的国民生产总值、出口贸易占世界的比重都超过了 1/10。到 1987 年，日本被公认为已经成为世界上最富有的国家之一。但是，在这一阶段，日本也面临着一系列的问题：国际贸易摩擦加剧，贸易保护主义抬头，在部分发展中国家的追赶下一些原有优势产业面临着威胁，日元持续大幅度升值使产品的出口竞争力受到威胁等等。针对这些问题，日本政府将产业政策重点转移到改善结构与技术开发方面。

制定专门的法律促成企业对过剩设备的淘汰。1983 年修改《稳定特定萧条产业临时措施法》，继而出台了《特定产业结构改善临时措施法》。此后承继这部法律制定了《产业结构转换顺利化临时措施法》（简称《顺利化法》）。《顺利化法》是以顺利推动过多设备的处理和事业转换为目标的、为调整一些行业的过剩设备并促进其转换生产而制定的典型法律。由于每个单个企业都不愿自我淘汰过剩设备，日本政府不得不要求企业界全部报废过剩设备。通产省与公正交易委员会协调，使企业合伙淘汰设备行为不违背反垄断法，并做出在税收和贷款方面的优惠。这种办法促成了企业对过剩设备的淘汰。

鼓励企业向海外投资，提高企业综合竞争能力。由于长期国际收支顺差，日元在国际压力下不断大幅度升值。日元兑美元汇率由 1971 年 12 月的 308：1 升值为 1982 年底的 140～150：1，1988 年升值为 120～130：1。日元的急剧升值，无疑对日本的出口产业十分不利。为了躲开日元升值带来的国际出口竞争力下降，同时也提高日本企业利用国际资源的能力，日本采取了多种措施鼓励企业对海外企业进行投资，这一期间日本产生了多起有名的收购兼并美国著名企业的案例，除了向发达国家投资，日本也注重向发展中国家大量投资，以获取重要的原材料和市场。

（四）经济全球化时期重点培育新兴产业（20 世纪 90 年代至今）

20 世纪 90 年代之后，日本经济战略进一步调整，从注重国外技术的引进吸收转变为向创造性的知识密集型行业迈进。经济发展的指导思想由单一增长为目标转向以"生活大国"为目标，经济增长方式由出口主导型向内需主导型转变。在泡沫经济之后，日本政府提出了《新技术立国》（1994）和《科学技术创造立国》（1995），并制定了"以科学领先，技术救国"的方针，调整产业结构，建设知识密集型产业。

高度注重技术创新政策。这一时期日本政府技术创新政策主要是：第一，增加科研预算，立法保证科技投入。1995年政府通过了《科学技术基本法》，为增加科学技术预算提供了法律依据。第二，"产、学、官"合作研究模式在1990年代获得进一步发展。1998年颁布了《大学等技术转移促进法》，1999年日本政府对利用国家资金进行委托研究的知识产权进行了规定，规定这类知识产权归企业所有。

进入21世纪后，日本又推出《日本经济结构改革与创造的行动计划》，其重点是培育新兴产业，创造富有国际竞争力的企业环境。《日本经济结构改革与创造的行动计划》对促进新兴产业发展和提高企业国际竞争力采取的措施作了具体规定。

新兴产业包括医疗和社会福利、生活文化、信息通讯、新制造技术、生物科技等。促进新兴产业发展的措施，一是在资金方面，进行金融体系改革，以促进资金来源多元化，健全资本市场，充分供应新兴产业所需的资金；二是在人才方面，促进人才流动和人才培养，采取放宽有关限制、促进产业界和教育界合作等措施；三是在技术方面，采取健全新技术研究开发、整建"产官学"三者合作研究开发的环境、保护知识产权及促进专利权流通等措施；四是信息通讯方面，采取健全信息网络系统、促进电子商业交易、促进信息通讯的研究开发及标准化互用等措施。

为改善企业经营环境，提高企业生产与流通效率，降低生产成本，提高国际竞争力，采取的措施主要有：一是改善高成本结构。全面放宽对物流、能源、信息通讯、土地和流通等产业的管制；整建现有商品流通市场，使之达到国际水准；改善商业行为，提高生产与流通的效率，改善生产成本结构；修正工业标准化制度及验证制度，适应世贸组织的要求。二是改革企业相关制度。提出禁止垄断法修正案，并陆续提出有关商法修正案，以简化公司合并手续。三是改革劳动雇佣制度。促进人才流动和雇佣制度的弹性化，适应第三产业迅速发展、老龄化社会的需要等等。

二、韩国企业转型发展的五个阶段

（一）20 世纪 60 年代前实行进口替代战略保护国内工业

20 世纪 60 年代以前刚刚经历过战争破坏的韩国"一穷二白"。面对缺少资源和资本技术实力的形势，且这一时期贸易基本上是对美国的双边贸易，韩国实施了以高关税壁垒和严格的进口限额而实现非耐用消费品和中间产品的进口替代策略。该策略在当时具有明显的保护性色彩，这样政策的实施在一定程度上保护了国内产业的发展，内向型的进口替代策略虽然使得国内一些企业获得了保护，但这些企业生产所需要的原材料等严重依赖外国企业，国内购买力低下，出口不振最终导致进口大量增加，赤字扩大。

为了调动国内企业的生产积极性，恢复经济，韩国政府在这一时期进行了多次税制改革。主要内容是：一是降低直接税的税率，以减轻企业的负担；二是制定"复兴税制"，调整税收结构，提高商品税和酒水等间接的税率；三是将所得税改为按比例税率课税和按累进税率课税的综合所得税。然而这一时期的税收政策带有极大的退让性，它既不能保证国家的财政收入，刺激企业生产的作用也不大，从而对宏观经济调控的作用不大。

（二）20 世纪 60 年代重点发展劳动力密集型出口工业

由于重视进口替代而忽视了出口带动作用，大量的进口导致韩国国际收支逆差巨大，对海外进口的依赖性明显。为缓解这种不均衡局面，增强韩国经济的良性发展能力，韩国产业政策导向开始从"进口替代"逐步转向"出口导向"。鼓励和培育国内优秀产业的发展，推进国家的工业化和城市化进程。韩国结合本国劳动力丰富的优势，大力发展出口导向型的轻纺工业等劳动密集型产业，同时也开始积极发展化工、民用机械、钢铁、汽车和耐用消费品等进口替代型重化学工业。

为了"贸易立国"、"出口第一"方针的顺利实行，韩国政府对税收政策进行了一些变动，主要表现在两个方面。

①强化中央与地方的分税制度。以分税制体制确立中央与地方的税收分配关系，严格划分中央和地方政府的事权范围。《关于国税和地方税调整法律》的公布，保证了中央政府的财税权限，同时赋予了地方一定的财税权限。如设置地方税，其中包括地方税的纳税人和对税收标准的估计等。

②制定税收优惠措施激励企业生产，促进工业化进程。在税收优惠政策方面，韩国政府对炼油、钢铁、造船、水泥及化学工业在 1963～1967 年间全部免征公司税，对石油精炼部门的优惠政策一直实施到 1970 年，对出口收入的 30% 实行免税。《税收减免控制法》中特别规定，对钢铁部门的设备投资可退税达 10%，1967 年，韩国政府制定《科学技术振兴法》，强化了税收在促进科技进步和经济发展中的作用。这些优惠措施带动了钢铁、汽车、造船、电子等工业部门和国际贸易的飞速发展。

（三）20 世纪 70 年代重点支持资金密集型的重化工业发展

劳动密集型出口导向型的产业政策带来了韩国经济的飞速发展，也为韩国企业带来了丰厚的资金积累。但韩国已不满足于纺织类轻工业所带来的经济增长，通过积极调整产业政策，明确发展资金密集型的重化工业。1973 年，韩国发布了《重化工宣言》，向造船、钢铁、汽车、电子、石化等重化工业倾斜，城市化进程加速。重化工业的发展成为推动韩国经济持续高速增长的主力军，带动韩国产业结构更趋优化，实现产业升级，带来韩国相关产业规模的扩大。

1974年，政府颁布了《新技术产业化投资税金扣除制度》，这是韩国政府为扶持重点产业而制定的一部直接税收鼓励法。同年，韩国政府实行"关键部门的特别税收待遇"，重点部门有权在免税期、特别折旧、投资税收抵免三者中选择一项。免税期的规定为：第一年至第三年免征法人税，第四年至第五年减半征税。投资税收抵免的规定为：对国产机器、设备投资给予10%的税收减免，非国产机器、设备的投资抵免率为8%。特别折旧制度规定了100%的固定资产折旧率。可以享受上述优惠的重点产业是：钢铁、化肥、电子、石化、造船、供水、供气等行业。

1977年和1979年，韩国分别制定了《科研设备投资税金扣除制度》和《技术转让减免所得税制度》。1980年，随着贸易和技术保护主义的盛行，韩国为了推进产业技术开发，制定了《对先导型技术产品实行特别消费税暂定税率制度》、《技术及人才开发费税金扣除制度》以及《免征外国人员的所得税制度》。

在这期间，国家给予了各种奖励措施，在税收政策方面，建立以增值税为主的间接税体系。1976年韩国政府通过立法，设立了增值税和特别消费税。改革后的增值税克服了以前税种繁多、征税成本大、计算不方便等弊端，体现了间接税的中性原则便于实施。实行增值税以后，韩国政府由此增加了税收收入，从而为支持工业的投资者提供了优惠，尤其是出口企业。其他的政策主要有：一是建立国家投资基金，以优惠利率提供大型投资所需的资金；二是为这些"新生产业"提供保护措施，直到它们在国际上拥有竞争能力为止；三是允许某些工业进行垄断性生产以克服小规模的国内市场问题。

（四）20世纪80年代重点发展技术密集型产业

1980年代以后，随着新的科技革命在世界兴起，韩国政府将"贸易立国"、"重化工业立国"战略向"科技立国"战略转变，目标是重点发展技术密集型产业，促进产业结构向机械电子等技术密集型高技术产业转变。在对纺织、水泥、石化、钢铁、家电、汽车、造船等传统产业进行技术改造和升级，增加创新出口优势的基础上，瞄准精密化学、精密仪器、计算机、航空航天等高技术产业，并给予重点关注和扶持。确定了信息产业、新材料、生物工程等新兴产业为战略发展重点，使韩国产业结构又上了一个新的台阶。

在税收政策方面，20世纪80年代，韩国开始进入调整与自由化时期，政府强调功能型税收优惠。政策重点是鼓励企业从事研究开发和促进中小企业发展。表现在：其一，对研究与开发支出的优惠程度不断加强。优惠范围逐步扩大，优惠方式呈多样化，从投资税收抵免、减免税到用于技术发展的公积金免税。从1982年起实行优惠的固定资产折旧政策，优惠的范围由最初的几个选择的部门扩展到全部行业。其二，对中小企业的优惠政策随着对中小企业的重视程度逐渐增强。在20世纪60年代至70年代，韩国对中小企业几乎没有税收优惠措施，80年代初期，政府发布了新的规定，对具有创业精神和技能的人提供税收优惠，帮助他们建立独立的企业。

在技术政策方面，为鼓励企业技术创新，韩国1973年颁布《技术研究开发促进法》，经1977年和1981年两次修改，不断趋于完善。该法提出的主要优惠措施包括：免征年度研究开发非资本性开发的税金；减轻研究开发设备的进口税；免征企业研究机构不动产土地税；减轻投资税收。该法还规定了企业技术研究开发预备金制度：企业向科学技术部提出申请获得批准后，可在两年内任选一年，从该年度利润中扣除20%或销售额的

1%免征税金。根据企业类型不同，相关企业可按照其收入总额的3%～5%提取技术开发准备年金，并可将其计入成本。在提留期的3年内用于技术开发、技术培训、技术革新及研究设施等用途。

（五）亚洲金融危机后推进大企业结构调整

从1989年起，韩国经济出现了一系列的问题。国民生产总值和增长率急剧下降，出口贸易不振，进出口贸易和经常项目由盈转亏，国内物价指数迅速上扬，企业大批倒闭，整个韩国经济呈现明显的呆滞状态。尤其是1992年经济增长速度明显放慢，仅为4.7%。因资金不足和亏损而倒闭的中小企业超过10000家。正是在这种背景下，金泳三政府一上台，便开始制定和实施一系列新经济政策。

新经济政策不仅要求对经济体制进行改革，而且要对产业结构进行调整，使韩国经济向技术密集型经济过渡。新经济政策的改革内容，包括财政、税收、金融、国营企业、农业等诸方面。与此同时，为了挽救那些濒临破产的中小企业，政府制定并实施了一项称为"新经济百日计划"的应急计划。"新经济百日计划"的重要内容之一就是对那些目前资金短缺，但有"发展前途"的中小企业提供资金援助。尽管"新经济百日计划"决定对一部分具备行业优势、技术优势和一定发展前途的中小企业予以有针对性的资金援助，以刺激它们加快生产专业化的进程。但由于韩国拥有72000多家中小企业，而"新经济百日计划"只能对其中的2000家企业提供资助，因而是"杯水车薪"。

1997年7月，发端于泰国的亚洲金融危机，导致菲律宾、印尼、韩国、日本等国相继卷入经济危机。短短的几周内，大量资本从上述国家流出，汇率崩溃，金融机构倒闭，股市一落千丈，国内产出急剧下降，企业大量破产倒闭。为应对危机，韩国政府进行了一系列企业改革。一是大企业改革。金大中总统就大企业结构调整提出五大原则，即各大财团将按照国际标准对所属企业进行金融管理，增加企业财政状况和经营状况的透明度；各大财团应结束延续多年的下属企业之间的交叉支付担保；提供各下属企业的现金流动报表，以防止财团谎报资产和经营状况，隐瞒债务及内部困难并限期改善财务结构；各财团对不盈利的下属企业的投入应加以限制，设定核心企业，强化与中小企业间的合作；强化主要股东和经营者的责任性，如果因经营不善或因违法经营导致企业亏损，经营者要承担责任。对大企业的改革使集团结构调整获得进展，企业财务结构趋于合理。二是扶持中小企业。采取一系列措施促进中小企业的发展，主要包括清理现行法律法规，废除阻碍中小企业发展的规定；整顿 6300 多个行业组织，确保对各企业的信息服务；加大资金投入，并在用地、税收、销售等方面对科技型中小企业实施优惠；设立专门的担保基金，为中小企业提供融资担保等。至此，韩国中小企业的发展环境大大改善，中小企业数量也随之增加。三是推进高新技术产业成长。亚洲金融危机后，韩国政府意识到加快科技创新、发展高科技产业的重要性，特制定了《面向 21 世纪的产业政策方向及知识基盘新产业发展方案》，明确提出从 1998 年起至 2003 年间投资 140 万亿韩元，集中发展计算机、半导体、生物技术等知识基盘产业及服务业，并计划使高新技术产业及服务业年均分别递增 8.7% 和 12%，拉动 GDP 年均新增 0.64 个百分点。

为达到通过技术来牵动经济发展的目的，韩国政府进一步扩大了税收优惠政策的实施范围，加大了税收政策的支持力度。采取了实施学术研究用品关税减免制度；制定对研究实验设备投资税金扣除或退税制度；扩大高新技术产品特别消费税暂定税率适用范围等一系列税收政策措施。为鼓励科技成果市场化和产业化，根据《租税特例限制法》，对技术转让所得税及市场开发，包括申请专利或实用新型的本国人转让或出租该技术的所得、转让自我开发的技术工艺所得、处于市场开发适应期的技术转让产品等，实行减免制度。同时，对国内的新技术产业化投资，在投资当年纳税年度中，实行税收抵扣等优惠，对技术集约型企业的发展包括由科技部认定的新技术和通过招标确定的国内需要的技术项目给予税收优惠。

尽管韩国公有企业改革始于 20 世纪 60 年代，但真正意义上的民营化是 1997 年亚洲金融危机之后开始的。为了有效地推进公有企业民营化，韩国政府于 1998 年在计划预算委员会设立了专门的公有企业民营化推进委员会，并于 1998 年 7 月发布了第一个"民营化计划"；8 月份又发布第二个"民营化计划"，即《公有企业民营化以及改革经营管理计划》。这次民营化不同于过去，首先从大型企业开始，主要解决 32 家大型公有企业的问题，包括号称世界第二的浦项制铁和占韩国发电量 94% 的韩国电力。这种民营化，直接把韩国公有企业推向竞争激烈的市场，大大减少了政府对公有企业的干预。这种以经营机制创新、以在国内市场上流通为主要特征的民营化，从根本上改革了公有企业的经营体制缺陷，实现了经营机制创新，最终摆脱了公有企业经营低效率的困境。

三、台湾企业转型升级的四个阶段

（一）第一次进口替代时期（1953～1959 年）

1950 年代初期，台湾经济刚刚从混乱中恢复过来，力量十分薄弱。特别是工业部门，除了电力、化肥等少数几个由当局重点支持的部门外，其他工业部门基本上都处于"幼稚工业阶段"。此时的台湾失业现象十分严重。据统计，1952 年总人口 810 万中就业人数只有不足 300 万，解决劳动力就业问题的途径之一就是保护和振兴自己的民族工业。出口工业竞争不足，外汇储备不足，岛内各类商品的供应普遍处于紧缺状态，这些一起构成了台湾发展工业的不利条件，台湾当局当时决定采取进口替代政策。主要政策措施如下。

（1）实施"以农业培养工业，以工业促进农业"的发展方针

1953 年台湾当局推行"耕者有其田"政策，其目的不仅在于调动农民的生产积极性，也在于为工业的发展铺路。在征收地主的土地低价卖给农民的同时，给予地主经济补偿。补偿中的三成是发给地主公营公司的股票，这些公司是农林、工矿、水泥和造纸四大公司。这就使这部分买卖土地的资金转向了工业部门，为工业部门此后的发展奠定了基础。

（2）积极发展劳动密集型产业，提高工业品的自给率

这类产业不仅所需资本少，而且可以使大量劳动力就业，这符合台湾当时的实际情况。台湾当局在严格控制非资本品进口的同时，努力通过民族工业的发展来替代进口。

（3）以进口管制和高关税措施保护内部市场，促进民族企业发展

为了发展进口替代工业和节省稀缺的外汇，台湾当局对可能会冲击内部市场的进口商品进行了较严格的管制。如列入限制进口的商品种类，1953 年为 185 种，1956 年增为 241 种，1960 年又增加到 381 种。完全禁止进口的商品，1956 年为 25 种，1960 年增加为 33 种。实行高关税政策是台湾当局保护市场的又一重要措施。一些重要消费品的关税在这期间都有明显提高。例如，面粉的进口关税 1948 年为 15%，1956 年提高到 30%；卷烟和酒类的进口关税从 1948 年的 10% 提高到 1956 年的 192% 等等。

（4）高估币值和实行复汇率制

1950 年代新台币的币值贬值幅度很大，比如 1950 年与美元的官方汇率为 5：1，1954 年则为 18.78：1。虽如此，新台币的币值仍然偏高。这种高估币值的做法是与进口替代战略密切相连的。因为本币币值过高，一方面不利于出口，使生产主要面对内部市场；另一方面有利于进口，而台湾当局又把进口重点限制在资本品方面，促进了民族工业的发展。1951 年开始实行的多重汇率制也能起到类似的作用。进口消费品时规定要用较高的汇率结算，以增加进口成本；进口资本品则以较低的汇率结算，以降低进口成本。这种措施较好地促进了进口替代工业的发展。

在进口替代阶段，工农业生产齐头并进，在农业生产以年均 4.82% 的

速度快速发展的同时，台湾的工业生产也取得了年均7%的高增长率；在贸易保护政策下，台湾的各种幼小工业和新兴工业逐步发展壮大了起来，社会所需的各类消费品也已基本上由民族工业供给。生产的发展缓和了就业的矛盾，1962年工业部门的就业人数达55.9万人，比1953年增长50%；而且经济结构得到优化，工业化水平不断提高。

（二）出口扩张时期（1960~1972年）

由于台湾劳动力密集的民生轻工业持续发展，经营效率逐年提高，使得生产成本相对降低，不仅足供台湾消费，而且颇具国际市场竞争的潜力。1960年开始，台湾经济发展从过去的"进口替代"时期，推进到以国际市场为导向的"出口扩张"时期。实施的政策和措施主要有以下几点。

（1）出口退税，提高企业国际竞争力

指退还出口产品所用的原材料或半制成品进口时交纳的税捐。这种措施实际是免征出口产品所用进口原材料的税捐，目的在于降低产品成本，提高在国际市场上的竞争力，以扩大产品出口。开始时的退税范围只限于关税，后来范围逐渐扩大，增加了退还货物税、防卫税、商港建设费、盐税和屠宰税等。

（2）出口优惠贷款，促进出口企业发展

1957年7月，台湾当局推出《外销低利贷款办法》，以优惠贷款的方式提高厂商的出口积极性，并由此来增强台湾商品的竞争能力。该措施规定，出口企业可享受优惠贷款，优惠贷款的年利率为6%~11%不等。同期，银行发放普通贷款的年利率则在20%左右浮动。

（3）调整汇率，增加外贸企业竞争力

1950年代实行的高估新台币币值和复式汇率的政策虽然有利于保护内部市场和有利于发展进口替代工业，却不利于扩大商品出口，造成了连年的外贸逆差，并且扭曲了市场信号，减弱了市场机制对经济的自动调节作用。从1958年4月开始，台湾当局对新台币的汇率进行了多次调整，由1美元兑换24.78元新台币调整为36.38元新台币，后又调整到40元新台币的合理水平。新台币对美元的大幅度贬值，对台湾外贸起到了双重作用：一方面，使台湾商品在国际市场上的竞争力提高，有利于商品出口；另一方面削弱了进口商品在台湾市场上的竞争力，抑制了商品进口。新台币汇率的调整，对台湾的进出口由连年逆差转为连年顺差起到了积极的促进作用。

（4）鼓励企业进行投资

因为要扩大产品出口，就必须要有出口工业的大发展，尤其是劳动密集型工业的发展。为此，就需要调动各方面的投资积极性。1960年，当局正式公布并实施《奖励投资条例》，提出了很多比1950年代已实行的鼓励投资措施更加优惠的条款。比如，对投资者减免捐税的范围更广，由原来的公用事业、矿业、制造业、运输业扩展到农业、畜牧业、观光旅馆业和住宅营造业等行业。奖励的程度也比以前加深，对新建立的企业和新增设备提高生产能力30%以上的生产企业和赢利企业所得税减免由过去的3年延长到5年。此外，该条例还新增设了一些减免捐税项目，其中包括购买债券和公司股票以及证券交易、资本所得和两年以上储蓄存款的利息，其所得免征综合所得税；加工输出和生产事业外国分支机构营业额免征营业税；具有国外凭证、货物收据、证券买卖成交单和契据者免征印花税。该条例还设有鼓励生产企业扩大出口的条款，规定凡经营夕阳业务或以提供劳务取得外汇收入的生产企业，可以从全年外销结汇收入中扣除20%免予计个人所得额。除了上述条例之外，当局还先后出台了《华侨投资条例》、《外国人投资条例》、《技术合作条例》等鼓励外商到台湾投资的条例，从税收优惠到简化投资手续等方面吸引海外投资。

（三）发展重化工业为主的第二次进口替代时期（1973~1990年）

20世纪70年代和80年代，为台湾经济产业转型的重要阶段。台湾当局决定实施"第二次进口替代时期",规划的政策重点除了建设社会基础设施之外,还必须健全岛内的原料工业,以供应岛内市场需求。此阶段,基于公共建设瓶颈与产业"关联效应"的考虑,台湾决定开展"十大建设"的实施,鼓励资本密集型工业发展,强调重化工业的进口替代。1973年与1979年两次石油危机之后,台湾虽然出口继续增加,出超持续扩大,但GDP增长率降低,显示劳动密集型工业的优势逐渐减小。为了提高劳动生产力,增加国际竞争力,台湾当局不得不深化"第二次进口替代",战略重心向策略性工业转移,目标是产业结构调整与科技产业的发展,以自动化改造传统农业生产,逐步以出口高级技术产品和优质低价传统产品取代劳动密集型加工出口产品,以知识、技术密集型产品带动经济增长。即发展技术程度高、附加价值高、能源密集度低、污染程度低、产业关联效果大、市场潜力大的所谓"两高、两低、两大"产业,并选择100多项优先发展的产品项目,对原重化工业发展项目进行了调整,而且修改"奖励投资条例",对策略性工业发展提供优惠,尤其对技术密集工业投资给予10%至15%的投资抵减优惠待遇。

为了发展高科技工业,台湾于1980年正式设立新竹科学园区,提供了极为优厚的条件:可连续五年免征营利事业所得税,免征进口自用的机器设备、原料与半成品等进口关税及货物税,免征外销产品货物税、营业税及厂房建筑税等;对海外留学人员投资提供创业低利贷款与研究经费补助等。同年,台湾地区制定第三阶段为期十年的《奖励投资条例》,增订"奖励技术密集型和资本密集型产业发展和加强研究发展以支持工业升级"条款。具体措施是投资抵减,主要针对"主要外销工业"和"技术密集"两类生产事业的机器设备投资,按投资额一定比例减免。同时,对投资高科技产业及创业投资公司以及研究发展节约能源、防止污染的投资给予抵减。

在贸易政策上,为推动基础工业的建立,自1970年代末起大幅度削减了机器设备的进口关税;为减小国际汇率波动对岛内经济的影响和保证外销利益，台湾于 1975 年废除了新台币兑美元的固定汇率，改由外汇交易中心议定的机动利率；为使外汇业务和外汇资金运动有更大的自由，增加外币买卖种类，使进出口贸易更具活力，并于 1979 年开始建立和扩大外汇市场等等。

在技术创新方面，为鼓励扩大投资改良生产设备，1982 年台湾当局放宽生产事业保留盈余限制条款：规定策略性工业和经当局指定的重要生产事业保留盈余可达实收资本额的 200%，若保留盈余超过以上比例，可免受强制归户课税所得税的限制，仅就超限保留盈余加征 10% 营利事业所得税。另外，为争取侨外投资以引进高科技为目标，台湾决定放宽外资投资范围，于 1986 年 6 月修改《外国人投资条例》，并取消对外资企业资金与利润汇出的限制，积极利用外资，吸引先进技术，改善产业结构。

（四）发展创新知识产业时期（1991 年至今）

20 世纪 90 年代开始，随着新台币大幅升值，劳动力工资不断提高，土地成本高涨，台湾的劳动密集型产业逐渐丧失了比较优势，企业产品的国际竞争力降低。因此加速产业升级，提高产品的附加值，寻求新的竞争优势，刻不容缓。

台湾地区"立法院"于 1989 年正式废止实行了近 30 年的《奖励投资条例》，并于 1990 年底通过了《促进产业升级条例》，促进企业技术升级和企业升级。主要内容有：①利用租税抵减措施来鼓励厂商进行研究开发、自动化和人才培训；②为鼓励重要科技事业、重要投资实业及创业投资企业的创立和扩充，规定认股或应募记名股票持有时间达 2 年以上者，以其取得该股票价款的 20% 内，抵减当年度应纳营利事业所得税额等；③购置自动化设备研究发展投资抵减，对较落后地区的投资五年内免征营利事业所得税；④对研究试验用设备加速折旧，折旧年限 2 年，需调整产业结构设备折旧年限缩短为 0.5 年。

1991 年台湾地方当局制定"六年国建计划"，一方面提出加速传统劳力密集工业升级，以维持和提高国际竞争能力；另一方面选择通讯、资讯、消费性电子、半导体、精密器械与自动化、航太、高级材料、特用化学品制药、医疗保健及污染防治等十大新兴工业，作为未来发展的重点。为支持十大新兴工业的发展，台湾当局提出了一系列配合措施，如：将十大新兴工业项目列为"促进产业升级条例"中的重要科技事业，除一般性奖励外，另提供股东投资减免及加倍保留盈余的优惠；优先提供工业区土地；协调"行政院"开发基金、中美基金及中央银行等配合金融机构提供低利融资协助企业购置及其设备等等。

在公营企业民营化改革方面，1991 年 6 月台湾"立法院"修订了《公营事业移转民营条例》，对公营事业转为民营的方式、职工的处置补偿及其优惠认购股权等方面都作了原则性的规定；"行政院"也于 1992 年 2 月发布公营事业移转民营条例施行细则；"经济部"还大幅度修正了公司法，将原公营事业员工不可认股派息分红的规定全部予以取消，同年 11 月还发布《经济部所属事业移转民营从业人员优惠优先认购股份办法》及《经济部所属事业移转民营从业人员权益补偿办法》等，对公营事业民营化后员工的就业处置、经济补偿及其优惠优先购买本公司股份等事项作了较具体的规定。这一系列措施对推动公营事业民营化起到了积极的作用。根据以上条例和法规，民营化的方式主要采取：①股票公开上市；②评估并直接拍卖资产和股权；③ 政府解除管制开放特许权允许民间企业参与竞争。具体方法：① 一次或分次出售股权；②一次或分次拍卖资产。出售股权或拍卖资产的价格由企业的上级主管部门会同有关机关组织的评价委员会决定，要分类分批进行。规定公营企业转为民营出售股权时保留 35% 的股份，供该企业员工优惠优先认购。对计划民营化的企业政府不给予特殊的优惠政策，其转移民营所得资金均应上缴政府。

第四章

中国促进企业转型发展的政策演进

企业转型发展既是企业随着自身成长而不断提升的自我选择过程，也受宏观环境和政府政策的引导。自中国"九五"期间提出促进经济发展方式转变以来，国家为促进经济发展和产业结构转型升级出台了一系列政府措施，对企业的转型发展起了重要的推动作用。本专题系统梳理了自"九五"以来中国促进企业转型发展的主要政策及其特点，以及这些政策措施促进企业转型发展的效果。

一、"九五"时期：积极推进经济增长方式转变

1996 年至 2000 年是中国第九个国民经济和社会发展五年计划的时期，也是中国首次正式提出促进经济增长方式根本转变的时期，经济发展方式转变的基本是企业增长方式的转变，因此我们把"九五"作为分析中国促进企业转型发展政策的起点时期。

（一）该时期主要任务是促进经济增长、稳定物价和国企改革

1. "九五"期初面临较好的经济发展形势

以 1992 年邓小平同志重要谈话和中共十四大为标志，中国改革开放和

现代化建设进入新的发展阶段。1991～1995 年间，国民生产总值年均增长 12%，到 1995 年提前 5 年实现了 GDP 比 1980 年翻两番的目标。"八五"期间工业年均增长 17.8%，煤炭、电力、钢铁、汽车、化纤、化肥、家用电器都有较大增长。轻纺产品供应充裕，花色品种增多。重点建设成绩显著，建成投产大中型基建项目 840 多个，交通、通信和能源建设得到加强。铁路建设取得重要突破。基础工业和基础设施建设的成就，缓解了经济增长的"瓶颈"制约，为"九五"期间的经济发展奠定了良好的基础。

2."九五"时期面临的主要挑战

"九五"之初，尽管经济形势总体较好，但也面临一些突出挑战，主要包括：

①国有企业管理体制和经营机制不适应社会主义市场经济的要求，企业经营效益差，生产经营困难多。这一情况一直到 1997 年亚洲金融危机以后，愈加严重，成为这一期间中国面临的最重要挑战之一。

②控制通货膨胀。"八五"期间随着中国经济高速增长，物价上涨速度非常高，五年间零售物价年均上涨 11.4%。如何控制好物价增长，实现经济软着陆，是"九五"时期的重要任务之一。

③粗放式经济增长特征突出。虽然改革开放以来中国经济增长很快，但伴随着大量的资源投入和环境消耗，经济增长所付出的代价也很大。

④1997 年的亚洲金融危机和洪涝灾害给稳定经济增长带来了巨大的挑战。1997 年始发于泰国的亚洲金融危机来势凶猛，发展迅速，在很短的时期内相继将包括"亚洲四小龙"之一的韩国等经济拖入危机之中，并对中国也产生了巨大的影响。同时，1997 年的洪涝灾害也给中国经济发展造成了巨大的损失。

（二）本时期促发展的战略思路是完善经济体制和促进增长方式转变

"九五"规划阐述了本时期中国面临的主要任务与挑战以及中国政府在该时期的发展思路，提出促进国民经济持续、快速、健康发展，关键是实行两个具有全局意义的根本性转变。

一是经济体制从传统的计划经济体制向社会主义市场经济体制转变。以邓小平南巡讲话和党的十四大为主要标志，中国确定了建立社会主义市场经济体制的目标。这就要求中国的经济体制在从计划经济向有计划的商品经济转变的基础上，进一步转变为市场经济体制。从"八五"至"九五"初期，中国在社会主义市场经济体制建设上取得了重要的起步，但仍面临着艰巨的任务，主要包括：第一，建立现代企业制度，搞好国有企业的改革和发展。这是初步建立社会主义市场经济体制的关键。第二，积极培育统一开放、竞争有序的市场体系。形成比较完善的金融市场和房地产、劳动力、技术、信息等要素市场。继续完善商品市场，加强市场管理和质量监督，整顿流通秩序，创造公平竞争环境，保护生产者和消费者的合法权益。第三，调节个人收入分配，建立健全社会保障体系，初步形成适合中国国情的社会保障制度。第四，转变政府职能，增强国家宏观调控能力，保持经济总量的基本平衡，促进经济结构优化等。

二是促进经济增长方式从粗放型向集约型转变。经济增长方式转变，是指要把经济增长从依靠大量要素投入的外延式扩张模式，转变到主要依靠企业内部效率改进和技术提高的道路上来。经济增长方式转变也是提高经济整体质量和生产要素配置效率的必然要求。促进经济增长方式转变不仅包括企业增长更加注重效率提高，还包括整体经济发展要注重结构优化效益、规模经济效益和科技进步效益。经济增长方式转变的目的，是要形成有利于节约资源、降低消耗、增加效益的企业经营发展机制，有利于自主创新的技术进步机制等。

（三）"九五"时期促进经济增长方式转变的政策措施

从具体的政策实践来看，"九五"时期转变经济发展方式的政策主要有以下几个方面。

1. 促进国有企业改革，完善社会主义市场经济主体基础

1995 年十四届五中全会通过的《中共中央关于制定国民经济和社会发展"九五"计划和 2010 年远景目标的建议》和 1996 年国家体改委《关于加快国有小企业改革的若干意见》、国家经贸委《关于放开搞活国有小型企业的意见》等政策法规的颁布，都对国有企业产权改革作出了部署，国有企业改革步伐全面加快。

从 1994 年至 1998 年，国有企业出现了大面积的持续亏损。1998 年全国的国有企业共有 74388 家，亏损的企业达到 28433 家，亏损面积达到 38.22%，亏损企业亏损额在 1998 年达到 831 亿元，为历年之最。1999 年 9 月，中共十五届四中全会通过了《中共中央关于国有企业改革和发展若干重大问题的决定》，明确指出国有经济需要控制的行业和领域主要包括：涉及国家安全的行业，自然垄断的行业，提供重要公共产品和服务的行业以及支柱产业和高新技术产业中的重要骨干企业。其中的"战略性重组"意味着国有企业将在许多领域逐渐淡出，而这些领域的国有企业产权将逐渐转让给非国有企业或者个人。1999 年，国家经贸委、财政部、中国人民银行发布的《关于出售国有小型企业中若干问题的意见》，国家经贸委、人民银行发布的《关于实施债权转股权若干问题的意见》，财政部《关于企业国有资产办理无偿划转手续的规定》等关于国有企业产权改革的政策标志着国有企业产权改革开始大规模兴起。在"抓大放小"的战略下，许多小型国有企业按照十五大的要求，通过出售和改制的方式不断转为非国有企业。

2. 坚持促进产业结构调整

为推进经济结构调整、提高产业竞争力、明确国家产业政策导向，

1997 年 12 月 31 日，国家计委发布《当前国家重点鼓励发展的产业、产品和技术目录》，随后国家计委、国家经贸委、外经贸部联合发布《外商投资产业指导目录》和《中西部地区外商投资优势产业目录》。国家经贸委 1999 年又发布了《当前工商领域固定资产投资重点》（国经贸投资〔1999〕256 号），对未来合理产能的形成提供了进一步的保障。与此同时，为了压缩过剩产能，对一些环境污染大、资源消耗多、经济效益低下的行业进行了整顿和淘汰。1999 年 8 月 9 日，国家经贸委发布《工商投资领域制止重复建设目录》（第一批）共涉及 17 个行业，201 项内容，并且规定本目录涉及的固定资产投资项目，各级政府投资主管部门不予审批；各银行、金融机构不予贷款；土地管理、城市规划、环境保护、消防、海关等部门不得办理有关手续；凡违背本目录进行投融资建设的，要追究有关人员的责任。随后国家经贸委又分别发布了《淘汰落后生产能力、工艺和产品的目录》（第一批）（国家经贸委令第 6 号）和《淘汰落后生产能力、工艺和产品的目录》（第二批）（国家经贸委令第 16 号），淘汰了一批落后产能。2004 年，《国务院关于投资体制改革的决定》（国发〔2004〕20 号）发布，确定了企业作为自主投资的地位，政府仅对重大项目和限制类项目从维护社会公共利益角度进行核准，政府仅仅使用财政、税收、利率、贷款和土地政策给予投资间接调控。《决定》同时规定属于《政府核准的投资项目目录》的投资项目，必须经过政府的核准才能投资。

3. 促进技术升级

为了促进科技成果转化为现实生产力，规范科技成果转化活动，加速科学技术进步，推动经济建设和社会发展，《中华人民共和国促进科技成果转化法》自 1996 年 10 月 1 日起施行，从组织实施、措施保障、技术权益等方面都做出明确规定，具有较强的可执行性。随后一批促进科技成果转化的政策相继出台。1997 年，《国务院关于调整进口设备税收政策的通知》（国发〔1997〕37 号）下发，规定符合《外商投资产业指导目录》鼓励类和限制乙类，并转让技术的外商投资项目，在投资总额内进口的自用设备，免征关税和进口环节增值税；对符合《当前国家重点鼓励发展的产业、产品和技术目录》的国内投资项目，免征关税和进口环节增值税。国家科委、国家工商行政管理局印发《关于以高新技术成果出资入股若干问题的规定》（国科发政字〔1997〕326 号）的通知，明确了以高新技术成果出资入股若干问题的规定，规定"以高新技术成果出资入股，作价总金额可以超过公司注册资本的百分之二十，但不得超过百分之三十五"，进一步加快了高新技术的应用。《财政部、国家税务总局关于促进科技成果转化有关税收政策的通知》（财税字〔1999〕45 号）规定科研机构的技术转让收入继续免征营业税，对高等学校的技术转让收入和技术服务收入自1999 年 5 月 1 日起免征营业税，科研机构、高等学校转化职务科技成果以股份或出资比例等股权形式给予个人奖励，获奖人在取得股份、出资比例时，暂不缴纳个人所得税。《国家税务总局关于促进科技成果转化有关个人所得税问题的通知》（国税发〔1999〕125 号）进一步细化了上述政策。1999 年，《国家税务总局关于外商投资企业技术开发费抵扣应纳税所得额有关问题》（国税发〔1999〕173 号）规定"企业进行技术开发当年在中国境内发生的技术开发费经上年实际增长 10%（含 10%）以上的，经税务机关审核批准，允许再按当年技术开发费实际发生额的 50%，抵扣当年度的应纳税所得额"。随后在 12 月财政部、国家税务总局印发《技术改造国产设备投资抵免企业所得税暂行办法》（财税字〔1999〕290 号）的通知，规定投资抵免的设备仅限于国产设备。在 1999 年，财政部与国家税务总局联合发布《中共中央、国务院关于加强技术创新，发展高科技，实现产业化的决定》的有关税收优惠的通知，这是一个涉及包含增值税、营业税、所得税、对外税收多个税种的综合类的税收优惠措施。翌年，国家税务总局发布《关于明确外国企业和外籍个人技术转让收入免征营业税范围问题的通知》（国税发〔2000〕166 号），明确了软件开发企业的工资税前扣除问题、社会力量资助科研机构、高等学校的研究开发经费税前扣除问题，这些政策措施有利于中国科研机构顺利转型和加速新技术的产业化运用。

4. 促进资源节约、保护环境

为进一步落实环境保护基本国策，实施可持续发展战略，国务院发布《国务院关于环境保护若干问题的决定》（国发〔1996〕31号），提出实行环境质量行政领导负责制，并且要求到2000年，全国所有工业污染源排放污染物要达到国家或地方规定的标准。随后国务院正式批复《国家环境保护"九五"计划和2010年远景目标》《"九五"期间全国主要污染物排放总量控制计划》《中国跨世纪绿色工程规划》等文件，为环境保护提出了目标和约束。1996年，《国务院关于二氧化硫排污收费扩大试点工作有关问题的批复》（国函〔1996〕24号），将二氧化硫排污收费试点地区扩大到酸雨控制区和二氧化硫污染控制区。对于海河流域、辽河流域、太湖等的水污染防治规划也专门发布了文件。

1997年中国发布《中华人民共和国节约能源法》，把节能上升到国家发展经济的一项长远战略方针。其中规定"国家对落后的耗能过高的用能产品、设备实行淘汰制度"，这是中国淘汰落后产能的一个立法基础。在政策方面，主要通过设立节能专项资金、对生产节能产品实行税收优惠、能源矿产资源有偿使用、政府优先采购节能产品、对节能项目加强信贷支持、峰谷电价等差别化价格政策。1996年2月，财政部与国家税务总局《关于继续对部分资源综合利用产品等实行增值税优惠政策的通知》，对于以废渣为原料的建材产品免征增值税。1998年4月又发布了《关于继续对废旧物资回收经营企业等实行增值税优惠的通知》，对于环保型企业将继续给予优惠。2000年，财政部与国家税务总局颁布了《关于对低污染排放小汽车减征消费税的通知》，此后还有一系列其他的《节能法》配套法规，如《中国节能技术大纲》《固定资产投资"节能篇"编制和评估规定》《重点用能单位节能管理办法》《节约用电管理办法》《民用建筑节能管理规定》《中国节能产品认证管理办法》《能源效率标识管理办法》《能源基础与管理国家标准目录》等。

5. 促进对外贸易转型发展

1997 年，《国务院批转国家经贸委等部门关于"九五"期间进一步扩大机电产品出口意见的通知》（国发〔1997〕6 号）提出努力提高技术密集、附加价值高的机电产品出口比重，加快出口商品结构调整步伐，通过兼并、联合、重组等方式，加强工贸结合、内外贸结合，提高规模经济效益，促进集约化经营。通过加大金融支持、提高出口退税率、充分利用机电产品出口发展基金的方式促进外贸的转型发展。随后，《国务院办公厅转发外经贸部关于进一步扶持鼓励机电产品出口意见的通知》（国办发〔1999〕27 号）明确规定将机械及设备、电器及电子产品、运输工具、仪器仪表 4 大类机电产品的出口退税率提高到 17%，将农机的出口退税率提高到 13%，具体按《财政部、国家税务总局关于提高部分货物出口退税率的通知》（财税字〔1999〕17 号）办理，并提出了其他一系列的配套细则。1999 年，《国务院办公厅转发外经贸部、国家经贸委、财政部关于鼓励企业开展境外带料加工装配业务意见的通知》（国办发〔1999〕17 号），鼓励中国轻工、纺织、家用电器等机械电子以及服装加工等行业具有比较优势的企业到境外开展带料加工装配业务。2000 年，《国务院办公厅转发外经贸部等部门关于大力发展对外承包工程意见的通知》提出采取各种经济手段支持对外承包工程的发展。

（四）"九五"时期政策措施的特点和效果

从"九五"时期的政策来看，政策的针对性较强，效果也比较突出，综合来看主要有以下特点。

（1）国有企业改革步入深水区，产权改革全面转换了国有企业的体制机制，国有企业原有的许多弊端通过产权改革得到消除

三年脱困时期，运用一系列政策措施将国有企业产权制度改革推进，经济体制活力明显增强，转变经济增长方式效果明显。特别是国有企业改

革取得了一定进展，通过抓大放小和减员增效，一大批中小国有企业的活力得到了释放，但是这一时期的国有企业改革主要只涉及中小型企业，针对大型国有企业的改革推进较为缓慢，虽然出台了许多政策措施，但大型国有企业的改革并没有往纵深推进。

（2）尽管出台多项促进企业技术升级，提高产业集中度、淘汰落后产能的政策措施，但"十五"时期的产业"大"而不"强"的局面并没有改观，国际竞争能力有待进一步提高，工业企业组织规模小而分散，专业化水平较低

1998年，中国520户国家重点企业年销售收入之和为26000亿元，折合3100亿美元，仅相当于世界500强前两名年销售收入之和的98%。这种状况极大地限制了技术水平和经济效益的提高。企业管理质量不高，缺乏竞争意识，资源浪费严重，工业总体经济效益低下。

（3）服务业发展滞后的局面没有得到有效改变

在第三产业内部，发达国家主要以信息、咨询、科技、金融等新兴产业为主，而中国仍以传统的商业、交通运输业为主，一些基础性第三产业（如邮电、通讯）和新兴第三产业（如金融保险、信息、咨询、科技等）仍然发育不足。

（4）经济增长对能源资源更为依赖，环境污染也更加严重

主要的资源、能源消耗甚至比一些发展中国家还要严重，出台的转变经济增长方式的政策中很少涉及资源和环境，出台的一些政策的系统性不强，力度也不够大。

二、"十五"时期：积极主动对经济结构进行战略性调整

自2000年开始的"十五"时期是中国经济发展中承上启下的一个重要历史阶段，在这一时期，中国加入了WTO，中国的国际化程度显著提

高，社会主义市场经济体制更加完善，经济增长也进入了新一轮的快速增长时期，这一时期也出台了许多有利于促进企业转型发展的重要政策。

（一）中国进入全面建设小康社会、加快推进社会主义现代化的新阶段

1. "十五"期初的经济发展达到了新的水平

"九五"时期，在成功战胜特大洪涝灾害和抵御亚洲金融危机的背景下，国内生产总值年平均实际增长 8.3%，2000 年国内生产总值达到 8.94 万亿元，按现行汇率折算，突破 1 万亿美元。人均国内生产总值提前三年于 1997 年实现了比 1980 年翻两番的战略目标，超过 800 美元。

与"九五"时期相比，"十五"期初中国的产业结构进一步优化，技术进步的推动作用增强，国民经济增长的质量和效益提高。"九五"时期第一产业年均增长 3.5%，第二产业年均增长 10%，第三产业年均增长 9%，第三产业占国民经济的比重超过 1/3。工业生产继续保持快速增长，到 2000 年末工业增加值达 39570 亿元，按可比价格计算，比 1995 年增长 62.6%，平均每年增长 10.2%。工业结构调整取得积极成效，技术含量高、附加值大的高新技术产品快速发展，成为经济增长的主要拉动力量。2000 年与 1995 年相比，电子及通信设备制造业增加了 1.9 倍，逐渐成为工业生产中的支柱产业。煤炭行业关井压产成效明显，2000 年煤炭产量比 1995 年减少 1/4 以上；冶金行业总量控制取得积极进展，钢产量增速趋缓，行业利润显著提高；纺织行业经过"九五"前三年的调整，在 1999 年整体扭亏的基础上，2000 年实现盈利大幅度增加。

2. "十五"时期的主要矛盾是经济结构不协调

中国《"十五"计划纲要》指出，"十五"期初中国主要面临几个方面的经济结构不合理、不协调现象。一是产业结构不合理，突出表现在工业比重高，而服务业比重较低；二是地区发展不协调，突出表现在东部

地区与中西部地区的发展差距呈不断扩大趋势；三是城镇化与工业化发展不协调，突出表现在城镇化水平较低，城镇化发展水平显著低于工业化水平；四是经济增长与资源保障和环境保护之间不协调，一方面耕地、淡水、能源和重要矿产资源相对不足，另一方面生态环境比较脆弱而工业污染排放日益增加；其他还包括解决"三农"问题任务相当艰巨，就业压力较大，科技、教育比较落后，科技创新能力弱，人才资源不足；社会主义市场经济体制尚不完善，阻碍生产力发展的体制性因素仍然突出等。

（二）"十五"时期促进发展的主要思路是坚持推动结构调整

面对"十五"期间中国经济社会发展中存在的突出问题，"十五"期间党中央在如何转变经济发展方式上采取了多项措施，基本思路包含以下几点。

1. 坚持在发展中推进经济结构调整，在经济结构调整中保持快速发展

"十五"计划纲要提出，中国推进经济结构调整包括多方面的内容。

一是加强农业基础地位，促进农村经济全面发展。通过加强农业和农村基础设施建设，推进农业产业化经营，保证农业生产效率和农民收入持续稳定增长，为农村剩余劳动力转移创造条件。

二是优化工业结构，增强国际竞争力。包括加快工业改组改造，围绕增加品种、改善质量、节能降耗、防治污染和提高劳动生产率，鼓励采用高新技术和先进适用技术改造传统产业，带动产业结构优化升级。通过上市、兼并、联合、重组等形式，形成一批拥有著名品牌和自主知识产权、主业突出、核心能力强的大公司和企业集团，提高产业集中度和产品开发能力。发展高技术产业，有重点地发展高技术产业，实现局部领域的突破和跨越式发展，逐步形成中国高技术产业的群体优势。通过微电子、计算机、网络技术的应用，推动产业研究开发和设计水平的提高以及工艺技术的变革。加速企业生产、经营管理的信息化进程。

三是大力发展服务业，提高服务业供给能力和水平。这其中既包括要大力发展面向生活消费的服务业，例如发展以居民住宅为重点的房地产业和装修装饰业，提高居民居住质量，也包括大力发展主要面向生产的服务业，例如推行连锁经营、物流配送、代理制、多式联运，改造提升传统流通业、运输业和邮政服务业，加快发展金融保险业等。

2. 坚持改革开放，在积极"引进来"的同时，实施"走出去"战略

在改革方面重点推进的包括进一步深化国有大中型企业改革。"十五"计划纲要提出要基本完成产权清晰、权责明确、政企分开、管理科学的现代企业制度的建设，健全责权统一、运转协调、有效制衡的公司法人治理结构，对国有大中型企业进行规范的公司制改革。

改革的另一重大突破是提出要坚持公有制为主体、多种所有制经济共同发展的基本经济制度，积极探索各种有效方式，有进有退，有所为有所不为，加快国有经济布局的战略性调整，发展多种形式的集体经济，支持、鼓励和引导私营、个体企业健康发展。

在对外开放方面，提出要积极发展对外贸易，更好地实施以质取胜、市场多元化和科技兴贸战略，努力扩大货物和服务出口。还提出要把吸收外商直接投资作为利用外资的重点，完善利用外资政策，改善投资环境，扩大利用外资规模，提高利用外资质量。鼓励能够发挥中国比较优势的对外投资，扩大国际经济技术合作的领域、途径和方式。继续发展对外承包工程和劳务合作，鼓励有竞争优势的企业开展境外加工贸易，带动产品、服务和技术出口。支持到境外合作开发国内短缺资源，促进国内产业结构调整和资源置换。

3. 加大实施科教兴国战略的力度，推进科技发展和创新

"十五"期间中国高度重视深化科技体制改革，形成符合市场经济要

求和科技发展规律的新机制。强调要建立企业技术创新体系，鼓励并引导企业建立研究开发机构，推动企业成为技术进步和创新的主体。鼓励应用开发型科研院所进入企业或改制为企业。积极推进社会公益性科研机构改革。建立国家知识创新体系，推进知识创新工程，促进大学与科研机构联合，形成一批具有国际影响力的科研机构。通过推进科技进步和创新，提高持续发展能力，为产业升级提供技术支撑。

（三）"十五"时期促进经济发展方式转变和转型发展的政策措施

1. 优化产业结构、加快产业升级

对于外商投资企业，国家计委、经贸委以及外经贸部发布，2002 年 4 月 1 日施行的《外商投资产业指导目录》对原有的指导目录进行了小幅修改，鼓励外商投资企业投资高新技术产业，随后出台的《外商投资民用航空业规定》（CCAR－201），开始有限制地对外商开放航空服务业。在 2004 年，《外商投资项目核准暂行管理办法》发布，进一步明确了外商投资企业核准的审批权限：1 亿美元及以上的鼓励类、允许类项目和总投资 5000 万美元及以上的限制类项目，由国家发展改革委核准项目申请报告，5 亿美元及以上的鼓励类、允许类项目和总投资 1 亿美元及以上的限制类项目由国家发展改革委对项目申请报告审核后报国务院核准。

2001 年，国家计委发布《国家计委关于印发中国铝工业"十五"发展指导意见的通知》，指出中国铝工业产业结构不合理、重点发展滞后、低水平重复建设、竞争力不强等矛盾仍十分突出，要通过加快铝工业的战略性调整和改组，提高铝工业的技术含量等措施来淘汰铝工业的落后产能，避免低水平重复建设。2002 年 2 月，国家计委发布《国家计委关于"十五"期间实施生物技术产业高技术工程的公告》，为加速中国现代生物技术产业的发展，公告按照《国家计委、财政部印发关于组织国家高技术产业发展项目计划实施意见的通知》（计高技〔2000〕2433 号）实施，投

入的资金主要来自政府资金。为推进汽车产业结构调整和升级，全面提高汽车产业国际竞争力，发改委发布《汽车产业发展政策》（2004），对汽车行业的进入门槛、技术政策、产业整合等提出了具体的要求，其政策导向就是要提高汽车行业的进入门槛和技术门槛，同时要提高汽车行业的产业集中度，以利于发挥规模经济。2004 年发布《国务院办公厅转发发展改革委等部门关于对电石和铁合金行业进行清理整顿若干意见的通知》（国办发明电〔2004〕22 号）和国家发展改革委会同财政部等九个部门联合下发的《关于清理规范焦炭行业的若干意见的紧急通知》（发改产业〔2004〕941 号）对电石、铁合金、焦炭行业的生产企业和在建、拟建项目进行了认真清理整顿。随后发改委等九部委又联合发布了《关于促进中国现代物流业发展的意见》，主要通过税收优惠、融资支持、清理收费的方式加快现代物流业的发展。2005 年，发改委发布《中央预算内投资补助和贴息项目管理暂行办法》，明确了投资补助和贴息资金应当投向：公益性和公共基础设施投资项目；保护和改善生态环境的投资项目；促进欠发达地区的经济和社会发展的投资项目；推进科技进步和高新技术产业化的投资项目，可见政府产业政策的导向是公益性、保护环境和高新技术。同年，国务院发布实施《促进产业结构调整暂行规定》（2005），指出产业结构调整的目标：推进产业结构优化升级，促进一、二、三产业健康协调发展，逐步形成农业为基础、高新技术产业为先导、基础产业和制造业为支撑、服务业全面发展的产业格局，坚持节约发展、清洁发展、安全发展，实现可持续发展。产业结构调整的方向和重点是：农业、基础设施建设、装备制造业、高技术产业、服务业和循环经济。同时明确《产业结构调整指导目录》是引导投资方向，政府管理投资项目，制定和实施财税、信贷、土地、进出口等政策的重要依据。

2. 促进自主创新和企业技术升级

2000 年，《国务院办公厅转发科技部等部门关于深化科研机构管理体制改革实施意见的通知》（国办发〔2000〕38 号）发布，随后在 2003 年 2

月,《国务院办公厅转发国务院体改办等部门关于深化转制科研机构产权制度改革若干意见的通知》（国办发〔2003〕9 号）提出转制科研机构实行产权制度改革,要按照建立现代企业制度的要求,为中国科研机构转制提出了明确的目标和要求,有利于充分发挥国有科研机构的潜力。随后《财政部国家税务总局关于转制科研机构有关税收政策问题的通知》（财税〔2003〕137 号）规定,对于经国务院批准的原国家经贸委管理的 10 个国家局所属 242 个科研机构和建设部等 11 个部门（单位）所属 134 个科研机构中转为企业的科研机构和进入企业的科研机构,从转制注册之日起,5 年内免征科研开发自用土地的城镇土地使用税、房产税和企业所得税。

2004 年 7 月,《国务院办公厅转发科技部等部门 2004～2010 年国家科技基础条件平台建设纲要的通知》（国办发〔2004〕55 号）,提出国家科技基础条件平台建设是充分运用信息、网络等现代技术,对科技基础条件资源进行的战略重组和系统优化,以促进全社会科技资源高效配置和综合利用,提高科技创新能力。

2002 年,《国家计委关于 2002 年组织实施高技术产业化信息网络专项的公告》发布,信息网络专项重点支持宽带应用系统、公共资源库平台、互联网信息服务等产品的产业化。同年,国家计委又发布《国家计委关于组织实施卫星导航应用产业化专项的公告》,旨在加快卫星应用产业发展,推动国民经济信息化进程,带动相关产业结构调整、升级,不久又发布了《国家计委关于继续组织实施数字电视研究开发及产业化专项的公告》,随后又发布了关于中药产业化和现代农业高技术两个专项。

2003 年颁布的《国家税务总局关于软件企业和高新技术企业所得税优惠政策有关规定执行口径等问题的通知》,明确提到了对于小型软件产业的优惠政策,其中规定"软件生产企业的开始获利年度,是指企业开始经营后第一个有应纳税所得额的年度,企业开办初期有亏损的,可依照税收有关规定逐年结转弥补,以弥补亏损后有应纳税所得额的年度为获利年度。"随后又出台了《关于鼓励科普事业发展税收政策问题的通知》《关于软件企业和高新技术企业所得税优惠政策有关规定执行口径等问题的通知》以及《关于外商投资企业享受"两个密集型"税收优惠政策有关问题的通知》。

3. 保护环境、促进资源节约利用的政策措施

2004 年国务院原则通过《能源中长期发展规划纲要》草案，同年国家发展改革委发布了中国首个《节能中长期专项规划》，规划期分为"十一五"和 2020 年，重点规划了到 2010 年节能的目标和发展重点，并提出 2020 年的目标。财政部、国家发展改革委制定了《节能产品政府采购实施意见》要求政府采购属于节能清单中产品时，在技术、服务等指标同等条件下，应当优先采购节能清单所列的节能产品。2005 年国务院发布《关于做好建设节约型社会近期重点工作的通知》，强调必须加快建设节约型社会，以提高资源利用效率为核心，以节能、节水、节材、节地、资源综合利用和发展循环经济为重点。同年，国家发展改革委发布《关于继续实行差别电价政策有关问题的通知》，鼓励地方在国家政策的基础上进一步提高差别电价标准，扩大实施范围。清理和纠正各地在电价、地价、税费等方面对高耗能高污染行业的优惠政策，严肃查处违反国家规定和政策的行为。2005 年，发改委、科技部和环保部联合发布《国家鼓励发展的资源节约综合利用和环境保护技术》，进一步明确了资源节约和环境保护的技术标准，随后国家发展改革委关于印发《可再生能源产业发展指导目录》的通知，明确了可再生能源产业发展的方向，并提出要通过制定和完善技术研发、项目示范、财政税收、产品价格、市场销售和进出口等方面的优惠政策来扶持可再生能源产业的发展。2005 年国务院办公厅转发发改委等六部委关于《鼓励发展节能环保型小排量汽车意见的通知》，提出要制定鼓励节能环保型小排量汽车发展的产业政策、鼓励节能环保型小排量汽车消费的政策措施。国家明确提出了节能管理的具体定量目标，例如到 2010 年每万元 GDP 能耗由 2002 年的 2.68 吨标煤下降到 2.25 吨等，并重视对重点领域重点工程的开展，例如电力工业大力发展高效机组，实施"以大代

小"，"上大压小"等，并综合考虑交通、建筑等方面的节能系统工作。

税收政策层面，2001 年，财政部、国税总局发布《关于以三剩物和次小薪材为原料生产加工的综合利用产品增值税优惠政策的通知》与《关于污水处理费有关增值税政策的通知》，对于资源循环利用和污染处理又提出了免征增值税的政策。2002 年，财政部、国税总局发布《关于报废汽车回收拆解企业有关增值税政策的通知》与《关于旧货和旧机动车增值税政策的通知》，对于那些能够回收自己公司的旧汽车的公司进行增值税优惠，激励这些公司进行零件的回收再利用，促进循环经济的发展。2003 年，国家税务总局与其他部委颁布一系列针对中国的资源回收以及资源的综合利用的优惠政策，主要有《关于报废汽车回收拆解企业有关增值税政策的通知》《国家税务总局对利用废渣生产的水泥熟料享受资源综合利用产品增值税政策的批复》《关于低污染排放小汽车减征消费税问题的通知》等，2004 年 2 月颁布《关于部分资源综合利用产品增值税政策的补充通知》进一步细化明确了循环利用资源的优惠政策。

（四）"十五"时期促进转型发展的政策特点以及效果

1. 产业结构调整是本阶段转变经济发展方式转变的重要内容

在此期间出台的许多政策导向非常明确，那就是促进产业结构调整升级。一是尽量压缩消耗资源、能源大的行业，并同时提高这些行业的兼并重组，以此来降低经济发展过度依靠物质投入和破坏环境的危害；二是大力发展高新技术行业和服务业，以降低经济增长对第二产业的依赖。但是这些政策的力度和广度仍然不够，且受制于许多体制型难题，效果不是很显著，经济增长对物质投入的依赖更加严重，经济发展的可持续性不够。

2. 企业作为创新主体的地位仍待进一步加强

"十五"期间中国科技发展的一个重要目标是要深化科技体制改革，形成符合市场经济要求和科技发展规律的新机制，进一步解决科技与经济脱节问题，解决科研领域内的部门所有和单位分割等问题。特别是建立企业技术创新体系，鼓励并引导企业建立研究开发机构，推动企业成为技术进步和创新的主体。

从政策执行效果看，"十五"期间中国企业创新体系建设有了长足的发展，企业的研发力量显著增强，特别是产学研结合问题有重要进展，但由于中国主要科研人员、科研力量仍然集中于大中院校和科研机构，企业拥有的研究力量仍然较少，而且创新资金也没有切实转到企业，因此企业的研发力量与实际要求相比，与建设目标相比，仍然有相当大的差距。

3. 经济增长方式转变的成效仍不显著

从总体上看，在"十五"期间中国经济快速增长的大背景下，中国经济增长方式转变的成效不明显甚至有所反复。特别是从能源资源的节约利用方面看，尽管政府认识到中国经济发展面临的能源约束矛盾和相应的环境污染问题，制定并发布中国的能源中长期发展规划和节能中长期专项规划，把节能作为一个长期的系统工程。并出台了一系列政策旨在降低生产和消费的能耗，但"十五"时期对减排没有硬性的约束，减排效果不明显，中国的许多能耗依旧位于世界前列且能源消耗的效率低下。

三、"十一五"时期：以全面贯彻落实科学发展观推动全面协调可持续发展

"十一五"时期是中国全面建设小康社会的关键时期，一方面经济社会继续保持了高速增长，综合国力进一步提升，另一方面由快速增长带来的各种矛盾也在不断积累和体现，因此党中央提出了全面贯彻落实科学发展观，以促进经济社会全面协调发展。

（一）"十一五"是全面建设小康社会的关键时期

1. 综合国力和发展水平大幅提升

经过"十五"期间的高速增长，到"十一五"开局的 2005 年，中国国内生产总值达到 18.5 万亿元，国家财政收入达到 3.2 万亿元，财政支出对国民经济的调节能力显著增强。经济结构调整步伐加快，农业特别是粮食生产连年获得好收成，产业结构优化升级取得积极进展，节能减排和生态环境保护扎实推进，控制温室气体排放取得积极成效，各具特色的区域发展格局初步形成。科技和教育整体水平提升，劳动力素质改善，基础设施日益完善。

"十一五"时期也是中国工业化、城镇化、市场化、国际化步伐加快发展并跃上新台阶的重要时期。经过"十五"期间的发展，中国经济体制改革不断深化，对外贸易迈上新台阶，国家财政收入大幅度增加，价格总水平保持基本稳定，城乡面貌和人民生活进一步改善。

2. 发展中不平衡、不协调、不可持续问题依然突出

尽管已经实现了改革开放以来近 30 年的快速增长，但中国"十一五"期间制约发展的一些长期性深层次矛盾依然存在：耕地、淡水、能源和重要矿产资源相对不足，生态环境比较脆弱；经济结构不合理，解决"三农"问题任务相当艰巨，就业压力较大，科技自主创新能力不强，影响发展的体制机制障碍亟待解决等。

随着"十五"时期的快速发展，国民经济中又出现了一些突出问题：投资和消费关系不协调，部分行业盲目扩张、产能过剩，经济增长方式转变缓慢，能源资源消耗过大，环境污染加剧，城乡、区域发展差距和部分社会成员之间收入差距继续扩大，社会事业发展仍然滞后，影响社会稳定的因素还较多等。

另外，国际环境复杂多变，影响和平与发展的不稳定不确定因素增多

也是重要挑战之一。发达国家在经济科技上占优势的压力将长期存在，世界经济发展不平衡状况加剧，围绕资源、市场、技术、人才的竞争更加激烈，贸易保护主义有新的表现，对中国经济社会发展和安全提出了新的挑战。

（二）"十一五"时期促进转变经济发展方式和转型发展的思路

面对这些发展的基础条件和突出矛盾，中国制定了全面贯彻落实科学发展观、促进经济社会可持续发展的重要思路，主要包括几个方面。

一是加快转变经济增长方式，强调把节约资源作为基本国策，发展循环经济，保护生态环境，加快建设资源节约型、环境友好型社会，促进经济发展与人口、资源、环境相协调。推进国民经济和社会信息化，切实走新型工业化道路，坚持节约发展、清洁发展、安全发展，实现可持续发展。促使经济增长由主要依靠增加资源投入带动向主要依靠提高资源利用效率带动转变。

二是突出提高自主创新能力。要深入实施科教兴国战略和人才强国战略，把增强自主创新能力作为科学技术发展的战略基点和调整产业结构、转变增长方式的中心环节，大力提高原始创新能力、集成创新能力和引进消化吸收再创新能力。

三是立足优化产业结构推动发展，把调整经济结构作为主线，促使经济增长由主要依靠工业带动和数量扩张带动向三次产业协同带动和结构优化升级带动转变。

（三）"十一五"时期促进经济发展方式转变和转型发展的政策措施

1. 促进节能减排、节约资源和保护环境

《中华人民共和国国民经济和社会发展第十一个五年规划纲要》提出

了"十一五"期间单位国内生产总值能耗降低 20% 左右，主要污染物排放总量减少 10% 的约束性指标。随后一系列旨在降低能耗、保护环境的政策相继出台。

《国务院关于做好建设节约型社会近期重点工作的通知》（国发〔2005〕21 号）和《国务院关于加快发展循环经济的若干意见》（国发〔2005〕22 号）相继发布，为建设节约型社会环境和发展循环经济提出了要求。2006 年发布《国务院关于加强节能工作的决定》，指出能源问题已经成为制约中国经济和社会发展的重要因素，要从战略和全局的高度，充分认识做好能源工作的重要性，高度重视能源安全，实现能源的可持续发展。提出解决中国能源问题，根本出路是坚持开发与节约并举、节约优先的方针，"十一五"期间全国单位国内生产总值能源消耗降低 20% 左右。随后发展改革委《关于报请审批下达〈"十一五"期间各地区单位生产总值能源消耗降低指标计划〉的请示》（发改规划〔2006〕1816 号）下发，对全国各省、直辖市、自治区的单位生产总值能源消耗降低指标作出明确规定。

2007 年，国务院发布《国务院关于印发节能减排综合性工作方案的通知》（国发〔2007〕15 号）共提出了 43 项具体政策措施，强调进一步加强节能减排工作的重要性，并要求从土地、信贷两个闸门严格控制高耗能、高污染行业过快增长，同时加大淘汰电力、钢铁、建材、电解铝、铁合金、电石、焦炭、煤炭、平板玻璃等行业落后产能的力度。但该政策执行不力，于是随后国务院办公厅发布《国务院办公厅关于加强和规范新开工项目管理的通知》，严格规范投资项目新开工条件。随后国务院批转《发展改革委、能源办关于加快关停小火电机组若干意见的通知》，要求关停以下火电机组：单机容量 5 万千瓦以下的常规火电机组；运行满 20 年、单机 10 万千瓦级以下的常规火电机组；按照设计寿命服役期满、单机 20 万千瓦以下的各类机组；供电标准煤耗高出 2005 年本省（区、市）平均水平 10% 或全国平均水平 15% 的各类燃煤机组；未达到环保排放标准的各类机组。

随后，国家发展改革委发布了《"十一五"资源综合利用指导意见》提出：到 2010 年，中国矿产资源总回收率与共伴生矿产综合利用率在2005 年的基础上各提高 5 个百分点，分别达到 35% 和 40%；工业固体废物综合利用率达到 60%，其中粉煤灰综合利用率达到 75%，煤矸石达到70%；主要再生资源回收利用量提高到 65%，木材综合利用率由目前 60%左右提高到 70% 左右。

盲目投资、低水平重复建设，圈占土地、乱占滥用耕地等问题在"十五"时期非常突出，为此，2004 年国务院发布《国务院关于深化改革严格土地管理的决定》（国发〔2004〕28 号），进一步完善符合中国国情的最严格的土地管理制度，随后国土资源部和发改委联合发布《限制用地项目目录（2006 年本）》和《禁止用地项目目录（2006 年本）》细化了用地要求，规定凡列入《限制目录》第一至第十类的建设项目或者采用所列工艺技术、装备的建设项目，各级国土资源管理部门和投资管理部门一律不得办理相关手续；凡列入《限制目录》第十一至第十四类的建设项目，必须符合目录规定条件，各级国土资源管理部门和投资管理部门方可办理相关手续。对《产业结构调整指导目录》明令淘汰的落后工艺技术、装备或者生产明令淘汰产品的建设项目，各级国土资源管理部门和投资管理部门一律不得办理相关手续。这一期间建立健全了污染减排各项规章制度，相继出台了《"十一五"主要污染物总量减排核查办法》《主要污染物总量减排核算细则》《主要污染物总量减排监察系数核算办法》等。

2009 年，《中华人民共和国循环经济促进法》出台，是促进循环经济发展的纲领，而在此前就已经有许多促进循环经济发展的政策出台。2006年，《财政部 发展改革委 农业部 国家税务总局 国家林业局关于发展生物能源和生物化工财税扶持政策的实施意见》要求通过实施弹性亏损补贴、原料基地补助、示范补助、税收优惠的方式推广生物能源和生物化工的运用。随后又发布《高效节能产品推广财政补助资金管理暂行办法》，通过财政补助的方式支持高效节能产品的推广使用，扩大高效节能产品市场份额，提高用能产品的能源效率水平。同年颁布的《关于以三剩物和次小薪材为原料生产加工的综合利用产品增值税即征即退政策的通知》明确规定了"自 2006 年 1 月 1 日起至 2008 年 12 月 31 日止，对纳税人以三剩物和次小薪材为原料生产加工的综合利用产品（产品目录见附件）由税务部门实行增值税即征即退办法。纳税人应单独核算该综合利用产品的销售额和增值税销项税额、进项税额或应纳税额"。2010 年 5 月，国家与国家税务总局颁布了《关于免征国家重大水利工程建设基金的城市维护建设税和教育费附加的通知》，试图免除重大水利工程的费用负担，同年 6 月份又公布了《关于环境保护节能节水 安全生产等专用设备投资抵免企业所得税有关问题的通知》，激励企业采购这种设备进行企业所得税抵免的动机，进而达到节能与节水的目的，同时也刺激了生产这种设备企业的生产能力与盈利动机。

2. 提高自主创新能力

2006 年，国务院正式发布《国家中长期科学和技术发展规划纲要（2006～2020 年）》提出把提高自主创新能力作为调整经济结构、转变增长方式、提高国家竞争力的中心环节，把建设创新型国家作为面向未来的重大战略选择。并提出通过财税政策、技术政策、政府采购、金融政策等方式来促进中国自主创新能力的提高。随后又发布了《国务院关于实施〈国家中长期科学和技术发展规划纲要（2006～2020 年）〉若干配套政策》，进一步细化了政策，通过增加科技投入、税收激励、金融支持、政府采购、引进消化吸收再创新等方式来支持企业科技创新。该政策作为一个配套政策，可执行性非常强。例如其中的税收优惠规定"允许企业按当年实际发生的技术开发费用的 150% 抵扣当年应纳税所得额"，不久财政部和国税总局发布《财政部 国家税务总局关于企业技术创新有关企业所得税优惠政策的通知》（财税〔2006〕88 号），进一步细化了税收优惠的政策。

2007 年，科技部发布了《国家高新技术产业化及环境建设（火炬）"十一五"发展纲要》和《国家高新技术产业开发区"十一五"发展规划纲要》要求完善以自主创新为核心的高新技术产业化推进体制和机制、培育科技型中小企业为重点，推进企业技术创新工作、发展创新集群为重点，推进以高新技术为主导的产业升级工作、聚集要素资源，增强对创新环境和产业化的支撑能力。随后国家发改委发布《国家高技术产业发展项目管理暂行办法》，进一步细化中国高新技术产业发展的措施。发展改革委、科技部等部委发布的《关于促进自主创新成果产业化的若干政策》提出要通过加大政府财政投入、信贷支持和加快风险投资发展的政策措施来促进自主创新成果产业化。2007 年，国家发改委等九部委联合发布《关于支持中小企业技术创新的若干政策》明确了针对中小企业科技创新的政策。

在充分试点的前提下，中央政府决定自 2009 年 1 月 1 日在中国所有地区、所有行业推行增值税转型改革，由生产型增值税转为国际上通用的消费型增值税。这一改革的核心内容是允许企业抵扣其购进设备所含的增值税，此举将消除中国当前生产型增值税制产生的重复征税因素，降低企业设备投资的税收负担，在维持现行税率不变的前提下，是一项重大的减税政策。同时由于购进设备可以抵扣，企业可以采购先进的技术密集型设备来安排生产，有利于中国企业的科技水平的提高和装备制造业的发展。

3. 优化产业结构推动转型发展

2005 年，国务院发布的《促进产业结构调整暂行规定》说明了调整产业结构的紧迫性和必要性，并指出了调整的方向。随后出台的《国务院关于加快推进产能过剩行业结构调整的通知》（国发〔2006〕11 号）明确指出，钢铁、电解铝、电石、铁合金、焦炭、汽车等行业产能已经出现明显过剩；水泥、煤炭、电力、纺织等行业目前虽然产需基本平衡，但在建规模很大，也潜藏着产能过剩问题，该文件要求综合运用经济、法律手段和必要的行政手段，通过企业兼并重组、关闭破产、淘汰落后生产能力的方式推进产能过剩行业的结构调整。

2006 年，国家发展改革委、财政部等八部委联合发布的《印发关于加快水泥工业结构调整的若干意见的通知》（发改运行〔2006〕609号）开始对水泥工业结构进行调整，该文件提出2010年水泥预期产量12.5亿吨，其中：新型干法水泥比重提高到70%，水泥散装率达到60%；累计淘汰落后生产能力2.5亿吨。在严格市场进入的前提下，支持大企业集团发展，加快提高产业集中度。随后国家发改委发布《关于公布国家重点支持水泥工业结构调整大型企业（集团）名单的通知》（发改运行〔2006〕3001号）确定了60户国家重点支持的大型水泥企业。针对铜冶炼行业投资盲目快速增长、低水平扩张等问题，国家发改委下发《国家发展改革委关于进一步贯彻落实加快产业结构调整措施遏制铜冶炼投资盲目过快增长的紧急通知》（发改运行〔2006〕2639号）要求严格按照产业政策和铜冶炼行业准入条件规范投资行为，坚决贯彻土地、环保、融资等方面的有关政策规定，加快淘汰落后工艺装备，加强环保防止环境污染。随后《国家发展改革委关于汽车工业结构调整意见的通知》出台，指出汽车行业产能过剩的苗头已经显现，有可能进一步加剧，并且产业组织结构不合理、技术水平低下，要按照《汽车产业发展政策》的要求严格进入标准，推进汽车生产企业联合重组，淘汰落后生产能力。之后又出台了《关于促进平板玻璃工业结构调整的若干意见》《关于规范铅锌行业投资行为加快结构调整指导意见的通知》《国家发展改革委关于防止高耗能行业重新盲目扩张的通知》《关于钢铁工业控制总量淘汰落后加快结构调整的通知》《国家发展改革委关于加强煤化工项目建设管理促进产业健康发展的通知》《国家发展改革委关于加强电石生产企业行业准入管理工作的通知》《关于加快纺织行业结构调整促进产业升级若干意见的通知》《关于印发加快煤炭行业结构调整、应对产能过剩的指导意见的通知》《关于推进铁合金行业加快结构调整的通知》《国家发展改革委关于加快焦化行业结构调整的指导意见的通知》《国家发展改革委关于促进产业集群发展的若干意见》等一系列针对特定行业的规范性文件来加快工业结构调整的步伐。

在淘汰落后产能的同时，国家又出台一系列的政策来扶持农业、高科技、服务业、物流业等的发展，如《医药行业"十一五"发展指导意见》《财政部 科技部 工业和信息化部 国家发展改革委关于扩大公共服务领域节能与新能源汽车示范推广有关工作的通知》《财政部 科技部 工业和信息化部 国家发展改革委关于开展私人购买新能源汽车补贴试点的通知》《节能产品惠民工程高效电机推广实施细则》《国务院办公厅转发发展改革委农业部关于加快转变东北地区农业发展方式建设现代农业指导意见的通知》《物流业调整和振兴规划的通知》《促进生物产业加快发展的若干政策》《商务部 发展改革委 工业和信息化部 财政部 海关总署 质检总局关于促进中国汽车产品出口持续健康发展的意见》《关于促进卫星应用产业发展的若干意见》等等。

4. "十一五"时期促进经济发展方式转变和转型发展措施的特点及效果

①促进企业发展取得了新的成效。"十一五"期间是中国企业取得快速成长和发展的重要时期。从企业规模看，2002 年规模以上的工业企业中，平均每户企业的总产值为 9250 万元，而 2010 年为 1.5 亿元，扣除价格因素年均提高 7.2%。从企业竞争力看，2002 年中国出口 3256 亿美元，占世界出口市场的 5% 左右，是世界上第五大出口国，2011 年中国出口18986 亿美元，已经是全国第一大出口国，期间出口年均增长速度高达21.6%，这说明中国企业的国际竞争力有显著提高。

②"十一五"时期中国的产业结构尤其是工业内部结构没有得到明显改善。以铝工业、汽车、水泥、化工、钢铁行业为代表，许多高耗能、重污染的行业出现了严重的产能过剩现象。面对不利局面，政府采取经济甚至行政手段来控制，力度非常大，但是效果依旧不是很明显，这背后的原因很多，比如与当前中国正处于工业化快速发展的历史阶段有关，也与中国的政治经济体制和财政及税收制度等有关，需要在一个较长的时期内，逐步加以调整和解决。

③虽然节能减排工作基本完成了目标，但企业粗放式发展的特征仍然

没有根本扭转。"十一五"时期，节能减排、保护环境污染也是中国转变经济发展方式的政策重点，而且在"十一五"规划中首次采取了约束性的指标，政府的政策也比较集中在该领域，甚至采取了签署责任状的形式来达到节能减排的目的，其背后的原因无非是中国消耗能源太多，利用效率不高，很难持续。然而效果却不明显，许多硬性指标均没有达成，所欠的环境账、资源账变得更加严重。

四、"十二五"时期：突出要求加快经济发展方式转变

（一）面临国际经济不景气及国内增长阶段转换的双重压力

"十二五"期间中国面临国际经济环境严峻的重要挑战。自从 2008 年美国次贷危机爆发以来，国际金融危机愈演愈烈，其后继影响一直持续到 2012 年，并且还没有完全结束。与 1997 年亚洲金融危机时主要受影响国家限于亚洲不同，本轮国际金融危机波及全球，不仅美国尚未摆脱危机的阴影，欧盟更是由于主权债务危机而深陷泥淖，即使是近年来一直保持较高增长速度的新兴经济体也深受打击，俄罗斯、印度、巴西等国全部深受国际经济影响而增速明显放缓。受国际经济走缓影响，中国的国际贸易，特别是出口出现大幅度走缓的趋势，许多出口型企业经营效益受到严重影响。

"十二五"时期中国还面临经济发展阶段转变的压力。自 2003 年以来的新一轮经济高速增长周期中，中国一直保持了超过 10% 的超高增长速度。但从 2011 年下半年开始，中国经济增速显著下滑，2012 年的 2、3 季度更是降到了 8% 以下的水平。中国经济增长速度的大幅度走缓，既有一些短期因素，如出口放缓和房地产调控等，更是深层次经济增长向中高速增长转换的重要表现。预计在整个"十二五"期间，中国都将处于从高速

增长阶段向中高速增长转换的时期，这将对企业的经营和发展带来新的挑战，也对企业加快转型发展提出了更紧迫的要求。

（二）"十二五"时期转变经济发展方式和转型升级的思路

如何转变经济发展方式，"十二五"规划提出了"五个坚持"，这是统领中国"十二五"时期如何促进经济发展方式转变的重要原则。

一是坚持把经济结构战略性调整作为加快转变经济发展方式的主攻方向。内容主要包括构建扩大内需长效机制，促进经济增长向依靠消费、投资、出口协调拉动转变。加强农业基础地位，提升制造业核心竞争力，发展战略性新兴产业，加快发展服务业，促进经济增长向依靠第一、第二、第三产业协同带动转变。统筹城乡发展，积极稳妥推进城镇化，加快推进社会主义新农村建设，促进区域良性互动、协调发展。

二是坚持把科技进步和创新作为加快转变经济发展方式的重要支撑。党中央提出要深入实施科教兴国战略和人才强国战略，充分发挥科技第一生产力和人才第一资源作用，提高教育现代化水平，增强自主创新能力，壮大创新人才队伍，推动发展向主要依靠科技进步、劳动者素质提高、管理创新转变，加快建设创新型国家。

三是坚持把保障和改善民生作为加快转变经济发展方式的根本出发点和落脚点。完善保障和改善民生的制度安排，把促进就业放在经济社会发展优先位置，加快发展各项社会事业，推进基本公共服务均等化，加大收入分配调节力度，坚定不移地走共同富裕道路，使发展成果惠及全体人民。

四是坚持把建设资源节约型、环境友好型社会作为加快转变经济发展方式的重要着力点。深入贯彻节约资源和保护环境的基本国策，节约能源，降低温室气体排放强度，发展循环经济，推广低碳技术，积极应对全球气候变化，促进经济社会发展与人口资源环境相协调，走可持续发展之路。

五是坚持把改革开放作为加快转变经济发展方式的强大动力。坚定推进经济、政治、文化、社会等领域改革，加快构建有利于科学发展的体制机制。实施互利共赢的开放战略，与国际社会共同应对全球性挑战、共同分享发展机遇。

（三）已经出台的促进经济发展方式转变和转型升级的政策措施

1. 促进节能减排方面

2011 年出台的《"十二五"规划纲要》，将减排的目标定位为"单位国内生产总值二氧化碳排放降低 17%。主要污染物排放总量显著减少，化学需氧量、二氧化硫排放分别减少 8%，氨氮、氮氧化物排放分别减少 10%"。同年，国务院印发《"十二五"节能减排综合性工作方案》，明确了国家和各地区在"十二五"期间的节能目标，是推进"十二五"污染减排工作的纲领性文件，明确了"十二五"污染减排的总体要求、主要目标、重点任务和政策措施，分十二个部分共 50 条。主要采取以下措施：目标考核：把节能减排目标纳入各地领导班子考核指标中；产业政策：抑制高耗能、高排放行业过快增长，加快淘汰落后产能，推动传统产业改造升级；实施节能重点工程：对节能减排重点工程所需资金，各级人民政府应安排一定的资金予以支持和引导；推动建筑节能、交通运输节能减排、促进农业和农村节能减排，大力发展循环经济等。随后出台了一系列的政策，《交通运输节能减排专项资金管理暂行办法》《公路水路交通运输节能减排"十二五"规划》《关于促进节能服务产业发展增值税、营业税和企业所得税政策问题的通知》《关于建立工业节能减排信息监测系统的通知》《节能技术改造财政奖励资金管理办法》《交通运输节能减排专项资金管理暂行办法》《万家企业节能低碳行动实施方案》《进一步推进可再生能源建筑应用的通知》等等。

2011 年 12 月，环境保护部与 31 个省、自治区、直辖市人民政府和新疆生产建设兵团以及中国石油天然气集团公司、中国石油化工集团公司、国家电网公司、中国华能集团公司、中国大唐集团公司、中国华电集团公司、中国国电集团公司、中国电力投资集团公司等8家中央企业集团签订了《"十二五"主要污染物总量减排目标责任书》，要求加强领导、明确责任、落实措施，确保按期完成污染减排工作目标任务。目标责任书要求完成5561个工程减排项目，主要内容包括各省、自治区、直辖市以及八大中央企业集团"十二五"主要污染物总量控制目标、主要减排任务和措施等，目标责任书还要求每年组织对省级人民政府总量减排目标责任评价考核，考核结果向社会公告。对年度减排目标未完成或者重点减排项目未落实的地方和企业，实行问责和一票否决。

2. 促进企业技术升级方面

2011年5月，《关于高新技术企业境外所得适用税率及税收抵免问题的通知》发布，其中明确规定"以境内、境外全部生产经营活动有关的研究开发费用总额、总收入、销售收入总额、高新技术产品（服务）收入等指标申请并经认定的高新技术企业，其来源于境外的所得可以享受高新技术企业所得税优惠政策，即对其来源于境外所得可以按照15%的优惠税率缴纳企业所得税，在计算境外抵免限额时，可按照15%的优惠税率计算境内外应纳税总额"。这对于中国高科技企业积极走向国际市场占领市场份额有着重要意义。

总体而言，自"九五"以来，中国主要围绕促进经济发展方式转变，从产业结构、技术创新、能源与环境等多个方面出台了多种政策措施，这些政策措施有力地调控了国民经济平稳运行，为企业的发展和转型升级创造了良好的外部环境，有些政策直接引导和推动了企业的转型发展。但总体而言，许多政策没有完全达到政策预期的效果，特别是在促进经济发展方式转变方面，仍然任重而道远。部分政策没有达到预期效果，既与经济发展的阶段有关，也与政策措施的有效性和执行力度等有关，需要在今后的发展中加以总结和借鉴。

第五章

中国企业转型发展的行业调查研究

一、纺织工业转型发展的调查研究

（一）纺织工业的发展现状

1. 纺织工业发展概况

纺织工业是中国国民经济中的传统支柱产业、重要的民生产业，也是国际竞争优势明显的产业。改革开放三十余年来，特别是进入 21 世纪以来，在经济全球化发展以及中国经济体制改革和对外开放深入推进的背景下，中国纺织工业得到持续、稳定、较快发展，不仅建立起了产业链条完整、专业门类齐全、具有较强国际竞争力的产业体系，而且在繁荣市场、出口创汇、增加就业、促进城镇化发展和带动相关产业等方面发挥了重要作用。

统计数据显示，"十一五"末年，纺织行业规模以上企业①共计实现工业总产值（现价）46684.2 亿元，与本世纪初相比较累计增长 4.2 倍，年均增长 18%；利润总额 2975.2 亿元，十年累计增长 9.1 倍，年均增长

---

① 2010 年及以前，规模以上企业指年主营业务收入达到 500 万元及以上的企业。根据国家统计局统计年报，2010 年全国纺织工业共有规模以上企业 5.5 万户。

26%；从业人数 1151.9 万人（仅规模以上企业），比 2000 年增加 56%。全社会化纤、纱、布、服装产量分别达到 3090 万吨、2717 万吨、800 亿米和 436 亿件，均位居世界第一位；纤维加工总量达到 4130 万吨，比 2000 年增长 2 倍，年均增长 11.7%，占全球纤维产量的比重超过 50%。2010 年，全国纺织品服装出口总额达到 2120 亿美元，比 2000 年增长 3.1 倍，年均增长 15.1%，占全球的比重由 2000 年的 14.7% 提高到 34.3%。

2.2011 年纺织工业经济运行情况

进入"十二五"以来，中国纺织行业面临的外部形势更加复杂多变，各种风险因素明显增多。2011 年是"十二五"开局之年，全行业坚持推进产业结构调整与转型升级，基本克服了原料价格大起大落、外需增长持续低迷、要素成本大幅提高等不利因素，实现了平稳发展，全年行业各项指标继续保持增长，但由于外部压力因素集中，行业产销、效益、投资增速均呈现逐月逐季放缓态势。

生产方面，根据国家统计局数据，2011 年全国规模以上纺织企业①累计实现工业总产值 54786.5 亿元，同比增长 26.8%；主要大类产品中，化纤、纱、布、服装产量同比分别增长 13.9%、12.4%、11.6% 和 8.1%。但是，受到原料价格大幅波动、夏季用电紧张、外需不足等因素影响，行业生产增速呈现持续下行走势，中下游产品产量增长减速尤其明显。与 2011 年一季度末相比较，全年规模以上纺织企业工业总产值增速下降 4.8 个百分点，化纤、纱产量增速分别下降 4.1 和 0.1 个百分点，而中下游布、服装产品产量增速降幅则分别达到 7.8 和 6.8 个百分点。

出口方面，根据海关统计数据，2011 年中国纺织品服装出口总额达到 2541.2 亿美元，同比增长 19.9%，出口总体实现较快增长，但 5 月以来增速持续下降，全年出口增速较 4 月底降低 7.2 个百分点。行业出口总额实

---

①　从 2011 年起，国家统计局将规模以上企业标准调整为年主营业务收入达到 2000 万元及以上的企业。根据国家统计局快报数据，2011 年全国纺织工业共有规模以上企业 3.6 万户。

现较快增长主要受到产品价格提升支撑，受产品出口结构优化及生产成本上涨等因素影响，中国纺织品服装出口价格全年同比提高19.3%，对出口总额增长的拉动作用达到98%；剔除价格因素后，纺织品服装出口数量同比仅增长0.5%，其中服装出口数量同比下降0.2%，表明国际市场终端需求情况并不乐观。

效益方面，在行业运行质量提高、国内市场需求扩大的带动下，2011年纺织行业盈利实现增长，规模以上纺织企业主营业务收入达到53397.4亿元，同比增长26.6%；利润总额达到2954.4亿元，同比增长25.9%；销售利润率达到5.5%，与上年基本持平。但由于原料价格波动、生产及融资成本增加等因素影响突出，行业利润增长持续减速，全年累计利润增速较一季度下降27.6个百分点，四季度当季月利润增速仅为15.6%，较一季度下降38个百分点。

投资方面，市场信心不足及融资环境紧张等因素造成纺织企业投资意愿下降，2011年全行业500万元以上项目固定资产投资总额达6799.1亿元，同比增长36.3%，增速较一季度下降2.2个百分点；新开工项目数为1.4万个，同比增长仅2.3%，但是，行业新增投资的区域结构继续优化，全年中、西部地区纺织企业固定资产投资额同比分别增长56.7%和49.3%，明显高于东部地区25.3%的增速；占全国投资总额的比重分别达到31.7%和7.9%，同比分别提高4.1和0.7个百分点，纺织产业向中西部转移的进程稳步推进。

（二）纺织工业转型发展的举措与进展

多年来，坚持深化产业结构调整，推进产业转型升级，始终是支撑中国纺织工业实现持续稳定发展的根本内在动力。特别是"十一五"以来，在完成产业体系建设、实现规模化发展的基础上，中国纺织工业已经进入由规模数量型向质量效益型、由市场拉动向创新驱动全面转型的阶段，并在产业结构优化、自主创新发展、技术装备升级等方面取得显著成效。

1. 提高自主创新能力

"十一五"时期，纺织行业将提高科技贡献率作为行业发展的首要驱动力，围绕提高自主创新能力开展大量工作。2004年，中国纺织工业联合会制定并发布了《纺织工业科技进步发展纲要》，提出了纺织行业急需解决的"28项关键技术和10项新型成套关键装备"，指明了行业科技创新的重点领域。中央财政安排预算内资金对纺织行业重点领域技术创新给予支持，其中科技部"科技支撑计划"以及发展改革委、工业和信息化部联合下达的新型纺织机械专项、新型和特种化纤专项等，在促进纺织关键技术研发突破方面发挥重要作用。

纺织企业的研发投入不断增加，"十一五"期间大中型纺织企业研发经费投入增加近2倍，其中化纤企业研发投入强度已超过1%。产学研合作深入开展，纺织企业与高等院校、科研院所合作开展技术研发创新的项目不断增多，合作创新成果大量涌现，"十一五"期间近80%获得国家科技进步奖和1/3获得行业科技奖励的项目均为产学研合作项目。

"十一五"期间，纺织行业重点领域的关键技术攻关取得重大突破，多项高新技术实现从无到有的实质性转变。碳纤维、芳纶、高强高模聚乙烯、聚苯硫醚等一批高性能纤维材料产业化技术取得突破，填补国内空白；差别化、功能化纤维开发能力明显提高，2010年化纤差别化率达到46%；新型纺织加工技术明显进步，使天然纤维纺纱支数大大提高，纱线质量显著提升，自主研发的嵌入式复合纺纱新技术实现国际领先；织造、染整工艺技术进步提高了纺织面料的质量和功能化水平，行业面料自给率超过95%；产业用纺织品发展迅速，逐步替代了进口产品满足国民经济发展需求，并开始在航空、航天及国内重大工程建设中得到应用，2010年产量达到703.2万吨，占全行业纤维加工总量的比重提高到19%；国产纺织装备与国际先进水平差距缩小，大容量涤纶短纤成套、细纱机、自动络筒机、机电一体化无梭织机等重点产品技术水平达到国际先进，国产纺机产量占全球比重达到1/3，国内市场占有率超过75%。

2. 改善技术装备水平

"十一五"期间，纺织企业着眼提高生产效率，广泛开展技术改造与装备更新，先进技术装备投资不断增加。为引导企业加快技术升级，发展改革委编制了《产业结构调整指导目录》，并配套了税收优惠政策；国务院及工业和信息化部先后出台了关于淘汰落后产能的政策要求，并分解落实到地方，有效促进了落后技术装备的退出。纺织行业组织也通过开展技术交流会、发布推荐性技术目录、建立清洁生产示范工程等措施，积极促进新技术、新装备在企业中加快推广应用。

"十一五"期间，纺织行业整体工艺、技术和装备水平稳步提升。全行业共引进国外先进装备近200亿美元，采用国产先进装备约2800亿元人民币。棉纺行业2000年以后生产的先进装备占有率达到71.3%，比2005年提高15.7个百分点。毛纺行业大中型企业基本实现纱线无结化，精梳产品100%无梭化，粗梳产品80%无梭化。桑蚕自动缫丝机的推广应用使生丝质量水平平均提高1.5个等级，应用比例由20%提高到85%。化纤行业以大容量、高起点、低成本为特征，具有国际竞争力的国产化新型聚酯及配套长短丝技术装备在行业中广泛使用。"十一五"期间，化纤行业共淘汰陈旧的小型聚酯装备约300万吨，淘汰落后纤维加工能力约150万吨，印染行业74型染整设备基本淘汰。目前，国内1/3左右的重点企业技术装备总体上达到国际先进水平，2010年规模以上企业全员劳动生产率达到11万元/人，比2005年提高1.1倍。

3. 加强自主品牌建设

"十一五"时期，纺织行业首次提出将提高自主品牌贡献率作为促进行业发展的重要动力。经过多年探索，建立"质量、创新、快速反应、社会责任"四位一体的品牌价值体系，通过市场竞争、市场检验加强品牌产业链建设和供应链科学管理，提升品牌贡献率已成为全行业广泛共识。企业品牌创新意识不断加强，很多企业已经突破单一的"制造—销售"模式，在设计研发、品牌管理、营销渠道建设和商业模式创新等方面取得了显著成效。一批优势企业已经开始在品牌的跨国资源配置和国际化运作方面进行尝试，有些品牌企业聘请了海外的设计师、技术专家，提高产品的设计和质量水平，并更好地掌握纺织服装产品的流行趋势；有的骨干企业已经走出国门，在发达国家建立研发中心和设计室，并将自主民族品牌推向世界。

创建自主品牌热潮的兴起，标志着中国纺织工业已经开始从承接国际纺织加工环节转向发挥自主创造力的新时期，纺织行业的创意经济和时尚产业特征日益凸现。目前，中国服装出口已由 OEM（加工生产）方式全面向 ODM（设计生产）和 OBM（品牌生产）升级，自有品牌出口比重正在不断提高。截至 2010 年，全行业共有服装服饰类"中国名牌产品"143个，家纺类"中国名牌产品"45 个，反映了消费者的品牌消费特点和行业的品牌化发展趋势。国内大批面向大众消费、质优价廉的自主品牌营销渠道已经覆盖从城市到乡村小镇的各种业态，国内消费者对自主品牌的认知程度明显提高。

4. 加强节能减排与资源循环利用

为有效突破日益加剧的资源环境约束，同时全面完成国家下达的约束性任务，"十一五"期间，纺织工业将节能减排、可持续发展作为促进产业转型升级的重要内容，围绕节能降耗、污染物减排、资源再利用等方面开展了大量工作。在国家相关政策引导下，纺织企业节能减排意识的提升与投入不断增加，有效推动了纺织工业资源节约与环境保护水平的提升；标准制定、企业个性化节能潜力诊断等行业管理及公共服务的加强，也发挥了重要保障作用。

近年来，一批节能减排和资源综合利用技术实现研发突破并在全行业推广应用。例如，差别化直纺和新型纺丝冷却技术在化纤行业中推广，高效短流程印染前处理技术在棉及棉混纺织物上得到普遍应用，废水余热回收、中水回用、丝光淡碱回收等资源综合利用技术在相关企业中的推广比例达到50%，纺织加工技术的环保水平和行业资源利用效率均明显改善。纺织纤维再生利用技术不断升级，以可再生、可降解的竹浆、麻浆等速生农林资源为原料的生物质纤维实现产业化生产，行业资源再生利用的水平不断提高。"十一五"期间，纺织工业主要能效及环保指标均显著改善，全面完成了国家下达的节能减排任务，其中，单位增加值综合能耗五年累计下降约32%，单位增加值污水排放量累计下降幅度超过40%，百米印染布生产新鲜水取水量由4.0吨下降到2.5吨，印染行业中水回用率由7%提高到15%，再生纺织纤维产量已达到400万吨。

5. 调整产业区域布局

中国纺织工业在产业布局上具有在东部沿海地区高度集中的特点，"十一五"初期，中国规模以上纺织企业86%的产值分布在东部地区。近年来，随着沿海地区各项生产要素成本快速上涨及资源环境承载力下降，中西部地区临近原材料产地、劳动力供应丰富等优势逐渐显现，纺织产业特别是服装及纺织初加工行业向中西部地区转移的趋势日渐明显。"十一五"期间，东部沿海地区骨干纺织企业通过构建跨省、跨地区产业链、供应链，在促进产业转移的同时加快产业优化升级；中西部地区则积极发挥成本比较优势和资源优势，积极科学规划兴建纺织产业园区，坚持在创新和升级中承接转移，有效促进了区域结构优化和产业整体水平提升。

"十一五"期间，纺织区域布局结构逐步得到优化，五年中，中部和西部地区纺织企业固定资产投资年均增长分别达到41.4%和28%，高于东部地区年均10.7%的增速。伴随着投资增长，中西部地区纺织企业对行业发展的贡献度也逐步提高，"十一五"期间，中部和西部规模以上纺织企业工业总产值年均增速分别达到27.5%和25.2%，高于东部地区16.2%的增速；中、西部地区纺织工业总产值合计占全行业的比重达到16.8%，比 2005 年提高 5.2 个百分点。

（三）对纺织企业转型发展调查的情况

我们就中国企业转型发展问题的专题调研和问卷调查中，纺织行业实地调研企业共 80 余家，收回有效问卷 81 份①。

1. 受访企业的基本情况

受访企业主要为民营企业。12 家为国有企业，6 家为集体企业，49 家为民营企业，5 家为港澳台资企业。其中 35 家为上市公司，占受访企业总数的 43.2%。

表 5.1　　　　　　　　　　受访企业所有制情况

	国有控股	集体	私营控股	港澳台商控股	外商控股	合计
数量	12	6	49	5	—	72
占比（%）	14.8	7.4	60.5	6.2	—	88.9

大中型企业占多数。受访企业中，大型企业 31 家，中型企业 36 家，小型企业 12 家，微型企业 2 家。2011 年，公司总资产最大的为 600 亿元，最小的为 200 万元，资产 50 亿元以上的企业占 12.2%；销售收入最大的 520 亿元，最小的为 200 万元，收入 50 亿元以上的企业占 13.2%。总体看来，中国纺织企业的规模普遍不大，企业销售收入受企业规模影响。

表 5.2　　　　　　　　　　受访企业资产规模（2011 年）

资产规模（亿）	<1	1~10	10~50	50~100	100~500	>500	合计
企业数（个）	18	31	16	3	5	1	74
占比（%）	24.30	41.90	21.60	4.10	6.70	1.40	100
平均资产（亿）	0.49	3.48	17.23	87.77	216.82	600	—

---

① 其中 1 家为纺织机械企业，1 家为纺织贸易企业，其余为纺织生产企业。

表 5.3 受访企业销售收入（2011 年）

销售收入（亿）	<1	1~10	10~50	50~100	100~500	>500	合计
企业数（个）	15	33	18	1	8	1	76
占比（%）	19.70	43.50	23.70	1.30	10.50	1.30	100
平均收入（亿）	0.42	4.62	21.67	60	272.79	530	—

企业的销售市场以国内为主。对公司 2007~2011 年产品销售市场分布情况的调查显示，受访企业绝大部分产品在国内市场销售，内销比重平均为 77.03%，其中 13 家企业的内销比重在 90% 以上，占受访企业的 41.91%（此问题有效样本为 31 家），且比例呈现逐年上升的趋势。

其中出口国家和地区超过 30 个的企业有 2 家，均位于纺织业较为发达的广东和浙江省，也均为私营控股企业，经营时间均为 15 年以上，其中一家为上市公司。

表 5.4 出口国家（地区）超过 30 个的企业情况（2011 年数）

成立时间	所在地	企业性质	企业规模	是否上市公司	总资产（亿元）	总收入（亿元）	出口国家数		
							2007 年	2009 年	2011 年
1979 年	浙江宁波	私营控股	大型	是	600	360	56	43	32
1996 年	广东广州	私营控股	中型	否	6	6	40	40	40

受访企业绝大多数产品出口国家和地区在 10 个以下，国别数平均为 3.8 个；出口超过 50 个国家和地区的企业 2007 年有一家，2009 年和 2011 年没有。

表 5.5 2007~2011 年企业出口市场的主要国家（地区）数量

网点数	<10		10~30		30~50		>50		合计	
年份	企业个数	占比（%）	企业个数	占比（%）	企业个数	占比（%）	企业个数	占比（%）	企业个数	占比（%）
2007	19	82.61	2	8.69	1	4.35	1	4.35	23	100
2009	18	78.26	3	13.04	2	8.69	0	0	23	100
2011	19	82.61	2	8.69	2	8.69	0	0	23	100

多数企业近 3 年的经营状况较好。关于近 3 年企业市场销售收入增长

情况，受访企业中 25 家较快增长（超过 10%），38 家平稳增长（5% ~ 10%），13 家缓慢增长（0 ~ 5%），5 家销售收入减少。

销售收入增速超过 10% 的 25 家企业中，有 1 家为上市公司，4 家为国有企业，分别占样本企业数的 2.86% 和 33.33%。这 25 家企业，2007 ~ 2011 年研发人员占员工总数的比重平均为 9.76%，高于所有样本企业平均数 8.6%；研发投入占销售收入的比重平均为 2.61%，低于所有样本企业平均数 3.46%，表明企业对研发的重视程度对企业销售收入存在一定影响。这 25 家企业中，9 家企业主导产品生产装备的技术水平达到国际先进水平，13 家企业达到国内先进水平，表明企业的装备技术水平对企业产品质量和竞争力影响极大，从而影响企业经营业绩。

2. 企业转型发展的困难和问题

（1）普遍反映招工难、留住人才难

受访的 81 家企业中，仅有 17 家认为"公司人力资源环境很好，能满足企业需要"，大部分企业反映普工、技工招聘都很困难，新招人员的实际能力不足以及留不住人等问题。

在认为"人力资源状况很好，能满足企业需要"的企业当中，有 9 家为大型企业，占所有受访大型企业总数的 29.03%，且在这 9 家企业当中，有 3 家同时也认为自身存在熟练工人招聘困难和新进人员实力能力不足等问题，证明企业招工难、留不住人才等问题普遍存在，且受企业规模影响不大，应与企业管理水平等直接相关。此外，17 家认为公司人力资源环境很好的企业中，6 家近 3 年销售收入增幅 10% 以上，10 家增幅在 5% ~ 10%，所占比重达到 94.1%，说明经营效益好的企业，用工问题相对不太突出，也更能吸引和留住优秀人才。

存在"优秀人才流动性大，不稳定"问题的企业当中，19 家为中小型和微型企业，比例高达 76%，说明规模大的企业对优秀人才更有吸引力。

表 5.6 企业人力资源环境

	人力资源环境好，能满足企业需要	普工招聘困难	技工招聘困难	优秀人才流动性大，不稳定	新招人员实际能力不足
企业数	13	39	38	25	27
占比（%）	16.04	48.15	46.91	30.86	33.33

说明：企业总数大于 81 家，因为有几个问题同时存在的情况。

（2）融资较为困难

关于 2011 年企业的融资状况，26.25% 的企业认为"很困难"或"比较困难"，31.25% 的企业认为比较容易、能够满足企业需要。这与我们在实际访谈中获得的"融资极其困难"的信息有较大出入，在一定程度上与样本企业整体经营状况良好有关。在近 3 年销售收入增幅超过 10% 的 25 家企业中，仅 4 家表示 2011 年融资状况比较困难，其余均不存在融资难的问题，表明企业资金需求程度以及获得融资的难易程度直接受到企业销售经营状况的影响。

表 5.7 2011 年企业融资环境

	很困难	比较困难	还行	比较容易	能满足企业需要	合计
企业数	3	18	34	14	11	80
占比（%）	3.75	22.5	42.5	17.5	13.75	100

（3）生产成本上升

由于能源、原材料及劳动力成本上升，致使公司盈利状况受到影响，仅 3.75% 的受访企业表示产品价格随之较快提高，盈利能力提高，28.75% 的企业认为产品价格提高困难，盈利大幅降低甚至亏损。

表 5.8 成本上升对公司盈利的影响

	产品价格较快提高，盈利能力提高	产品价格同步提高，盈利影响不大	产品价格增幅低于成本上涨速度，以管理促盈利	产品价格很难相应提高，盈利大幅下降	产品提价困难，亏损	合计
企业数	3	8	46	18	5	80
占比（%）	3.75	10	57.5	22.5	6.25	100

3. 企业转型发展的状况

(1) 装备技术水平大大提高

受访企业中，认为公司主导产品生产装备的技术水平达到国际先进水平的有 12 家，国内领先的 41 家，处于国内中等水平的 18 家，国内较低水平的 3 家，部分企业表示从未作过此类比较。装备技术水平达到国际先进水平的企业所占比例为 14.8%。

装备技术水平达到国际先进水平的 12 家企业中，仅 1 家为国有控股企业，11 家为私人控制企业；1 家为上市公司，11 家为非上市公司；7 家为大型企业，5 家为中型企业；大部分企业成立于上世纪八九十年代，最长经营年限为 54 年，最短的一家 8 年；公司资产规模和收入超过 100 亿元的 1 家，300 亿元的 2 家。这些数据表明，经营年限较长、具有一定积累的企业，其技术水平相对较高，而私人企业由于其机制相对国有企业更为灵活，设备和技术改造升级的投入较大，技术水平相对较高；此外，企业技术水平与企业规模也存在一定的相关性，规模较大、资金实力较为雄厚的企业，在设备和技术方面的投入较大，技术水平相对更为先进。

(2) 企业重视研发

受访企业普遍较为重视研发。共有 61 家设有专门的研发机构，占受访企业总数的 81.33%（有效样本数为 75 个）。企业研发人员占职工总数的比重年年提高，企业研发人员占员工总数的比重平均数由 2007 年的 7.06% 分别上升至 2009 年的 8.33% 和 2011 年的 10.42%。其中，港澳台资企业的研发人员比重上升最快。研发投入占销售收入的比重也呈现逐年上升趋势，平均数由 2007 年的 2.79% 分别上升至 2009 年的 3.38% 和 2011 年的 4.21%。

表 5. 9　　　　　2007～2011 年企业研发人员占职工总数比重

研发人员比重	<1		1～10		10～20		>20		合计	
年份	企业个数	占比(%)	企业个数	占比(%)	企业个数	占比(%)	企业个数	占比(%)	企业个数	占比(%)
2007	3	5.26	40	70.18	12	20.05	2	3.51	57	100
2009	3	4.84	40	64.52	16	25.81	3	4.84	62	100
2011	1	1.59	37	58.73	19	30.16	6	9.52	63	100

表 5. 10　　　　　2007～2011 年企业研发投入占销售收入的比重

研发收入比重	<1		1～5		5～10		>10		合计	
年份	企业个数	占比(%)	企业个数	占比(%)	企业个数	占比(%)	企业个数	占比(%)	企业个数	占比(%)
2007	12	22.22	34	62.96	5	9.26	3	5.56	54	100
2009	12	21.05	36	63.16	4	7.02	5	8.77	57	100
2011	8	13.79	37	63.79	7	12.07	6	10.34	58	100

（3）产品形成了一定的市场竞争力

受访企业中，9 家认为公司主导产品具有很强的市场竞争力，19 家认为具有一定的竞争力，8 家认为不具有竞争力，分别占样本企业的 25%、52.8% 和 22.2%。

在认为产品具有很强市场竞争力的 9 家企业中，1 家为集体所有制企业，8 家为私人控制企业；2 家大型企业，6 家中型企业，1 家小型企业。这 9 家企业中，2 家生产装备的技术水平达到国际先进水平，5 家达到国内先进水平，显示出企业的装备技术水平与产品的市场竞争力存在极强的正相关关系。

（4）拥有一定的品牌能力

受访企业中，43 家拥有自有品牌，7 家系贴牌生产，21 家是自有品牌＋贴牌生产，2 家连锁加盟，5 家没有品牌，拥有自主品牌的企业占 55.13%。

从近 5 年公司自有品牌销售收入占总销售收入的比重来看，超过 90%

的企业共 30 家，占 52.63%，其中比重为 100% 的企业 24 家，占 42.1%，表明品牌效应直接影响产品的销售。

从销售市场分布来看，产品出口国家和地区超过 20 个的企业，100% 拥有自主品牌（含自有品牌 + 贴牌生产），但与此同时，拥有自有品牌的企业，其产品内销的比重平均为 71.2%，远远大于外销比重；贴牌生产和自有品牌 + 贴牌生产的企业，其产品出口的国家和地区数平均为 6.7 个。由此可见，大多数纺织企业尽管有自有品牌，但品牌国际影响力和竞争力不足。

（5）管理水平提高

从受访企业自 2007 年以来进行科学和规范化管理的情况来看，引入 ERP（企业资源计划）和 LP（精准生产）或 JIT（准时生产）的企业分别占 24.7% 和 32.1%，而引入 TQM（全面质量管理）/ISO9000 和采用电子商务的企业所占比重分别为 60.5% 和 58.1%，后者比例较高，与中国对企业全面质量管理标准认证的强制性规定有关，而前者比例较低，说明中国纺织企业在科学管理方面，主动性不足，管理能力还需要进一步加强。此外，近 3 年的销售收入增幅在 10% 以上的企业，采用上述管理方法的达到 52%，说明科学的管理方法和商业模式对企业销售状况有较大促进作用。

（四）纺织工业转型发展空间仍然巨大

我们在调研中发现，不少地方政府过于重视发展战略性新兴产业，而忽视对纺织工业等传统产业发展的支持，甚至存在一些认识上的偏颇。我们认为，战略性新兴产业作为国家推动经济结构调整的重要战略，一定要鼓励和支持，但不可将战略性新兴产业的范围无限扩大，不少传统产业通过技术改造设备更新后，仍然存在很大的发展空间。

1. 中国需要发展强大的纺织工业

纺织工业作为中国国民经济传统的支柱产业，是重要的民生产业，中国纺织产品的大多数是满足国内需求，内销产值比重达 80% 左右。同时，中国纺织工业的国际竞争优势也较为明显，目前化纤、纱、布、呢绒、丝织品、麻纺产品、服装等产量均居世界第一，纤维产量占全球纤维产量比重 50% 以上，是传统的出口大户。此外，纺织工业在吸纳就业、增加农民收入等方面作用突出，直接就业人口超过 2000 万人，占工业就业人口的 20% 左右，纺织工业是农产品棉花、麻、羊毛、丝等天然纤维的加工环节，关系到至少 1 亿农民的生计，发展强大的纺织工业是中国经济发展的客观需要。

2. 纺织工业可以做强做优

未来国内外纺织消费市场会持续扩大，这将为中国纺织工业发展带来机会。目前，中国纤维人均消费量仅相当于美国、日本 20 世纪 80 年代中期水平，随着中国居民收入水平的提高和消费结构的升级，人均纤维消费量还有很大提升空间。同时，国外发展现代纺织工业的经验告诉我们，有两个重要的途径可以使纺织工业做强做优。

第一，通过发挥纺织工业在基础产业和文化产业中的作用来做强做优。一些发达国家通过与文化高度融合，不断开发尖端纺织新型材料，使纺织工业在高端和细分市场始终保持着国际竞争优势。日本对纺织工业有明确的战略定位和认识：首先是满足人们不同文化和价值观需求的生活文化产业；其次是为当地提供商业和就业机会，支撑地方经济发展的重要产业；再次是具有未来广阔发展前景的基础产业；最后是尖端的纺织技术关系到国家安全问题不能放弃。正是坚持这样的认识，使日本纺织工业实现了向"综合化学"、"尖端材料"和"纤维时尚"的转型。欧盟把纺织工业作为文化产业发展的定位更加突出，世界品牌多诞生于此。

第二，通过发展产业用纺织品来做强做优。从服装、家用纺织品向产业用纺织品发展是一些发达国家纺织工业转型发展的重要路径之一。产业用纺织品又被称为"技术性纺织品"，很多高性能产品利用了先进的纳米和生物技术，广泛应用于航空航天、新能源、土工及建筑、交通运输、医疗卫生、环境保护、工业、农林渔业等领域，具有资金密集、技术含量高、用工少、附加值大、市场需求空间巨大等特点优势，是近十年纺织工业新兴的最具发展潜力的方向。

3. 做强做优纺织工业需要加快转型升级

近年来，中国纺织工业的结构调整虽然取得了重大进展，在很大程度上改变了原来粗放式的发展模式，纺织企业通过生产、管理、技术和产品的创新，使产品向舒适化、功能化、时尚化转变，但是，中国的纺织工业距离现代化纺织工业还有很大差距，存在以下突出的结构性问题。

第一，中国纺织工业产业链发展不均衡，协作不紧密，难以进一步提升产品的品质。中国纺织产业上游的化纤制造业相对处于劣势，高端材料的制造是短板；中游的印染业一直是薄弱环节，无害化处理技术以及染色技术影响着全行业的发展；下游服装制造业的设计、品牌能力相对弱，如国内知名服装品牌的价值创造仅为5倍，而世界品牌达到了50倍。纺织工业是个系统工程，需要全产业链的密切配合、协调发展。

第二，企业间发展不均衡，难以提升整个行业的国际竞争力。中国纺织工业99%以上为中小企业，多数中小企业没有能力进行技术改造升级，与大企业的差距在不断拉大，如推广多年的无梭织机、自动络筒机等先进棉纺装备应用不到60%，引进纺织信息化技术CAD、ERP等多限于大中型企业；且大企业与中小企业的专业化分工合作不够。

第三，企业重视技术和产品开发不够，难以改变产品结构的不均衡。一方面，市场环境好时企业缺乏研发动力，如多数印染企业研发投入不到销售收入的1%；另一方面，技工和研发人才流动性大，使得多数企业的产品结构是"一低三多三少"。

第四，产业用纺织业发展落后，还没有成为中国纺织工业的新增长极。中国产业用纺织行业近年来发展迅速，在纺织工业总体效益下降的情况下，投资增速仍居领先地位，技术水平不断提高，如产业用经编和立体编织技术的进步，满足了航空、新能源领域的需求。但是，产业用纺织品在纺织工业产品中的比重仍较低，2011年服装用、家用以及产业用纤维的消耗比例为49∶30∶21，产业用纺织品纤维占纺织纤维加工总量的21%，而发达国家的比重达到了40%以上，日本超过了50%。产品档次和质量仍需大幅提高，高性能产品少。研发能力不足，特别是基础研究能力弱，一些领域的核心技术尚未掌握，如人造皮肤、人造血管技术。产需衔接不畅，产业链协同开发能力弱，与用户没有形成有效的合作机制，影响新产品的开发和应用。

4.纺织工业做强做优需要政策支持

中国的纺织等传统工业应与战略性新兴产业协调发展、相互促进，使其逐步由民生产业发展成为基础产业和文化产业主导的产业。

第一，促进产业链的均衡化，打造世界品牌。促进上游纤维产业的发展，通过财税政策鼓励和引导企业加大应用基础研发投入，发展新型纺织纤维，使纺织工业成为技术密集型的基础产业；提高中游印染行业的技术水平，对印染业实行差异化的节能环保政策；鼓励发展高端品牌，促进纺织工业开展跨行业合作，实现纺织工业与文化艺术的高度融合，使纺织工业成为文化创意产业，品牌建设需要时间的积累和文化的沉淀。

第二，促进产业组织的合理化，发展中小企业。一方面，继续通过发展产业集群和培育行业龙头企业提高产业的集中度；另一方面，提高中小企业的竞争力，支持中小企业技术改造升级，通过提高创新能力、与大企业协作发展等方式，发展一批"专、精、特、尖"的中小企业，逐步形成具有合理分工的产业组织形态。

第三，促进联合创新，开发新产品、新技术和新市场。继续实施支持企业创新和科技成果产业化的财政金融政策，加大政府对基础研发的投入，推进重大科技基础设施建设；鼓励产学研合作，支持公共研究设施对民间企业开放；鼓励联合创新，支持行业和企业间以及跨界间建立长效的联合创新机制，支持企业创建全员参与改进的环境。同时，加强知识产权保护，加大对假冒伪劣产品的打击和惩处力度。

第四，促进产业结构的高度化，发展产业用纺织行业。纺织工业应通过新材料、新产品、新工艺催生新的产业。发展产业用纺织品需要加强政府、协会及企业的合作，政府应支持提高产品加工技术，鼓励产业链协同开发，依靠协会积极推动产业用纺织品在各行各业的广泛应用，特别是高性能产品与市场的衔接，加快建立国内产业用纺织品的权威检测机构和认证机构。

第五，建立优秀、稳定的产业队伍。引进和培养高端的科研、设计、管理人才和专业工程技术人才；通过校企合作等培养与实际应用结合紧密的一般行业人才；建立公共培训服务，加大对中小企业研发人员和技工的培训，并通过统筹城乡社保，减少纺织企业技工的大量流动。

二、装备制造业转型发展的调查研究

（一）装备制造业的发展状况

装备制造业按照国民经济行业分类，其产品范围包括机械、电子和兵器工业中的投资类制成品，分属于金属制品业、通用装备制造业、专用设备制造业、交通运输设备制造业、电器装备及器材制造业、电子及通信设备制造业、仪器仪表及文化办公用装备制造业7个大类185个小类。

我们于2012年6~7月调查了辽宁沈阳与大连、四川德阳等地的装备制造企业，对装备制造业中的几个重点产业进行了调研，包括基础机械类的机床产业、重大成套技术装备类的大型电力（火电、水电、核电）成套设备、化工（石油化工、煤化工、盐化工）成套设备等。通过对这些类别的装备制造企业在2012年经济下行时期的转型发展情况的了解，对整个行业的发展有了进一步的认识。

东北是中国装备制造业的重点，伴随着核电、风电、汽车发动机、船舶制造和海洋工程等一批重大项目的落户和实施，以大连为核心的辽宁沿海经济带产业聚集和产业拉动效应日趋显现，以沈西工业走廊为核心的腹地加速转型，哈大齐工业走廊区域内已形成一批具有竞争优势和特色的装备制造行业。辽宁省装备制造业"十一五"时期年均增长34.2%，其中金属制品业、通用设备制造业和专用设备制造业取得较大发展，三大行业2010年实现增加值分别为347.99亿元、1052.28亿元和412.43亿元，占全国装备制造业的比重分别为10.9%、33.1%和13.0%。大连市装备制造业工业增加值占辽宁省的比重为35.4%，2010年规模以上装备制造业分别完成工业增加值和出口交货值1126.9亿元和1190.6亿元，分别比2005年增长2.9倍和1.6倍，年均增长分别为31.0%和20.7%。沈阳市2011年装备制造业实现规模以上工业增加值1418.8亿元，比上年增长16.1%，占全市规模以上工业的比重达到47.9%。

四川省2011年机械装备工业完成工业总产值6298.68亿元，同比增长37.02%；实现销售收入4961.91亿元，同比增长32.3%；完成工业增加值1630亿元，同比增长28.0%；2012年一季度，四川省机械装备工业完成工业总产值1583.69亿元，同比增长22.9%；实现销售收入1453.06亿元，同比增长21.5%；实现利税124.94亿元，同比增长6.4%；实现利润69.69亿元，同比增长9.4%；其中利税、利润分别比2011年12月下降13.7、26.4个百分点。四川经过10年的努力，已经形成了"1+8"的机械装备工业格局，即形成德阳市1个国家重大技术装备制造业基地和8条重要的产品链：大型高效清洁发电、重型机械产品、大型施工工程成套设备、铁道机车车辆、大型石油天然气成套设备、数控机床、环保节能产品、航空航天与空中交通管制成套设备等。四川现在已是火电、水电、核电、气电、风电装备制造"五电并举"，在一些重要领域也有了一席之地，如大型铸锻件中核电用的管板、主管道、主泵等产品、铸锻件已经可以自己生产替代进口，世界最大的8万吨级模锻压机也在二重投产。关键零部件、配套件和原材料的自主研发与制造能力有明显提升。成套设备的供应能力也得到了提升，如四川宏华集团生产的钻井深度达 9000 米及以上的交流变频拖动石油钻机，在国际上已经处于领先水平。此外，发电设备都实现了成套供货等。

从全国装备制造业的发展成就来看，"十一五"以来，在高速增长的需求拉动下，中国重大技术装备自主化成绩显著，机械产品水平取得长足进步。发电设备已能基本满足国内需求，技术水平和产品产量已经进入世界前列，60 万千瓦火电机组高中压转子国内市场满足率提高到 60%，超超临界火电机组转子实现批量生产，百万千瓦级三代核电关键锻件技术攻关取得突破。2011 年以水电、核电、风电为代表的清洁能源设备加快发展，在发电设备总产量中所占的比重较上年提高 2 个百分点。变压器中的大型电力变压器增速高于变压器总体增速，1000KV 特高压交流输变电设备和 ±800KV 直流输电成套设备综合自主化率分别达到 90% 以上和 60% 以上，中国成为世界上首个特高压输变电设备投入工业化运行的国家。大型铸锻件方面，中国 30 万、60 万千瓦火电机组高中压转子国内市场满足率已提高到 60% 左右，低压转子国内市场满足率已提高到 45%，发电机大轴国内市场满足率已提高到 30%，掌握了超超临界火电机组转子制造技术并实现批量生产，100 万千瓦级三代核电设备成套大型锻件已研制成功，压力壳、蒸发器、主管道等具有代表性的关键锻件的技术攻关已相继取得突破。

机床类产品中，大型、精密、高速数控机床以及为之配套的数控系统和功能部件进步很快，数控机床产量增速高于普通机床增速 5 个百分点左右，数控机床配套的数控系统和功能部件自给率达到 60%，开发出了五轴联动龙门加工机床、五轴联动叶片加工中心、五轴落地式数控镗铣床、七轴联动重型立式车铣复合加工机床、超精密加工机床、柔性制造系统及大型冲压自动生产线，自主研发的数控系统可靠性平均无故障时间达到 2 万小时。冶金矿业成套设备方面，1000 万吨级钢铁企业常规流程成套设备、2000 万吨级露天矿成套设备、日产 4000 ~ 10000 吨级熟料干法工艺水泥成套设备已能自主提供。大型施工机械方面，2000 吨履带起重机、500 吨全路面起重机、72 米臂架混凝土输送泵车、直径 11.22 米的泥水平衡盾构机等特大型工程机械研制完成。石化通用设备方面，30 万吨/年合成氨设备实现自主化，百万吨乙烯装置裂解气压缩机、丙烯压缩机和乙烯压缩机等关键"三机"研制成功。天然气长输管线加压站压缩机、变频装置和管线阀门等一批重大装备研制成功。在常规发电设备、输变电设备、港口装卸机械、水泥成套设备等制造领域，中国已走在世界前列，工程机械、数控机床等技术含量较高的产品国际竞争力明显增强，出口增长迅速，如发电设备出口量已占到总产量的近 15%。

同时，全国装备制造行业的结构调整也取得重要进展。一是资本结构趋向多元化，行业发展的内生活力不断增强。国有大型企业在重大技术装备研制和生产中继续发挥主力军作用；民营经济已经成为装备制造业发展的重要力量，对装备制造业增长的贡献率超过 50%，为装备制造业应对国际金融危机的影响和冲击、实现平稳较快发展作出了重要贡献。二是主要行业产业集中度不断提高。哈尔滨电气、东方电气、上海电气三大集团发电设备产量行业占比达到 69%；华锐、金风、东汽风电设备产量占全行业比重达到 70%；徐工、中联重科、三一重工、柳工、龙工、山推等工程机械企业已占据全行业市场销售总额的半壁江山。三是科技创新成果成为推动行业持续发展的强劲动力。装备制造业新产品产值连续五年保持两位数增长，2010 年，新产品产值超过 2 万亿元，约占全国工业新产品产值的40%。重大技术装备向大型化、高参数化发展，部分产品的效率已经接近世界先进水平，量大面广的通用机电产品效率也有很大提高。

从我们 2012 年对部分省份的实地调研情况来看，装备制造业尤其是重大成套技术装备产业，由于其产品周期较长，与其他短周期行业相比较，受 2012 年经济下滑期的影响相对不大，但德阳、大连等地企业已经感受到2012 年新订单的减少，正在积极应对。而机床企业大部分受到经济下滑影响，普遍不景气。总体看，2012 年受欧债危机及国家宏观调控影响，需求和投资增速减缓，同时国内装备制造行业供给能力增长，恶性竞争更趋激烈；尤其是近年投资高速增长的工程机械、输变电设备、风电设备、机床等行业，价格战加剧，企业效益普遍下滑甚至亏损。

（二）装备制造业转型发展中面临的主要矛盾

中国已经成为装备制造业大国，但产业大而不强。自主创新能力薄弱、基础制造水平落后、重复建设和产能过剩、高端装备保障能力不能满足需要等问题依然突出。

1. 自主创新能力薄弱

表现在为电力、石化、冶金、铁路等行业提供的主要装备，关键技术仍然依赖引进。用于新产品、新工艺和新技术研发的投入不足，研发条件普遍落后，研发经验缺乏积累。原创性技术成果少，具有自主知识产权产品少。尤其是广大中小企业缺乏公共技术服务平台的支撑，技术创新更是心有余而力不足。产、学、研、用结合不紧密，产业共性应用技术研发缺位，公共试验检测平台缺乏，社会科技成果转化率低。自主创新能力薄弱不仅导致低端产能过剩、高端不足，而且影响行业的发展后劲，影响中国际竞争力的提升。

2. 基础制造水平滞后

长期以来，为整机和成套设备配套的轴承、液气密元件、模具、齿轮、弹簧、粉末冶金制品、紧固件等基础件，泵、阀、风机等通用件，工业自动化控制系统、仪器仪表等测控部件，质量和可靠性不高，品种规格不全；特种原材料长期依赖进口；铸造、锻造、焊接、热处理、表面处理等基础工艺落后，专业化程度低。这些问题已经成为制约装备制造业发展的瓶颈。

3. 部分行业产能过剩矛盾突出

除中小型普通机床制造、交联电缆行业等传统行业产能过剩矛盾依然突出外，近几年来，一些地方片面追求发展速度，纷纷将投资重点转向装备制造业，导致一些新兴行业投资过热，出现产能过剩隐忧，过度竞争风险加剧，如风力发电设备、大型盾构机、大型压力机等。不仅使企业陷入生产经营困难，还将影响产业自主创新和结构调整的步伐。

4. 高端装备保障能力不能满足需要

当前中国加快培育发展战略性新兴产业，对技术装备保障提出了更高的要求，但装备制造业的中低端产能过剩、高端严重不足的矛盾非常突出。目前中国核电装备自主化整体仍处于起步阶段，风力发电设备总装能力过剩和关键部件能力不足矛盾并存，节能环保装备在产品种类、功能、质量、规模上还须大力突破。在新材料、信息、新能源汽车等新兴产业领域，也都迫切需要新型装备的保障和支撑。总体上看，在高性能材料、精密制造工艺、先进装备及核心部件等方面，与培育发展战略性新兴产业的需要相比还有很大的差距。

（三）转型发展的举措与进展

1. 加快技术改造和重大项目建设，培育和完善产业链

以重点骨干企业技术改造带动装备制造业企业整体提升，以重大项目引领企业转型升级，是装备制造业行业转型的首要经验。沈阳大力支持沈阳机床集团、沈鼓集团、北方重工等重点骨干企业加大技术改造投入，积极推进机床集团与德国德马吉、日本森精机、台湾地区富士康的合资合作，加快推进重大型数控机床生产基地建设。2011 年沈阳机床集团销售收入突破 180 亿元，位居同行业世界第一，全市主营业务收入超百亿元装备制造企业已达 6 户。北方重工建成沈阳和法国里昂两个盾构机制造基地，具备了设计制造世界全部三种型号盾构机的能力，自主研制的盾构机成功打入国际市场。沈鼓集团实现了以大型 PTA 机组、百万吨乙烯压缩机为代表的重大成套装备国产化，荣获"中国工业大奖表彰奖"。沈阳三一重装综采成套设备、重大型数控机床生产基地、特变电工输变电产业园等一大

批重点建设项目建设进展顺利，部分实现了投产。大连瓦轴、大机床、重工起重、冰山等老国企完成了新一轮改造，装备水平和产品技术水平得到了提升；一重大连核电装备基地实施了年产 10 套核岛主设备项目建设；重工起重兆瓦级风电成套设备制造能力达到 3000 套；北车大连机车产业基地加快建设 9600 千瓦电力机车、内燃机车和城轨车辆项目；东风日产、华晨特种车基地项目落户大连等。大连在发展大企业、大项目的同时，支持中小配套企业发展，完善和拉长产业链条。围绕风电机组，形成了增速机、偏航系统、轮毂、主机架、电机、轴承、电控系统、变浆系统等较为完整的产业链；围绕核岛主设备，已形成人员和设备闸门、核环吊、核泵及核阀等配套能力；初步形成了从原油加工到 PX、PTA、合成纤维的产业链。

2. 围绕发展战略性新兴产业，抓企业创新能力的提高

借助国家重视战略性新兴产业发展的契机，装备制造行业注重以高新技术改造提升传统产业，鼓励产学研合作，支持企业积极争取国家科技重大专项。沈阳加快推进数控机床、IC 装备、燃气轮机等国家重大专项，支持企业技术中心、工程中心、国家重点实验室建设，沈阳机床集团率先攻克了数控系统核心技术，打破了西门子、法那克在这一领域的垄断，高档数控机床等重大科技专项实现新突破，国际特种机床装备城成为国家级高新技术产业化基地。沈鼓集团通过引进海外研发团队，不断突破核心技术难题，研制的首台核电站常规岛用大型海水循环泵，填补了中国重大装备空白。国内首台套 20 兆瓦电驱压缩机组应用于国家"西气东输"工程，实现了进口替代。特变电工具有自主知识产权的智能变压器、百万伏高压交流输变电设备和 ±800 千伏直流输变电成套设备达到世界先进水平，仅铁西区的世界级产品就达 51 个。大连实施老工业基地振兴战略以来，将发展战略性新兴产业的重点确定为新能源、先进装备制造、海洋工程装备与高技术船舶 10 个方面，支持了一批产业化项目和关键技术研发。重工起重研制成功国内首个最大回转直径、超大重量瓦锡兰系列 82T 超大型船用曲轴；船舶重工完成了 10000 箱集装箱船的设计开发并成功承接批量订单，

在国内首次设计建造具有自主知识产权的 300 英尺水深自升式钻井平台；瓦轴集团突破了 27 吨和 30 吨轴重的铁路货车轴承设计与制造关键技术；机床集团研制的国内首台（套）螺旋槽铣车复合加工系列专用机床成功应用于核工业关键零部件加工；一重加氢制造的国内首台二代改进型百万千瓦核反应堆压力容器成功用于红沿河核电站 1# 机组，并掌握了第三代 AP1000 核电反应堆压力容器关键技术。围绕核用泵、阀及核环吊等，形成了一批具有自主知识产权的产品。

3. 推进产业集群促进装备制造业集聚发展

加速装备制造业集聚发展、关联发展，不断完善产业配套体系，通过推进产业集群的发展来促进装备制造业的集聚发展。沈阳大力促进铁西电气及新能源、重矿及煤机装备、浑南电子信息等一批装备制造产业集群加速崛起；机床产业集群引进了日本、德国等世界顶级企业，通过实施沈阳机床 OEM 产能转移，加快国际特种机床装备城建设，一批优势产业集群已进入催化发展的新阶段。大连从 1995 年开始，陆续完成了大化、大钢、重工起重、大机床、大水泥等 260 多户企业的搬迁改造，腾出厂区土地面积 1150 万平方米，通过返还土地出让金和支付土地储备资金共 170 亿元用于支持企业搬迁改造。通过搬迁改造，规划建设了长兴岛临港工业区、花园口新材料产业基地、大孤山石化园区、松木岛化工园区、登沙河精品钢材园区、旅顺及金州三十里堡船舶配套园区等专业园区，重点支持了轴承、模具等中小企业公共服务平台建设。

4. 坚持"请进来、走出去"，以并购重组推动企业走向世界

装备制造业企业通过与跨国企业合作、海外并购获得核心技术、扩大产品销售市场、提高国际影响力，以并购重组推动企业成为世界级企业。沈阳市鼓励机床集团并购德国希斯公司，成功重组云南机床、控股昆明机床，使沈阳机床成为世界级企业。沈阳机床产业集群引进了日本 NSK、德国布里斯、日本油研等世界顶级企业，通过实施沈阳机床 OEM 产能转移，

加快国际特种机床装备城建设，不断推动机床产业向智能化、高端化方向发展。北方重工成功并购德国维尔特在法国的 NFM 公司，使北方重工在隧道掘进机制造领域的技术优势更加凸显，打造世界级隧道掘进机制造基地的步伐进一步提速；2012 年，北方重工将利用 NFM 的技术开发海洋装备，为北方重工集团的多元化发展开辟新的道路。沈飞集团与加拿大庞巴迪等跨国公司的合作进一步加强，Q400 飞机大部件转包、C 系列飞机研发生产等项目取得了重大进展。大连市继大机床成功收购美国英格索尔机床分部和曲轴分部、控股德国兹默曼公司后，2008 年以来又完成了远东集团收购德国维克公司和美国格林菲尔德/克利夫兰切削刀具工厂、和顺化工并购美国艾可布兰德公司等 41 个海外并购科技型中小企业项目。

5. 推进两化融合及生产性服务业，带动企业转型升级

以重点骨干企业为引领，协同推进优势产业、重点骨干企业与信息产业、软件企业深度融合，促进软件企业与装备制造企业对接，进一步提升装备制造企业信息化水平。骨干企业已普遍使用三维设计，CAE、CAPP、PDM 的覆盖率已超过半数；财务管理信息化普及率达到 90% 以上；成本管理、采购管理、销售管理、库存管理、人力资源管理、主生产计划等信息化应用取得明显成效。产品开始向数字化、自动化、智能化方向发展。沈阳新松机器人通过建立支持异地设计制造的协同服务管理技术，实现多地机器人公司的投标方案异地协同设计，大大地提高了企业在全国范围内的竞争力；沈鼓集团的 PDM、CAPP 及 ERP 系统集成项目被选为全国首批两化融合促进节能减排试点示范项目。

以设备金融租赁、公共服务平台建设、银企对接等领域为重点，创新服务产品和服务模式，加快构建与先进装备制造业基地建设相适应的生产性服务业体系。沈阳加快铁西国家级生产性服务业示范区建设，重点打造"铁西金谷"生产性服务业总部基地建设，推进浑河西峡谷和细河幽谷开发建设，打造装备制造业大企业总部基地，促进骨干企业研发、设计、销售、检验检测等生产性服务业集聚发展。

（四）推动装备制造业进一步发展的政策着力点

现代装备制造业发展有服务化、信息化、集成化三大特征，促进中国装备制造业发展的路径是加快采用现代高新技术改造传统制造业，实现生产性服务业与装备制造业的协调发展，以自主创新推动装备制造业升级，以上下游产业链一体化为突破口提升龙头企业总包能力，以产融结合推动装备制造企业的国家化转型。

1. 加快采用高新技术改造传统制造业

瞄准薄弱领域，着力提高基础工艺、基础材料、基础元器件等基础制造能力。加强精密铸锻件、高效环保铸锻工艺和设备、高档液压件、密封件和密封材料、齿轮、弹簧、紧固件、轴承、链条等产业的制造能力的提升。推动产品的自动化、智能化、数字化，提高产品信息技术含量和附加值。以电子专用设备、工程机械、印刷机械、纺织机械等产品为重点，建立数字化产品开发的技术平台，突破产品数字化共性关键技术，提升产品技术水平。

2. 实现生产性服务业与装备制造业的协调发展

支持机械工业由生产型制造向服务型制造转变。鼓励和支持装备制造企业开展的服务业务面向社会并逐步社会化，研究和制定有利于发展现代制造服务业的政策措施。加强现代制造服务业的区域规划和区域合作，按照资源共享、互利共赢的原则，建设服务业设施和协同开展现代制造服务活动。

3. 以自主创新推动装备制造业升级

集中力量实施科技重大专项，加快重大关键技术攻关和重大技术装备集成创新，选择影响面广、带动性强的高端装备为主攻方向，重点突破成套装备中的关键设备以及为整机配套的关键零件、部件、系统和总成方面，在国家专项基金支持下实施重大技术创新工程，加快典型高端装备关键技术的突破，突破"高档数控机床与基础制造装备"、"大型先进压水堆和高温气冷堆核电站"、"智能制造装备"等领域重大专项的关键技术，以解决长期以来制约中国装备制造业发展的关键设备和关键部件依靠进口的问题，推进产业结构优化升级。

4. 以上下游产业链一体化为突破口提升龙头企业总包能力

项目总承包已成为装备制造企业出口大型装备的主要方式，因此，以上下游产业链一体化为突破口提升装备制造业龙头企业的总包能力，是目前提升中国装备制造企业竞争力并走出困境的重要途径。

从市场竞争的角度来看，目前重大装备制造行业的客户越来越倾向于"交钥匙"工程，招投标时就要求企业从设计、融资、设备制造、工程总包等全产业链环节综合竞标。每次招投标时都需要在市场上组织协调这些环节的合作，缺乏任何一个环节的竞争力，如装备制造企业缺乏设计能力、产融结合能力，那么多数情况下可能会由于不是自己强项的环节竞争力不够，被排除在总包资质之外。而总包拿不到，多数情况下就被排除在这个行业的产业链之外了。很多行业，如水电工程、火电工程、电力工程，带有总包性质的，都要求参与竞标的企业具有总包的综合能力。GE除了有先进的设备制造产业之外，还拥有实力雄厚的设计部门和融资部门，没有这样能力的，只在制造环节有一定竞争力的，只好作为下游参与一些分包的环节，如部分设备的制造和施工安装等。从一些成功的装备制造企业发展来看，如通用电气（GE）、上海电气、三井集团、中信重工等企业，总承包是趋势。

装备制造行业上下游产业链一体化总体上应该遵循市场化原则，由市场主体根据市场利益导向确定一体化的路径和模式，政府在其中可以起到牵线搭桥的作用，但应该避免行政化的兼并重组。依靠产业链一体化优势才能获取竞争资质的行业，对应的市场不是散的，而是系统的，不是分割的而是总包的市场，因此要发挥龙头企业攻克市场的能力。

5. 以产融结合推动装备制造企业的国际化转型

全球化发展是装备制造业龙头企业国际化转型发展的一个重要内容，境外项目总承包已成为装备制造龙头企业出口大型装备的主力，突出特点是融资需求量大、对境外资金的风险管理和效率要求高。部分企业已具备全球化发展的条件，亟待突破海外融资瓶颈以多渠道融资，并希望能得到管理其海外资产的境外金融服务。

国内目前只允许银行接受中国出口信用保险公司对境内出口项目承保政治保险和商业保险，且承保额度须经财政部审批，导致融资不足、进度缓慢，已成为部分装备制造企业境外项目融资的一个瓶颈。建议局部开放国内出口信用保险市场，突破大型境外项目融资瓶颈，对部分资质良好、双方有较好合作经验的境外大型项目，可以允许国内外其他商业保险公司承保政治和商业保险，以提高出口信用保险的安排效率；支持国际化程度较高的装备制造企业参与境外融资渠道开拓，如香港人民币债券市场，不仅对部分中央企业开放，也逐步向有实力、有需求的地方企业开放，共同参与该市场，提升国内大型装备制造业集团境外业务的开拓能力。

国际经验也表明，在大型境外项目融资过程中，如企业自身能够部分参与银团贷款，有助于提升各方对项目的信心。建议放宽对装备制造龙头企业财务公司开展境外离岸业务的限制，在分类监管和明确企业境外放款监管政策的基础上，允许部分装备制造龙头企业的财务公司试点开设离岸账户，并支持企业搭建全球司库，开展集团境外资金集中运营与管理，包括参与境外成熟市场的银团贷款。

三、医药制造业转型发展情况

近几年，中国医药制造业在产品结构、技术结构、商业模式、节能减排等方面转型发展取得进展，但仍存在企业总体创新能力有限、产业结构有待优化、出口贸易发展支点薄弱等问题。在经济结构调整的关键时期，应当以"突出中药、重在生物药，平稳发展化学药"的思路进行整体部署，从体现中药、生物药和化学药的不同创新特点的创新支持政策、为国产药创造公平合理的竞争环境、以"医药分家"作为抑制药价同时惠及企业的流通环节整治的主要着力点、完善医药创新人才激励和健全标准、支持工艺技改提升等方面完善医药制造业的产业发展制度环境。

（一）中国医药制造业发展状况

医药制造业作为传统行业的"朝阳产业"，是关系国计民生的重要产业，是培育发展战略性新兴产业的重要领域。在政企各方的共同努力下，中国已经成为世界上重要的制药业大国和主要的药品市场。

1. 医药工业总产值与出口交货值实现双增长，在世界药品市场占有重要地位

2010 年，中国占世界药品市场份额为 8%，是世界第四大药品市场。IMS Health 预测中国药品市场在未来将继续快速增长，可望在 2020 年成为仅次于美国的全球第 2 大药品市场，市场容量将接近 2200 亿美元。2011 年，中国医药工业完成总产值 1.57 万亿元，同比增长 28.5%；主营业务收入 1.53 万亿元，同比增长 28.8%；实现利润 1577 亿元，同比增长 23.2%；实现出口交货值 1440 亿元，同比增长 17%。其中化学制药工业完成总产值 7313 亿元，同比增长 24.5%；主营业务收入 7155 亿元，同比增长 23.4%；实现利润 690 亿元，同比增长 15.6%；实现出口交货值 651 亿元，同比增长 12.8%。2012 年 1 至 3 月，中国医药工业主营业务收入 3789 亿元，同比增长 23.3%；实现利润 364 亿元，同比增长 15%；实现出口交货值 324 亿元，同比增长 5.7%。其中化学制药工业主营业务收入 1797 亿元，同比增长 18.9%；实现利润 157 亿元，同比增长 2%；实现出口交货值 160 亿元，同比增长 6.2%。

2. 传统优势品种市场份额进一步扩大，新的出口优势产品日益增多，世界最大化学原料药出口国的地位进一步巩固

中国作为世界最大化学原料药出口国的地位得到进一步巩固。抗生素、维生素、解热镇痛类药物等传统优势品种产量均同比增长，市场份额进一步扩大；他汀类、普利类、沙坦类等特色原料药已成为新的出口优势产品，具有国际竞争力的品种日益增多；制剂面向发达国家出口取得突破，同时仍有较大的提升空间，"十一五"期间通过欧美质量体系认证的制剂企业从 4 个增加到 24 个。

3. 制药企业总体创新能力有限，产业结构有待优化，国际竞争力尚显薄弱

创新是制药企业持续发展的关键。中国制药业创新能力不足主要表现在两个方面：①药品生产以仿制药为主，自主开发新药较少。中国药品企业具有多、小、散、低的特征，九成左右药企属于中小企业，生产的制剂95%是仿制药，产业结构不合理，缺乏自主知识产权，目前在中国市场上流通的国产药品基本都不是原创新药，生产非专利药（仿制药）一直是中国医药产业发展的支点。事实上，除中药之外，中国目前的药品中几乎没有拥有自主知识产权的药品。②化学原料药低水平重复建设、产能过剩。维生素 C、青霉素系列产品已被列为国家限制类产品；化学原料生产中产生的"三废"最严重、最难处理，被国家环保部划为重点治理行业之一。但有些地方还在盲目扩产、重复建设，造成严重浪费。产品技术含量低、附加值低，与医药制造发达国家相比，国际竞争支点薄弱，处于不利地位。虽然近年来中国原创新药研制发展加快，但和世界制药发达国家相比仍有很大差距。创新仍然是中国制药企业的发展瓶颈。

从图 5.1 可以看出，2003 至 2010 年这 8 年间，中国申请临床研究的原创新药数平均每年只有有 25 个，平均每 4 个获得临床批件的药物中有 1 个能获得上市批准。从 2006 年之后，获得生产批件的原创新药数量开始下

降（与 2005 年的 11 个相比，2006 年的获批量数为 2 个）。其主要原因是
SFDA 对新药注册审评制定了更严格的管理办法。随着国家"重大新药创
制专项"部分项目陆续报送国家食品药品监督管理局药品审评中心，预期
未来创新药 IND 和 NDA 数量均将有所增加。

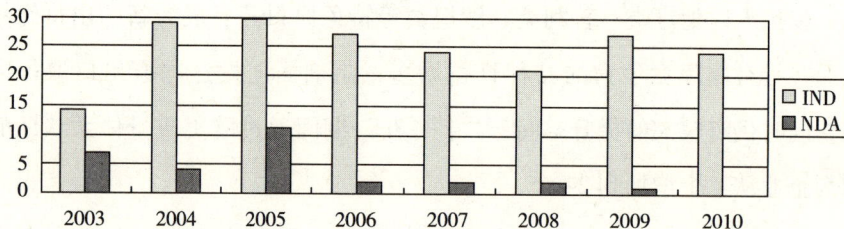

图 5.1　中国制药公司获得临床批件及生产批件的原创新药数量①

资料来源：国家食品药品监督管理局。

（二）近年来制药企业的转型举措与主要进展

1. 调整产品结构，拓展国际市场

一直以来，中国医药产品差异化程度低，出现大量的低附加值的仿制
药，不仅在国内市场竞争力不强，在国际市场上也缺乏话语权。因此，完
善中国制药产品的生产结构和出口结构成为过去几年实现医药制造业产业
转型和升级的重要一环：①研发满足中国疾病谱中的重大、多发性疾病防
治需求的创新药物，如抗感染药、抗肿瘤药、心血管系统用药、内分泌系
统用药、神经系统用药、免疫系统用药和痛感控制类药物等，"十二五"
期间预计有 10 个以上自主知识产权药物实现产业化。②抓住全球药品市场

---

① IND：（investigational new drug）临床研究申请（指申报阶段，相对于 NDA 而言），研究中
的新药（指新药开发阶段，相对于新药而言，即临床前研究结束）。NDA：（New Drug Application）
即新药申请。当制药公司完成了人体实验，验证了新药的安全有效性后，正式向国家食品与药品
监督管理局提交 NDA 申请。国家食品与药品监督管理局审核全部的动物与人体实验数据以及药物
的代解机制数据，药物生产的 GMP 数据，如果数据不全或不合理，国家食品与药品监督管理局会
拒绝申理，否则会在 10 个月左右审核完毕，给予同意或拒绝意见。

结构变迁，仿制药市场快速增长及一批临床用量大、销售额居前列的药物专利陆续到期的机遇，加快仿制研发和工艺创新，培育具有国际竞争优势的专利到期药新品种。同时，加强国际合作，面向美国、欧洲、日本等世界主流医药市场销售，筛选具有比较优势的制剂产品，加快开展国际注册和生产质量体系国际认证，建立国际营销渠道，培育自主品牌，支持有条件的企业"走出去"，在境外建立制剂工厂，直接面向终端客户。

通过政企各方的共同努力，目前中国能生产的化学原料药已达1500余种，包括抗生素、维生素、激素、解热镇痛类，不但能满足国内市场需要，同时大力拓展国际市场，在国际市场上也有较大的市场份额和重要地位，以青霉素、维生素 C 为代表的 20 多中化学原料药产量和出口产量均居世界第一。同时，也成为世界化学原料药生产和出口大国，原来需要进口的沙星类、他汀类、VB2、利福平、抗生素等类别及产品都已实现出口，国际市场逐步拓展。

2. 调整技术结构，提升竞争能力

实现技术结构的优化是实现中国制药业转型发展的重要途径。以往中国制药企业的技术升级主要依靠克隆复制外国专利药或购买外国专利药的专利权，而这样的模式对外依存度高、风险大，在收益上往往是"为他人作嫁衣"。实现医药制造业的转型，需要在技术结构方面实现突破，包括鼓励技术创新、支持技术改造、开发原料药和制剂新技术。

"十一五"以来，中国通过"重大新药创制"专项，投入近 200 亿元，带动了社会资金约 600 亿元投入制药创新领域，采取产学研联盟等方式新建了企业为主导的五十多个国家级技术中心，技术创新能力不断增强，有力地提升了中国医药产业的竞争力。近年来，中国制药企业生产技术水平不断提高，如 VC 采用两步发酵工艺，在环保、安全、资源、成本等方面优于国外普遍采用的莱氏法，在先进技术基础上扩大了规模，2010 年中国出口 VC 产品 10 万多吨，占国际市场 80% 的份额，具有较大的话语权；青霉素工业盐通过菌种选育、发酵、提炼、结晶工艺的不断改进，产品质量和技术水平、生产规模均居世界领先地位；VB2 基因工程菌用于生产、地塞米松采用生物脱氢等新工艺，都成为世界市场优势产品且大量出口。中国制药企业在 VB2、咖啡因、可可碱、麻黄素、青蒿素、肝钠素等产品领域都具有一定的竞争优势。

3. 创新商业模式，整合行业资源

当前中国制药企业也涌现了商业模式的诸多探索。"十一五"期间，医药商业模式创新有新的进展。近年来，国药集团、华润医药、上药集团、广药集团、天药集团等大型企业集团通过并购重组迅速扩大规模，实现产业整合，提升了竞争力；扬子江药业、哈药、石药、东北制药、华北制药、大津金耀、北京双鹤、山东新华、四川科伦等骨干制药企业通过商业模式的创新，实现了规模扩大；江苏恒瑞、浙江海正、齐鲁制药、山东辰欣、誉衡药业、成都康弘、绿叶制药、贝壳联合制药等一批创新型企业通过在医药流通领域的商业模式创新，较快实现了创新药品的市场突破。

4. 重视节能减排，开始转向绿色发展

制药行业的环保治理历来都受到关注，也是国家环保重点治理的 12 个行业之一。目前中国每年生产化学原料药近 1500 种，总产量达 80 万吨，环保问题依旧很突出[①]，加快转变经济发展方式对制药业提出了更高的要求。近年来，中国制药企业为实现科学、可持续发展，做了很多努力：①加大环保投入力度。近年来，各生产化学原料药的重点企业加大环保投入力度，使化学原料环保工作进入新阶段。华北制药、山东新华、东北制药、鲁抗医药等企业加大清洁生产、污染治理力度，在资源、人力、技术上都做了较大投入，环境有了较大改善，石药集团在清洁生产、污染治理上投入了 3.5 亿元，全集团通过了 ISO14001 认证，浙江海正通过 EHS 认证。②注重先进环保技术在制药行业的应用与推广。在开发生产过程中，

---

① 2009 年中国制药工业总产值占全国 GDP 不到 3%，而污染排放总量则占到了 6%。环保问题已成为制约行业发展的潜在因素。

应用副产物循环利用和发酵菌渣无害化处理及综合利用技术，提高废水、废气、废渣等污染物的治理水平。如鲁抗医药应用美国 CASS 技术处理废水，并在多家药厂得到应用于推广；东北制药应用活性炭纤维膜回收甲苯/甲醛废水和渗透气化装置回收低浓度异丙醇等有机溶媒；江苏福昌科技公司的负燃料型焚炉技术等。这些引进、消化吸收、再提高的环保技术，开拓了环保领域，推动节能减排工作向纵深发展。

根据国家发展与改革委员会发布的《医药行业"十二五"发展规划指导意见》的要求，未来原料药生产基地将实施清洁生产，主要体现在实现污染集中治理和资源综合利用上，将进一步促进中国制药企业从源头上控制污染。

5. 完善政策环境，推动制药企业转型发展

制药业的转型发展不仅需要企业的主动参与和协会的协调组织，还需要政府政策的宏观引导。政策层面上推动制药业转型发展，主要采取了以下措施：①完善药品招标采购制度。如实行医药分开，从制度上解决以药养医的弊端。②加强了对化学原料药集中生产、集中治理。对产能过剩的化学原料药立项或扩产由国家相关部门按照国家医药工业发展的战略布局进行审批。③加大对实施新版 GMP 的政策支持，规范药品生产环境。④提高新药审批上市效率①，为中国新药创制提高良好的服务。⑤加强对维生素 C 的宏观调控，实施与现有国家产业政策配套的维生素 C 出口管理政策，促进实现维生素 C 产业健康发展。⑥重视新型药用辅料管理和开发应用，规范中国药用辅料市场。这些政策措施均较好地促进了优秀制药企业的转型发展。

（三）医药行业转型升级面临的制度障碍

医药技术投入大周期长，亦属于严格受监管的行业，对制度环境的依

---

① 中国新药临床试验申请审批时间为 90 天，甚至一年；美国审批时间为 30 天。

存度很高。目前的制度环境不利于中国医药行业的转型升级。

1. 创新促进政策未从发展中国相对优势出发

一是创新促进的重点不符合实际需求。化学药短中期应以仿制为主，生物药应提升工艺，中药则主要明确标准。但当前各类创新促进政策对化学药仿制技术的提高没有鼓励，对生物药工艺的进步不重视，对中药独特标准制定的急迫性认识不足。只是一味鼓励原始创新和重大创新，不符合中国医药技术发展实际。

二是药品定价及招投标的优惠措施仅考虑化学物质专利，不考虑工艺创新或中药的组合性创新等。这种规定遏制了中国在中药领域的优势，也不利于生物药的产业化进程。

三是知识产权体系存在重大不足。现行有关中药的知识产权制度完全模仿化学药的知识产权体系，不能体现中药的技术发展及创新特点，难以有效促进中药技术的全面发展。知识产权制度也没有抓住国际条约赋予的机会，对于中药原材料及传统知识的保护仍处于空白状态。生物药知识产权制度应当对生物技术药物的发展前景有更好的制度预留。化学药的知识产权体系亦没有体现仿制在当前及相当长一段时间的重要性。

2. 体制歧视束缚国产医药技术创新

中国医药相关制度赋予外国公司药品明显的"超国民待遇"。在药品定价中，"原研药与仿制药""已过发明国专利保护期的原研药比 GMP 企业生产的仿制药"要具有一定差价。在招投标中，各地存在明显倾向外国药品的情况。比如河南省规定国外专利药品也属于优先考虑范围，上海对已过专利保护期和未申请转来的原研药也优先考虑。这些规定忽略专利保护的地域性和时间性，不符合中国法律，明显有利于外国企业。据调查，外国公司同类药品在定价及招投标中一般都能获得比国内药品更高的价格。

3. 畸形流通体制阻碍技术创新，导致"劣币驱逐良币"

调研中企业普遍反映现行医药招投标制度不合理，纯粹的低价中标阻碍创新。但进一步调查发现，招标价格即使是企业药品生产成本的两倍多（远远高于现行药品流通差价率平均30%的规定水平），企业及流通环节的中间商仍抱怨价格太低。可见，现行医药招投标制度尽管不合理，但流通环节过高的中间费用才是罪魁祸首。

除正常的零售价格差价外，体制成本是造成流通环节费用过高的主要原因。"体制成本"包括：除规定销售药品15%加成收入外，医疗机构凭借药品销售权获取生产经营企业提供的赞助、资助、药品折扣、销售返利等；医生处方回扣；"中间代理人（药虫）"用于医院、医生的"攻关"费用及个人获取的暴利。可以看出，"以药养医"的医疗体制推高体制成本，压缩企业生存空间。加上以"低价"为主要标准的招投标体制，进一步扼杀了企业创新动力和能力。

4. 技术创新方面存在人才、标准、工艺三大瓶颈

中国制药企业普遍缺乏高素质复合型国际化人才，直接导致技术创新和国际化能力薄弱，企业间又缺乏有效的合作研发机制，技术创新的模式及过程管理等都不扎实，人才激励机制尤其是国有企业激励机制的失效导致企业很难主动选择"高投入、高风险、长周期"的技术创新发展战略，多数企业选择了务实的模仿创新模式。

中国在化学药领域已经具有较强的逆向创新能力，但在质量"高标准"方面不如日欧美，在"快速逆向创新"方面不如印度。中国化学药需要在"快速"及"高标准"方面着力。生物药制药工艺的落后成为中国生物药产业化的主要技术瓶颈。中药产业技术发展的最突出瓶颈是缺乏既体现中药特点又被国际接受的中药质量标准。

（四）制度调整促进医药产业转型升级

促进中国医药产业转型升级，应当以"突出中药、重在生物药，平稳发展化学药"的思路进行整体部署，改善制度环境。

1. 创新支持政策体现中药、生物药和化学药的不同创新特点

首先，明确化学药一定期间内仍以提高仿制质量为主，生物药应对工艺创新给以特别重视，中药则应尽快制定可被国际认可的质量标准。其次，药品审批、定价及招投标中对于专利药的认定应当根据三类药创新需求的不同，制定差异化优惠政策。第三，进一步完善知识产权体系。中药知识产权制度应根据中药特点修正保护范围和内容，同时加强对传统知识及原材料的保护；化学药知识产权制度应考虑如何促进仿制技术的"快速"和"高标准"；生物药根据未来发展在"可专利性"上预留空间。

2. 为国产药创造公平合理的竞争环境

清理药品审批、定价及招投标有关制度，根据知识产权法律的时效性和地域性，消除现行制度中对"已过期原研药"或者"他国专利药"的优惠政策，实现"内外平等"，为国产药品创造公平合理的竞争环境。

3. 以"医药分家"作为抑制药价同时惠及企业的流通环节整治的主要着力点

"医药分家"可以使得药品流通环节回归正常，降低体制成本，从而可以为生产企业预留更多价格空间，使得生产企业可以有更多资金和精力进行创新。

4. 完善医药创新人才激励，健全标准，支持工艺技改提升

医药人才的激励不仅包括对技术创新投入经营者、核心研发人才的激励，如知识产权和股权激励等，也包括对创新药品推广流通人才的激励，如提成等。既要约束不合理的商业回扣等行为，也要尊重市场化的激励原则。

四、煤炭行业转型发展情况

煤炭是中国主要的一次能源，占一次能源消耗的70%左右，因此，煤

炭行业的健康稳定发展在中国经济社会发展中占有重要地位。2012 年 8 月以来，针对当前中国煤炭行业发展出现较大困难的情况，我们组成专题调研组，赴中国煤炭工业协会、煤炭运销协会、神华集团和山西、河南、内蒙古、河北等地进行了深入调研。调研发现，当前中国煤炭需求增速回落，价格大幅下跌，库存处于历史高位，煤炭行业已经出现供需拐点，导致煤炭企业出现大面积的经营困难。展望未来，在经济增速下降、煤炭产能过剩、煤炭进口持续增加的情况下，煤炭行业将长期供大于求，企业经营困难状况可能长期化。相关煤炭企业迫切需要在深化体制改革和政策支持下加快转型发展。

(一) 当前煤炭市场形势发生显著变化，出现供需拐点

2012 年以来，受世界经济复苏艰难和国内经济增速下滑影响，电力、钢铁、建材、化工等主要耗煤行业产品产量增幅回落，耗煤大幅下降；与此同时，煤炭产能建设超前，去年供不应求的煤炭今年出现滞销状况，煤价大幅下跌，库存居高不下，供需形势逆转。

1. 煤炭需求增速回落

据中国煤炭工业协会数据，2012 年前三季度，全国煤炭消费总量约 30.2 亿吨，同比增长 2.8%，增速回落 7.5 个百分点，煤炭市场整体疲软。其中，占消费总量 81.2% 的四大行业耗煤增速都有不同程度下滑：电力行业耗煤约 14.7 亿吨，同比增长 1%，增幅回落 12.3 个百分点；钢铁行业耗煤约 4.5 亿吨，同比增长 3%，增幅回落 3.7 个百分点；建材行业耗煤约 3.9 亿吨，同比增长 6%，增幅回落 2.8 个百分点；化工行业耗煤约 1.4 亿吨，同比增长 6.5%，增幅回落 4.2 个百分点。与此同时，前几年不断扩张的煤炭产能进一步释放。为应对需求增速下降，在我们调研的山西、河南、内蒙古、河北等地，很多煤矿企业都有不同程度的停产限产。

2. 在供需情况逆转格局下，煤炭价格大幅下降

2012 年 8 月 6 日秦皇岛港 5500 大卡市场煤价 620 元/吨，比上年同期

高位下降 240 元/吨；重点合同电煤与市场煤价差由去年高位时的 230 ～ 250 元/吨，缩小到 10 ～ 25 元/吨，部分企业重点电煤价格与市场煤价甚至出现倒挂现象。我们调研发现，即便是在煤炭价格相对较低的内蒙古，各种煤炭的价格也出现较大下降。如 8 月份，内蒙古西部地区高热值的动力煤坑口价是每吨 310 元，环比下降 20 元，同比下降 70 元；低热值的动力煤坑口价是每吨 140 元，环比持平，同比下降 30 元；焦煤的坑口价平均每吨 525 元，环比和同比均下降 30 元；无烟煤的坑口价平均每吨 540 元，环比持平，同比下降 100 元；洗精煤的价格是每吨 800 元，环比下降 70 元，同比下降 50 元；内蒙古东部地区的煤炭平均每吨 190 元，环比和同比都持平。在内蒙西部地区的包头等地，其电煤市场价和重点合同煤价格持平，甚至市场煤价格比合同煤还略低。

3. 煤炭库存处于历史高位

在国内煤炭需求疲软、产能释放的情况下，进口煤还持续增加。2012 年 1 ～ 9 月，中国进口煤炭 16576 万吨（若包括褐煤为 20319 万吨），同比增长 34%，煤炭净进口（不含褐煤）达到 15831 万吨，同比增长 42.2%。这些因素导致煤炭库存处于历史高位。如河南省，截至 8 月底河南全社会库存煤炭大约 1100 万吨，其中，煤炭企业的库存为 380 万吨（合理库存为 100 万吨左右），火电企业电煤库存为 680 万吨，可用天数为 26 天（正常为 7 ～ 10 天），远超合理库存水平。

近几个月，虽然煤炭企业的库存有所下降，但港口库存及电厂库存仍然较高。如 2012 年 11 月 8 日，山西省煤矿煤炭库存量为 1529 万吨，较 10 月初下降了 292 万吨，降幅为 16%，较 8 月 25 日的高点 2044 万吨累计下降 515 万吨，累计降幅为 25%。但秦皇岛港煤炭库存近期明显回升，至 11 月 9 日，秦皇岛煤炭库存量为 621 万吨，自 10 月 22 日大秦线检修结束已回升 103 万吨，升幅为 19.8%。虽然近期六大电厂（华能、国电、大唐、粤电、上电、浙电）存煤天数有所下降，但仍处较高水平。11 月 9 日，六大电厂煤炭库存合计为 1387 万吨，存煤可用天数为 22 天，虽然较 10 月 5 日可用天数达到 29 天高位总体回落，但仍处于较高水平（正常为 7~10 天）。

（二）煤炭企业出现大面积的经营困难

1. 煤炭企业利润大幅下滑，亏损企业增加

2012 年以来，在煤炭价格大幅下降的情况下，煤炭行业成本费用仍然上升较快，导致利润明显下滑，亏损企业大幅上升。财政部重点监测的煤炭企业[①] 2012 年 1~9 月营业总收入为 22654.5 亿元，同比增加 24.0%，成本费用总额为 21527.9 亿元，同比上升 29.6%，但利润总额仅为 1247.3 亿元，同比下降 26.3%。且 1247.3 亿元利润中，神华集团、中煤集团的利润就占了一半多，为 689.4 亿元，这两大中央煤企的利润同比仅下降 2.4%。可见，地方煤炭企业的利润下降平均在 30% 以上。如开滦集团 2012 年 1~9 月份实现利润 7.62 亿元，比预算利润下降 32.28%，比上年同期下降 34.76%。再如河南省郑煤集团 1~8 月利润总额仅为 0.4 亿元，同比减少 5.7 亿元，降幅超过 90%。另据财政部统计，2012 年 1~9 月，亏损煤炭企业亏损额为 332696 万元，同比增加近 2 倍，达 195.23%。

2. 企业资金链明显紧张

由于货款回收困难加剧、承兑比例不断增加等原因，致使企业资金链明显紧张，进一步加剧了企业的经营困难。据中国煤炭工业协会统计，2012 年 6 月末 90 家大型煤炭企业应收账款净值 1878.13 亿元，同比增长 48.3%，给煤炭企业的正常经营造成了较大困难。如山西煤炭运销集团截至 8 月底，存货 79.5 亿元，同比增加 26.2 亿元，增幅 49.1%；应收账款达到 115.6 亿元，同比增加 35 亿元，增长 43.5%。1~7 月份，河南四大骨干煤业集团应收账款达 53.05 亿元；中平能化集团承兑汇票 85.7 亿元，占总回款的 56%，7 月份承兑比例高达 66%。再如开滦集团唐山矿区截至

---

① 财政部重点监测的煤炭企业包括中央管理的神华、中煤能源两大煤炭集团及规模以上的地方国有及国有控股企业 66 家。

9 月底，库存 17.04 万吨，总欠款高达 16.69 亿元。

3. 煤炭企业纷纷限产减产及减薪

为应对当前困难局面，维持企业的基本运转，相当多的煤炭企业部分矿井已被迫停产或半停产，煤炭企业纷纷实行减薪。如煤炭运销协会反映，1~7 月份，河南义煤集团千秋、跃进、观音堂等 7 个矿井停产或半停产，合计生产能力 803 万吨，占集团总产能的 27.1%，7 个矿井职工共 1.89 万人大部分处于放假或轮休；目前，义煤集团处级以上干部全部减薪 50%。河南郑煤集团职工工资与企业效益相挂钩，全员降薪 20%。再如，开滦集团一线员工目前只发 65% 的工资。

(三) 煤炭市场供过于求的形势将会持续较长时间

虽然在部分中小型煤矿停产限产减少供给、大秦线检修以及进入冬储煤情况下，产煤地煤炭价格 9 月下跌速度放缓，10 月基本止跌企稳，但是，综观国际国内经济运行环境、能源产业发展趋势及新技术创新等因素，煤炭市场供过于求的形势将会持续较长时间，煤炭企业面临相当严峻的市场竞争压力，要警惕煤炭企业较大面积经营困难的长期化。

1. 未来中国经济潜在增速下降，对煤炭的需求减缓

过去几十年，中国经济保持了平均 10% 以上的高速增长，尤其是近十年来，在强劲的经济增长拉动下，煤炭需求旺盛。但是，自 2011 年下半年以来，中国经济增速显著回调，2012 年经济增速预计不超过 8%。未来几年，中国经济将从过去的高速增长阶段转向中高速增长阶段，这不仅是受世界经济在金融危机之后复苏缓慢的影响，更是中国发展到中上等收入国家阶段经济增速自然回调的必然结果。因而，伴随着中国经济增速的下降，以及节能减排的进一步深化，煤炭需求的增幅与过去相比，将会显著回落。

2. 中国煤炭产能建设大幅超前，市场供过于求

"十一五"至 2012 年上半年，全国煤炭采选业固定投资总额 2.1 万亿

元，高于全社会固定资产投资增速，形成了大规模的煤炭产能。目前，全国煤炭产能正处于集中释放期，产量不断增加的势头短期内仍难以遏制。虽然部分企业为了稳定市场，主动降低了煤炭产量，但未来只要市场需求出现回升，煤市出现好转，全国过剩的煤炭产能有可能加速释放，导致市场供过于求的局面再现。

3. 煤炭进口将较长期保持较高水平

在未来相当长一段时间内，世界经济增速整体将放缓，国际市场煤炭需求预期整体疲软。加之美国大力发展页岩气而导致煤炭出口不断增加，美国能源部旗下能源信息署（EIA）表示，预计2012年美国将出口1.25亿吨煤炭，这将打破1981年出口1.13亿吨的记录，创下30年来的新高。在国际煤炭市场供求形势宽松、国际煤价持续回落的情况下，国外煤炭相比国内煤炭具有很强的竞争力。而且，从中国"充分利用国际国内两个市场、两种资源"的策略看，在中国煤炭市场全球化程度日益加深的情况下，中国仍将是国际煤炭的主要出口地，中国煤炭进口将较长期保持较高水平。

(四) 煤炭企业迫切需要加快转型发展

如何理性看待当前的煤炭行业形势发展？笔者认为，虽然作为基础能源的煤炭价格下降从长远来看不是坏事，2012年的煤炭价格大幅下跌已经使得亏损严重的发电行业的状况有所好转，基础能源价格的下降将有利于降低中国经济社会发展的能源成本，有助于提升中国制成品的国际竞争力；而且，适当的经营压力也有助于迫使煤炭企业加快转型发展。

但是，我们应该看到，煤炭行业有一定的特殊性，从整体上看，煤炭企业必须有一定盈利来保障行业的健康安全发展和中国的能源供应。一是中国在煤炭销售价格中还没有计算煤炭的完全成本，而由于煤炭开采而引起的村庄搬迁、后期环境治理等等需要巨额的费用，企业必须保证有合理的利润来保障再生产；二是煤炭开采的安全投入非常大，近年来在各级政府和企业的高度重视下，中国煤矿安全事故少了很多，但客观地看，主要是由于投入了大量的安全生产相关资金，而且安全生产需要持续、大量的投入；三是煤炭是采掘业，煤矿是越挖越深，调研显示，河南煤矿开采深度平均已达 800～1000 米，而矿井越深其开采成本也越高，相关的设备投入与技术更新改造也非常快，投入巨大。

因此，我们必须对当前煤炭企业出现大面积经营困难的状况高度重视。在煤炭行业形势逆转、供过于求可能长期化的情况下，需要深化体制改革和政策支持来促进煤炭企业转型发展。

我们调研发现，理顺煤电运产业链关系、适当减轻煤炭企业负担、尽早应对煤炭资源压覆与枯竭，是当前煤炭企业转型发展亟待解决的三大核心问题。

1. 煤电运产业链关系有待进一步理顺

煤电运是一个完整的产业链，煤炭行业的长远健康发展需要理顺煤炭与电力、煤炭与能源输运通道的关系。

首先，需要理顺煤炭与电力的关系。煤电矛盾本质上是市场煤与计划电的矛盾。煤炭价格体制改革后，煤炭市场的竞争性相对充分，煤炭企业拥有相对自由的定价权，而电价的升降仍然受国家的指导，发电企业没有真正实现竞价上网，导致"市场煤"与"计划电"的矛盾愈演愈烈。以山西为例，由于过去在煤价低的情况下定的电价过低，且调整很小，导致 2008 年以来，山西省内部分火力发电企业持续严重亏损，截至 2012 年 8 月份，亏损火电企业累计亏损 221 亿元，亏损面达 74%；由于长期亏损，导致资产负债率畸高、流动资金严重不足、设备健康状况堪忧，几大发电集团都逐渐在退出山西电力市场，电力安全供应形势严峻。2012 年以来煤炭价格大幅下跌，使得电力行业亏损状况有所好转。重点合同电煤与市场煤价差由去年高位时的 230～250 元/吨，缩小到 10～25 元/吨，部分企业重点电煤价格与市场煤价甚至出现倒挂现象，这为并轨创造了有利条件，目前并轨已是"弦上之箭"。电煤价格并轨后煤电矛盾依然会存在，如何使改革不再反复，核心就是要推进煤电产业链的系统性改革，要借助并轨的有利时机，实施煤炭供应、运输、电力等多领域的配套改革，从根本上解决煤电矛盾。

其次，需要理顺煤炭与能源输送通道的关系。煤炭运力紧张是多年久未解决的问题，这一点在煤炭产量增长迅猛的内蒙古、新疆等地表现尤为明显。加之电煤流通成本虚高，据我们研究发现，电煤在从坑口到电厂的流转过程中价格增长幅度少则50%，多则接近300%。此外，相关的电力外送通道建设也较为滞后，能源外送通道建设已经成为严重影响中国产煤地区和相关煤炭企业健康发展的瓶颈因素，亟需加快铁路和电力体制改革。以内蒙古鄂尔多斯为例。该市所产原煤绝大多数为优质电煤，已是国家电煤供应和西电东输主力基地之一，同时又靠近京津冀鲁用电负荷中心和渤海湾海运港口，建设大型煤电一体化基地条件优越。但是，由于外输通道建设滞后，煤炭输出和电力外送受到了极大制约。由于外运铁路建设滞后，鄂尔多斯市每年须经公路外运煤炭1亿多吨，按运到最近的秦皇岛港口计算，年耗油70多万吨，到港煤价翻了一番多，同时也带来了高速公路拥堵等一系列问题。由于电力外送通道建设滞后，目前"窝电"300万千瓦，而同期华中地区大量亏电。

2. 煤炭企业负担有待进一步合理减轻

目前，煤炭企业的负担突出的表现在两个方面，一是企业反映税费负担较重，二是企业办社会的负担沉重。负担过于沉重不利于煤炭企业的健康、可持续发展，有待合理减轻。

（1）企业反映煤炭行业税费负担重的问题突出

如山西省反映，据不完全统计，煤炭企业负担的各类税费超过三十余项，综合税费负担率达13%左右甚至更多，是一般加工和制造业的2～3倍。以山西焦煤集团为例，2011年企业上缴各类税费共计156.9亿元，占到了销售收入的12.52%。

一是企业较多反映增值税抵扣范围不合理导致增值税负担沉重。2009

年全国范围内增值税转型后，允许抵扣设备中所含的进项税，但同时将煤炭产品的增值税税率由13%恢复到17%，导致煤炭企业增值税税负不降反升，成为本次税改中少有的增加税负的行业。根据中国煤炭工业协会的数据，实施增值税转型后，煤炭企业实际增值税税率有所提高，煤炭产品增值税实际税负在11%～13%之间。究其原因，主要在于增值税抵扣政策没有充分考虑到煤炭企业生产特点和费用支出特点，增值税抵扣的范围不合理，导致煤炭企业的可抵扣进项少，企业税负直接加重。煤矿采、准巷道是伴随煤矿开采活动结束而消失的，与一般行业的构筑物有明显的不同，不构成固定资产，不实行进项税抵扣明显存在不合理。此外，煤炭企业的特殊成本如采矿权价款、塌陷补偿费、青苗补偿费、环境治理费用等方面投入大，约占到煤炭企业完全成本的20%以上。这些煤炭开采必须的费用不能抵扣，使煤炭企业不仅没有得益于税改，反而加重了煤炭企业的增值税负担。例如，河南煤业化工集团是河南省最大的企业，2012年位居世界500强企业第397位、中国500强企业第58位，企业实力雄厚，效益较好，但所属煤炭企业增值税负由2008年的10.95%增加到2011年的13.18%，增加了2.23个百分点。

二是各种名目的费用多、负担重。我们在山西调研发现，煤炭企业获取、开采煤炭资源要交探矿权价款、采矿权价款、探矿权使用费和采矿权使用费、水土流失补偿费、水土流失治理费、矿井水资源费、煤炭可持续发展基金、矿山环境治理恢复保障金、煤炭转产发展基金、地质恢复保证金，还要缴纳矿产资源补偿费和资源税等，名目繁多。此外，还有大量不合理收费的存在，如各种或有法律文件依据及无法律文件依据的地方性收费项目。这些名目繁多的各种费用给企业造成了不小的负担。

（2）煤炭企业办社会负担仍然沉重

截至目前，很多国有老煤炭企业仍然承担着巨大的办社会负担，企业分离办社会职能进展缓慢，严重制约了企业公平参与市场竞争与转型发展。如开滦集团在职职工7万余人，离退休职工7万～8万人，连带家属矿区共计 50 余万人，承担了大量社会职能；其中小学已经交给地方，公安虽已上交，但仍双重管理，公安干警的工资仍由企业承担。再如山西西山煤电集团 2011 年实现利润总额 26 亿元，但企业办社会支出就达 17.41 亿元；其中：企业自办教育机构 1.15 亿元，自办公安机构 0.09 亿元，自办医疗机构 4.3 亿元，自办消防机构 0.24 亿元，自办社保机构 2.72 亿元，自办市政机构 1.29 亿元，自办社区机构 0.06 亿元，自办后勤机构 7.03 亿元，其他 0.53 亿元。

此外，政策性破产矿区的后继问题难以解决。据中国煤炭工业协会反映，如重庆市政策性破产煤炭企业医疗结算已经 10 年期满，目前尚未出台后续政策，如不延续，企业将无法承担高昂费用，影响矿区的和谐稳定，实际破产经费的标准、支付年限远大于国家当初核定的标准和支付年限，导致经费缺口严重，企业负担沉重，且有逐年扩大趋势；再如黑龙江龙煤集团 18 个破产矿井经费缺口达 101 亿元。另外，我们在调研中发现，开滦集团有 4 个破产矿井社区至今地方不肯接收，仍由企业背负。目前这四个仍由开滦集团代管的社区破产资金已经全部用完，为维持破产社区的正常运转，开滦集团开始以生产经营资金暂时垫付破产社区运转费用，2012 年 1~9 月已经垫付资金 3.71 亿元，全年预计将垫付 6 亿元资金，已经严重影响了开滦集团正常的资金周转和生产运营。

因此，在激烈的市场竞争环境下，负担迥异的新老煤炭企业竞争显得有失公平。在当前煤炭行业效益下滑的情况下，企业效益分布更加不均衡，行业利润越来越向少数体制新、负担轻的大型企业集中。2011 年前 10 家煤炭企业利润占总量的 37%。2012 年上半年，神华集团实现利润总额 410 亿元，同比增长 16.9%；而郑煤集团完成利润总额只有 0.48 亿元，同比减少 4.3 亿元；有些企业已经出现了减发、拖欠职工工资，减少安全投入的情况。新老企业效益差异的根源在于新企业没有历史负担，而老企业负担沉重。神华集团是 1995 年 10 月经国务院批准设立的国有独资公司，是中央直管的国有重要骨干企业，体制新，人员相对较少，资源丰富；而各地众多老的国有煤炭企业多是计划经济时代矿务局于 1998 年下放地方后的产物，企业办社会特征明显，机制老化，人员冗余，同神华集团这样的新企业相比，从一开始就"输在了起跑线"上。此外，中央企业与地方企业在掌控资源、话语权等方面也存在较大差异。

3. 尽早应对煤炭资源压覆与枯竭问题

目前，生产多年的老煤矿矿区的煤炭资源压覆情况较为严重，诸多的其他生产生活活动在煤矿资源地面开展，压覆了较多的煤炭资源，使得本来资源日益枯竭的老煤炭矿区的发展更是举步维艰。

而且，部分地区的煤炭资源枯竭问题需要高度重视，及早应对。近些年来，内蒙古、新疆等煤炭新的主产区发展迅猛，带来了地方经济的一片红火，如内蒙古鄂尔多斯市就是凭借煤炭大发展而一跃成为人均 GDP 超越香港的明星城市。但是，与此同时，河南及东部一些省份由于接续资源不足，资源枯竭，矿区和企业转型发展面临很大困难。据中国煤炭工业协会统计，截至 2011 年底，16 家中央企业煤矿共获得资源可采储量 1158 亿吨，而山东省剩余可采储量仅 50.2 亿吨，江苏省剩余可采储量只有 28.4 亿吨，吉林省保有查明资源储量仅有 26.07 亿吨，差别悬殊。新老矿区煤炭开采条件差别也十分大，在全国煤炭市场自由竞争的情况下，直接影响了老矿区煤炭企业的成本与效益。例如，在内蒙古，很多煤矿是露天开采，而在河南，煤矿平均开采深度已达 800~1000 米，其成本的差别不言而喻。

为促进煤炭行业及企业的健康、可持续发展，对煤炭资源压覆与枯竭问题也需尽早考虑，加快相关煤炭企业的转型发展。

(五) 制约煤炭行业转型发展的六个制度障碍

通过走访调研几个产煤大省有关政府部门、企业和行业协会①，我们

---

① 课题组于 2012 年 8 月~10 月先后调研了煤炭工业协会、神华集团、神华国华电力、山西省政府相关部门、西山煤电集团、河南省政府、河南煤业化工集团、郑煤集团、内蒙古区政府相关部门、鄂尔多斯市政府、伊泰集团、联创公司、开滦集团等。

了解到当前煤炭行业供需格局及其市场形势发生了重大变化："十二五"期间煤炭产能将由原来的供不应求转为供给过剩，多年来的煤炭产能不足已初步缓解，煤炭供应仍将由铁路运输能力制约，煤炭企业之间的整合将更多由市场因素决定，煤炭企业迫切需要向产业上下游延伸转型发展。然而，我们的调研发现，以下六方面制度障碍制约着煤炭企业的转型发展。

1. 铁路建设市场准入障碍造成煤炭运能供给不足，缺煤与"窝煤"并存

中国能源资源的自然禀赋和煤炭消费的供需格局决定了"以煤为主"、"北煤南运"、"西电东送"将长期持续，并主要依靠铁路货运和大电网通道。一直以来，在煤炭行业，利润并不决定于煤炭的产量，而是煤炭的最终运输量，运力瓶颈成为制约众多煤炭企业发展的共同因素。2012年中国全年煤炭产量将达到38亿吨，"十二五"规划的产能41亿吨、产量39亿吨目标将提前实现。但是，目前三条主要运煤铁路通道中的两条运能已接近饱和。铁道部所属的大秦线2011年完成运量4.4亿吨，几年来一直是超负荷运转，不断突破其设计极限；侯月线完成1.83亿吨，亦接近其能力上限。神华集团的朔黄铁路2012年刚完成了扩能改造，初步达到2万吨重载列车接发水平，但受多方面制约，实现3.5亿吨运能还需时日。按照铁道部既有规划，铁路运力瓶颈近期至少会持续至2014年，远期到2020年才会有大的改观。"三西"（山西、陕西、蒙西）地区2012年铁路运力增长仅5200万吨，明显少于8000万吨以上的外运需求量。通过公路长距离运输，一是油耗高、不经济、不环保，二是频频发生的京藏高速长时间大堵车，容易造成很多社会矛盾。

因此，中国煤炭行业发展的主要矛盾，已经从原有的产能不足和运能不足，集中转移到运能不足的矛盾上来，是铁路供给短缺与经济发展日益增加的货运需求不能满足的矛盾。货运铁路运力供给不足的问题不尽快解决，就会造成东南和华中地区缺煤，而"三西"地区窝煤同时发生的瓶颈现象，就会造成在总量富余的情况下频频发生结构性的短缺。

所以，如果铁道部不放开对煤炭专线铁路建设乃至整个货运铁路建设的控股权，以及整体上进行政企分开的铁路体制改革，则缺煤和窝煤同时存在的情况短期内就难以改善。

2. 价格管制造成煤电产业链市场行为扭曲

煤炭发展不仅受制于运输能力瓶颈，还受到占其50%市场需求的电煤价格制约。煤炭市场的竞争性相对充分，煤炭企业拥有相对自由的定价权，而电价受国家指导。由于价格形成机制不同，受通货膨胀和终端用户承受能力等因素影响，电价调整很难及时到位。发电企业没有真正实现竞价上网，煤电价格联动很难实现，导致"市场煤"与"计划电"矛盾。

煤炭总量短缺，用电高峰期煤炭价格高涨，导致国家采取部分采用价格管制措施制定"重点合同价"、部分采用市场价格放开的双轨制措施。这一措施对于确保重点企业在紧张时期的用煤取得了部分成效。但在煤炭价格双轨制的巨大利益差异下，多数已经是市场化运营主体的煤炭企业，在市场利益推动下寻找符合自己利益的均衡市场行为。在煤炭市场价格高时就想方设法降低重点合同的兑现率，如拖延发货，或掺加上低热值的煤矸石在高热值动力煤中，或直接发送低热值煤或煤矸石。在煤炭紧缺时期，电厂要么使用低品位的煤，要么减少机组出力小时数。而在2012年煤炭市场低迷时，电力企业则对重点合同煤拖延收货、延期付款。电力产业集中度高而煤炭行业集中度低，导致煤炭行业在煤电价格博弈中处于弱势地位。

因此，价格管制的结果，导致了无论是煤炭价格高时还是煤炭价格低时，重点合同煤的实际兑现率都不高。2012年7月份，陕西电网统调火力发电企业日均进煤7.9万吨，日均接卸陕西煤炭运销集团电煤仅1.5万吨，当月合同兑现率下降到15%。同时，价格管制的一个负面结果是，"三西"地区低热值煤矸石等大量占用本来就很紧缺的铁路运能，产生了煤电企业间双输的博弈结果。

3. 行政许可法、处罚法等执法环境差，部分地方政府多名目、重复收费

行政许可法的立法目的旨在防止权力的滥用，但很多地方在实际执行过程中却并没有严格依法行政，特别是在煤炭资源矿权获取、开采、运输管理体制及收费审批制度方面，在部分市县乡镇一级政府，出现借维护地方利益而不依法行政的现象。

煤炭在过去十年供不应求，导致煤炭价格多年来持续上涨，与煤炭资源相关的权益及其资质许可等价值也扶摇直上，如"唐僧肉"般成为各方争夺的热点。各个在管辖范围内或沾点边的政府部门都纷纷伸出手来，设置在煤炭探矿、采矿、生产、销售、运输等各个环节各种名目的行政许可。不能够直接收取费用的，则在各自影响领域，要求煤炭企业承担相应的"社会责任"甚至直接摊派，导致煤炭行业的不合理收费大量存在。

据我们到企业走访调研了解，目前多地的煤炭企业反映承担的各类税费超过30项，名目繁多，其中不少都是地方政府以各种名义征收的。如县界过境管理费、煤焦站盖章费、安全监察入会费、县乡公路维改费、育林基金、煤炭价格调节基金、煤炭可持续发展基金、矿产资源补偿费、探矿权价款、采矿权价款、探矿权使用费和采矿权使用费、水土流失防治费、水土保持补偿费、水土流失补偿费、水土流失治理费、水利建设基金、矿井水资源费、疏干排水水资源费、河道工程维修费、环境恢复治理保证金、矿山环境治理恢复保证金、地质环境恢复保证金、青苗补偿费、土地复垦费、拆地补偿费、煤矿转产发展资金、企业或矿区管理费等。在这些税费项目中，煤炭价格调节基金的差别较大，有的按售价征收，有的按销售量征收。从各项税费的定义和征缴用途来看是一致的，存在明显的交叉重复收费，且多渠道列支。如煤炭企业获取、开采煤炭资源需要上交探矿权价款、采矿权价款、探矿权使用费和采矿权使用费外，还要缴纳矿产资源补偿费和资源税等。如河南省煤炭企业实行资源税与资源补偿费双重缴纳。在运输环节，除铁路运输外的公路运输方面，相当一部分省市县各级

政府对跨省、跨市、跨县甚至本乡镇之外的电煤公路运输多头管理，执行电煤运销加价政策，不合理收费、变相收费甚至是乱收费。2011 年，山西省政府决定停止山西煤运集团及其下属各地市公司对晋产煤炭收取的"运销服务费"和"管理费"之后，山西煤运名目上已不应再有任何收费项目，然而实际上每吨坑口价 350 元的电煤在运出时，国家规定的税费除外，仅各地煤运公司出市费（又称居间费）与山西省政府决定的可持续发展基金（23 元）、水土流失补偿费（25 元）合计每吨就高达 71 元。

4. 增值税抵扣范围不合理，煤炭企业增值税负比重高

2011 年统计数据表明，煤炭行业本年应交增值税占主营业务收入比重达 7.50%，位居烟草和石油天然气之后，各行业中排名第三。从多个大型煤炭企业的数据来看，也印证了煤炭企业增值税税负过高等问题。

从增值税抵扣政策[①]来看，煤炭行业增值抵扣范围不合理，对煤炭企业生产特点和费用支出特点的考虑欠妥。煤矿开采、准备巷道是伴随煤矿开采活动结束而消失的，与一般行业的构筑物有明显的不同，不构成固定资产，不实行进项税额抵扣明显存在不合理。煤矿开采是井下作业的特殊行业，主要巷道包括开拓巷道、准备巷道和回采巷道，并以这些巷道为载体，进行掘进、回采、提升、通风、排水等，构成整个煤矿的作业系统。煤矿企业的特殊成本如采矿权价款、塌陷补偿费、青苗补偿费、环境治理费用等方面投入大，约占到煤炭企业完全成本的 20% 以上。这些煤炭开采必须的费用不能抵扣，煤炭行业增值税相对比重就高。且 2009 年，煤炭产品增值税税率提高到 17%，煤炭企业增值税支出比重进一步提高。目前中国有 19 个税种，除烟叶税、船舶吨税和暂停征收的固定资产投资方向调节税外，其他税种煤炭企业均有涉及。2011 年，西山集团上缴增值税 36.32 亿元，占上缴税费总额的 48.50%，企业的增值税税负达到 9.22%。而河

---

① 2009 年 9 月，财政部、国税总局下发了财税 113 号文，提出"煤炭企业建造矿井和巷道发生的进项税额不能抵扣；以矿井和巷道为载体的附属设备和配套设备也不能抵扣"。

南煤化集团所属煤炭企业增值税负由 2008 年的 10.95% 增加到 2011 年的 13.18% 。

5. 煤炭流通体制扭曲，抬高了煤炭价格，加重了电煤矛盾

主要产煤省、市、县政府对本地境内跨区电煤公路运输基本都实行了多头管理、多头收费政策。煤炭从生产地运到消费地电厂，运输、收费等中间环节的费用占煤价的 30% ~60% 。部分电厂反映，流通环节不合理收费占到 50% 左右。煤炭流通环节层层转手加码，中间环节获取了合同煤与市场煤之间巨大差价利润。

部分电厂电煤铁路物流费用项目包括：煤炭发展基金、坑口至站台短途倒运费、站台发运费、点车批车费、跨局协调费、回空加价费、地销票、准销票等。公路运输物流费用项目包括：煤炭发展基金、林业建设基金、公路建设养护基金、转产发展基金、矿产资源补偿费、水土流失防治费、水资源费、环境恢复治理保证金、土地复垦费、县界过境管理费、企业或矿区管理费、煤炭运输服务费、煤焦站盖章费、安全监察入会费、信息费、交易费等等多项收费。

因此，清理电煤在流通环节的多头层层收费，不仅仅是出于缓解煤电价格矛盾的需要，还是规范地方政府依法行政的迫切需要。要真正下决心理顺细化地方电煤运输管理体制，规范电煤公路运输秩序，清理取缔煤炭生产、铁路及港口运输企业以及地方政府和部门擅自出台的各种不合理加价和收费。

6. 部分省市政策衔接及执行不到位，煤炭企业分离办社会仍有较大遗留问题

由于历史原因，国有大型煤炭企业作为劳动密集型行业历史遗留问题多、企业办社会负担重，分离和移交难度大。如龙煤集团、开滦集团、河南煤化集团等，企业需要负担大量的离退休人员的统筹外费用，负担较重。西山集团 2011 年实现利润 26 亿元，但企业办社会支出就达 17 亿元。

由于矿区开采时间久，许多矿井面临资源枯竭，转产及人员安置压力较大。

按国家政策和社会化生产条件下的合理分工，企业历史上所办的社会性职能移交给所在地政府，对这个原则企业和政府认识是一致的。问题是，过去地方政府财政中根本没有这笔开支，地方政府无力承担。所以，往往仍需要企业给予补偿。按照什么标准和用什么方法来补偿，企业和政府的意见很难达成一致，而国家至今尚没有统一规定。不少地方提出要求企业按地方政府办社会职能所发生的费用给予补偿，往往比企业继续办下去所需要的开支还要大，企业的负担不仅不能减轻，反而可能扩大。

在处理包括煤炭企业在内的国有企业分离办社会问题上，国家已经出台了很多政策，各地在执行中也进行了很好的完善，发挥了巨大的作用。但存在的问题是，实践中部分地方政府政策衔接不完善、应该履行责任但不到位的现象还很多。我们所调研地区中，仍然有不少煤炭企业在承担着企业自办社区服务中心、自办公安机构、自办医疗机构、自办消防机构、自办社保机构、自办市政机构等现象。政策设计上，以社保情况来看，移交过渡期内补助经费基数多由企业全额承担，过渡期后政策设计由省财政通过转移支付的方式承担部分、设区市以下政府承担部分比例。省属大型煤炭企业多在地级以下的矿区，省属企业中有的是省统筹、有的是市统筹，不同地方政府财力不同，移交情况差异很大。甚至即使财力有条件，但出于社会稳定或管理习惯，仍然没有办理移交。这些导致企业即使承担了这些费用，但却移交不出去的历史遗留问题。

煤炭企业在市场价格形势好的时候还可以承担，但在供需形势发生逆转的情况下，煤炭企业尤其是老矿区的大型国有企业，社会负担问题将凸显为重要的问题，应引起有关部门高度重视。

第六章

中国企业转型发展的地区实践与经验

一、中国企业转型发展的地区特征总体分析

通过对东中西部及东北地区具有代表性的 10 个省市区①约 300 多家企业进行实地调研，并回收了 700 多家企业的有效调查问卷，同时结合对深交所 887 家中小板和创业板上市公司的问卷调查，我们总结和分析了东中西部及东北地区企业转型发展的地区特征及造成这些特征的深层次原因。总体来说，各地区企业的转型发展无论是推动力、主体内容，还是所面临的障碍和困难等方面都有较大的共性和显著的差异性，一方面是中国经济社会发展的大环境所决定的，另一方面也是由于各地区资源禀赋、发展条件差异所决定的，各地区处于不同的工业化发展阶段，具有不同层级的产业结构，又面对不同的地方政府要求，企业转型发展必然会有显著的差异性。

---

① 调研的 10 个省市区分别为广东、浙江、上海、江苏、山西、湖北、江西、辽宁、四川、北京等。

（一）各地区企业转型发展有较大共性和显著差异性

由于同处中国经济转型发展的大环境中，各地区企业转型发展的动力、主要方向、所面临的障碍与困难均有很大的共性，如各地企业都认为发现新市场是企业之所以实现转型的最主要因素，转型发展的最主要内容同为技术创新，而市场风险则是决定企业能否顺利转型的最重要障碍。同时，由于各地企业所处的地方小环境各不相同，转型发展又表现出了显著差异性，如在转型升级的主要方向上，东部地区企业更加注重提升内在品质，而中西部地区企业更强调产品结构调整。

1. 追求新市场是推动各地区企业转型发展的主要动力，东部及东北地区多基于创新推动，中西部地区主要迫于竞争压力

通过调查问卷发现，招工难、科技含量低、资源消耗大、出口困难等一些被视为迫使中国经济转型发展的主要因素，并非是推动各地区企业转型发展的主要动力。企业从自身长远发展考虑，认为发现新市场才是转型发展的最大动力，其中对于东部及东北地区的企业来说，发现新技术是企业转型发展的第二动力，而对于中西部地区来说，当前企业的利润率低、产能过剩、市场增长缓慢等行业竞争性因素也是推动其转型发展的主要动力。

表 6.1   **各地区企业转型发展的主要动力（%）**

	发现新技术	发现新市场	利润率低	招工难	科技含量低	资源消耗大	市场增长慢	出口困难	产能过剩
东部地区	21.5	39.9	15.7	5.2	3.8	3.0	9.6	4.2	11.1
东北地区	20.9	35.8	3.0	0	5.9	1.5	7.4	1.5	10.4
中部地区	14.7	27.6	26.7	3.4	4.3	5.2	12.9	3.4	19.0
西部地区	14.8	28.9	16.4	5.4	4.6	7.0	12.5	2.3	16.4

注：该题为多选题。

2. 各地区企业转型发展的主要内容基本相同，东部地区更加注重企业内在品质提升，中西部地区则侧重于结构调整

通过调查问卷发现，2007年以来各地区企业转型发展的方向或着力点

基本相同，首要工作均是推动技术创新以提升企业产品的价值含量。东部
地区的企业更加注重企业内在品质的提升，节能降耗、升级产品、规范管
理成为企业提升价值的主要抓手。相比之下，中西部及东北地区企业则将
调整产品结构作为转型发展的重要内容。除此之外，约有近1/3的企业把
转型发展重点也放在了扩大内销和打造品牌上。

表6.2　　　2007年以来各地区企业转型发展的主要内容（%）

	技术创新	调整产品结构	产品升级	扩大内销	打造品牌	降低能耗	管理规范化
东部地区	83.9	55.6	65.1	33.4	30.5	70.0	63.4
东北地区	85.9	49.5	58.6	19.2	15.2	38.4	40.4
中部地区	83.2	58.7	64.1	29.9	31.7	66.5	57.5
西部地区	75.1	51.9	53.0	31.5	28.7	59.1	54.1

注：该题为多选题。

未来五年各地区转型发展的主要内容也基本相同，技术创新仍是转型
发展最主要的方向，但中西部及东北地区的企业对技术创新的重视程度却
有所下降。东部地区的企业将继续重视企业内部品质的提升，中西部及东
部地区的企业在继续推进产品结构的同时，也将加强企业内部品质的提
升，节能降耗、升级产品、规范管理将越来越被重视。

表6.3　　　未来5年各地区企业转型发展的主要内容（%）

	技术创新	调整产品结构	产品升级	扩大内销	打造品牌	降低能耗	管理规范化
东部地区	83.5	56.1	67.4	32.5	34.6	66.6	58.7
东北地区	67.0	50.0	58.0	21.6	21.6	46.6	47.7
中部地区	71.5	58.9	69.6	24.7	33.5	63.3	65.8
西部地区	66.7	52.8	57.2	32.1	32.7	61.6	56.6

注：该题为多选题。

3. 受发展条件和发展要求的影响，各地区企业间转型发展的障碍
和困难存在着较大差异

通过调查问卷发现，妨碍各地区企业转型发展的主要障碍存在着很大

差异。除了普遍认为市场风险是企业转型发展的最大障碍之外，东部地区企业认为高端人才缺乏是影响转型发展顺利与否的第二大障碍，中部和西部地区企业都认为不掌握关键技术是主要障碍，东北及西部地区企业则将资金匮乏排在第二障碍位置，而东部及中部地区企业的资金问题都不突出。对于市场准入的限制，各地区均仅有少量企业表示是妨碍其转型发展的主要障碍。

表6.4　　　　妨碍各地区企业转型发展的最大障碍（%）

	市场风险	资金投入大	不掌握关键技术	缺乏高端人才	市场准入限制	其他
东部地区	36.3	15.9	11.0	26.5	6.2	4.1
东北地区	30.2	26.7	14.0	18.6	5.8	4.7
中部地区	37.5	13.8	23.9	18.9	5.9	0.1
西部地区	35.0	21.2	18.1	18.1	7.5	0.1

对于企业技术创新中所面临的主要困难各地也有较大差异。东部地区企业前三项主要困难依次为缺乏研究人员、缺乏技术研究合作伙伴、难以引进或购买相关技术；东北地区企业依次为缺乏研究人员、资金紧张、缺乏技术研究合作伙伴；中部地区与东部地区相同，西部地区则与东北地区相同。此外，东中部地区的资金问题明显要小于东北和西部地区，而东部地区对知识产权保护、技术标准的要求又显著高于其他地区，中部地区对技术信息的需求则要高于其他地区。

表6.5　　　各地区企业在技术创新过程中所面临的主要困难（%）

	资金紧张、融资难	难以引进或购买相关技术	缺乏研究人员	缺乏技术研究合作伙伴	知识产权保护约束	缺乏技术信息	缺乏技术标准	对市场前景把握不准
东部地区	19.0	24.4	48.6	29.8	15.8	17.2	8.6	16.6
东北地区	40.4	26.7	53.5	35.4	8.1	17.2	2.0	11.1
中部地区	21.1	26.5	53.6	30.1	10.2	21.1	6.0	18.1
西部地区	30.9	23.2	51.2	23.2	11.1	15.9	4.3	14.4

注：该题为多选题。

（二）多重因素造成了各地区企业转型发展的差异性

1. 各地区的资源要素禀赋和产业结构差异较大

中国幅员辽阔，各地资源禀赋、发展条件相差较大。东部沿海地区经济起飞较早，发展条件相对较好，资本、技术、人才等创新较为充裕，而近几年要素成本的快速上升，也使得企业转型发展的要求更加迫切；中西部地区自然资源相对充裕，如何将资源优势转化成经济优势，以资源吸引资本，大力发展地方工业，是当前这些地区经济发展的一个重要特征；东北地区工业基础较好，有一定的技术储备，但资金和市场始终是两个突出的问题。

同时，各地又处于不同的工业化发展阶段，具有不同层级的产业结构和主导产业。中西部地区作为中国资源性产品的主要供应地，其产业结构特化于第一产业；东部地区由于参与全球分工程度深，工业化发展水平较高，且很多工业已逐步向中西部地区转移，第二产业的比重在下降，第三产业的特化指数明显高于其他地区；东北地区与中部地区近几年工业发展速度较快，第二产业特化指数略高于其他地区，第三产业显著落后于东部地区。

表 6.6　　2010 年各地区产业结构特化指数（地区比重/全国比重）

地区	第一产业	第二产业	第三产业
东部地区	0.68	0.98	1.10
东北地区	1.15	1.04	0.91
中部地区	1.41	1.04	0.86
西部地区	1.42	0.99	0.91

数据来源：根据《中国统计年鉴 2011 年》数据计算。

实践也确实如此。东部沿海地区的产业正逐步向高端化发展，以医药、电子、通信设备、计算机、办公设备为主体的高技术制造业及现代服务业快速发展；中部及东北地区仍在朝重化工业发展，在大力发展具有优势的资源性基础产业的同时，正积极承接发展钢铁、石化、建材、装备等重化工业类产业；西部地区则仍以资源性产业为主，冀希望通过做大做强和做长资源产业来带动其他工业的发展。

2. 各地区处于不同的经济发展阶段

我们根据各地区的人均 GDP 和产业结构进行判断，各地区当前所处的工业化发展阶段差异较大。东部沿海地区整体处于工业化后期的前半阶段，中西部地区处于工业化中期前半阶段，东北地区则处于工业化中期后半阶段。

表 6.7 　　　各地区基于人均 GDP 和产业结构的工业化发展阶段

地区	东部地区	中部地区	西部地区	东北地区
工业化发展阶段	工业化后期前半阶段	工业化中期前半阶段	工业化中期前半阶段	工业化中期后半阶段

不同的工业化阶段对产业和企业的发展要求有着本质上的差异。在工业化中期阶段，工业内部结构变动快，电力、钢铁、能源、石化、造船等资金密集的基础类重化产业作为主导产业在国民经济中的占比越来越大，产业发展对企业的资本要求、规模要求会越来越高，资本投入、规模经济成为推动经济增长的主要贡献要素。到了工业化后期阶段，社会资本逐渐充裕，工业向加工组装类演进，汽车及机械电子工业成为主导产业，研发、设计、高技术应用、品牌服务等现代服务业快速发展，技术进步逐步取代资本投入和规模经济，成为经济增长的第一位贡献要素，企业的技术创新要求和品质要求越来越突出。

3. 各地政府对企业转型发展的要求和政策措施不同

地方政府在各地经济发展中发挥着重要的调控和引导作用，并通过区域规划、产业引导、政策优惠等措施极大地影响本地区企业的转型发展。由于各地区的区域位置、发展条件、发展阶段、面临的机遇与问题等各不相同，地方政府对本地区经济发展的定位、任务、产业选择、企业要求等等均有着很大差异，这种差异性反映在政府的政策措施上，就是对土地、资金、环境等要素资源的倾向性配置，从而极大地影响了本地区企业转型发展的方向、内容及障碍等。如广东作为全国发达地区之一，近几年密集出台了一系列政策，如《关于加快建设现代产业体系的决定》《广东省现代产业体系建设总体规划》《广东自主创新规划纲要》等，积极推动产业结构向高级化和适度重型化转变、制造业由一般加工向高端制造转变、产品竞争向品牌竞争转变、广东制造向广东创造转变，企业也随之向更具技术含量、附加值和品质等方面转型发展。再如湖北作为中部欠发达地区，政府考虑更多的是如何抓住产业转移机遇加快推进地区经济发展，为此专门制定了《产业转移指导目录》，明确了各地区重点承接发展的行业，并实施"主导产业倍增计划"和"千亿产业接续计划"等，对重化工业、劳动密集型产业、"两高一资"等产业进行规划引导、项目扶持，实现产业的有序接纳。为此，湖北省内企业转型发展的大方向也必然会倾向于结构调整和产品升级等。

二、广东省促进产业转型升级的进展和举措①

近年来，为全面促进产业转型升级，加快转变经济发展方式，广东省以推进工业化与信息化"两化融合"、先进制造业与现代服务业"双轮驱动"、新兴产业增量扩张与传统产业存量提升"双手并举"为重要目标，遵循事关全局、立足当前、利于长远、以点带面的原则，以产业转型升级突破点为抓手，促进广东省产业整体转型升级。

（一）广东省"十一五"经济社会发展基本情况

广东省经济综合实力再上新台阶。主要经济指标提前一年实现"十一五"规划目标，继续居全国前列。2010 年全省生产总值达到 45473 亿元，五年年均增长 12.4%。人均生产总值于 2007 年提前三年实现比 2000 年翻

---

① 根据调研组赴广东省调研，广东省发展改革委、经信委、科技厅、环保厅、统计局及广东省"十二五"规划纲要等有关资料整理。

一番的目标，五年年均增长 11% 以上。地方财政一般预算收入 2010 年为 4516 亿元，是 2005 年的 2.5 倍。

广东省产业结构进一步优化。产业结构高级化和适度重型化明显，现代产业体系初具雏形，2010 年三次产业结构为 5.0：50.4：44.6，规模以上轻重工业增加值比例为 40：60。自主创新能力明显提升，高技术产业发展迅速。先进制造业加快发展，装备制造业形成规模化、高级化发展格局。现代服务业加快壮大，传统产业转型升级步伐加快，现代农业稳步推进。

广东省城乡区域发展协调性增强。"三旧"改造全面推进，宜居城乡和新农村建设成效明显。城镇化水平稳步提升，2010 年城镇化率达 64.0%。产业和劳动力"双转移"取得　定成效，珠三角一体化进程加快，粤东西北地区发展提速。

绿色广东建设初见成效。积极淘汰落后水泥、钢铁产能，关停小火电，扎实有效推进节能减排工作。环境质量有所改善，生态建设取得新进展。单位生产总值能源消耗、二氧化硫排放和化学需氧量排放总量等约束性指标超额完成国家下达任务。

人民生活明显改善。城镇居民人均可支配收入和农村居民人均纯收入五年年均增长分别达 7.6% 和 8.3%。就业规模持续扩大，覆盖城乡的社会保障体系基本建立，实现养老保险关系省内外顺畅转移。全面实施城乡免费义务教育。文化体育事业日益繁荣，人民精神文化生活更加丰富，成功举办第十六届亚运会和首届亚残运会。人均预期寿命达到 75.3 岁。

基础设施建设实现大跨越。综合交通运输网络建设迈出新步伐，五年新增高速公路 1695 公里，新增轨道交通通车里程 777 公里，其中高速铁路 298 公里。电源、电网、天然气网建设加快，新增电力装机 3080 万千瓦。农村电网改造基本完成，实现城乡用电同网同价。水利公共基础设施建设日趋完善，加固达标江海堤围 5151 公里，防灾减灾能力明显增强。信息化水平不断提升。

外向型经济稳步发展。加快外经贸发展战略转型，利用外资水平不断提高，进出口总额 2010 年为 7847 亿美元，五年年均增长 12.9%，其中出口 4532 亿美元，年均增长 13.7%。粤港澳紧密合作全面深化，粤台交流合作稳步发展，与东盟的合作取得新进展。"走出去"步伐加快。

　　体制改革深入推进。行政体制改革实现新突破，大部制改革、富县强镇事权改革取得明显成效，事业单位分类改革进展顺利。财税、金融、投资体制改革稳步推进，国有企业改革进一步深化，民营经济公平竞争环境进一步优化。农村综合改革扎实推进，集体林权制度主体改革任务基本完成。文化体制改革迈出实质性步伐，基本医疗卫生制度加快建立，社会领域改革有新探索。

专栏1　　广东省"十一五"规划主要目标实现情况

指　标	2005 年	"十一五"规划目标	2010 年	"十一五"年均增长（%）
地区生产总值年均增长（%）	—	9	—	12.4
人均地区生产总值年均增长（%）	—	8	—	11 以上
第三产业增加值比重（%）	43.3	45	44.6	
研究与发展经费支出占地区生产总值比例（%）	1.12	1.8	1.8	
单位生产总值能耗（吨标煤）	0.79	0.66	0.66	[−16]
单位工业增加值用水量降低（%）	—	[20]	[47]	
居民消费价格指数（%）	102.3	103	103.1	103 以内
城镇化率（%）	60.7	65	64	—
常住人口（万人）	9194	9730	9730	1.14
人口自然增长率（%）	7.02	8.5	7.71	—
城镇登记失业率（%）	2.6	3.8 左右	2.52	—
城镇职工基本养老保险参保人数（万人）	1565	2180	2730	
城镇职工基本医疗保险参保人数（万人）	1235	2200	2820	
新型农村合作医疗覆盖率（%）	50.5	85	98.3	
高等教育毛入学率（%）	22	28	28	
高中阶段教育毛入学率（%）	57.5	80	86.2	—
城镇居民人均可支配收入年均增长（%）	—	5.5	—	7.6
农村居民人均纯收入年均增长（%）	—	6.0	—	8.3
平均每千人口拥有医生数（人）	1.49	2	1.71	

（二）广东省产业转型升级的进展

加快产业转型升级一直是广东经济发展的主旋律，广东经济发展历程就是一个产业不断转型升级的过程。近年来，广东更加注重高端新型电子信息产业、汽车、装备制造、石化、医药等先进制造业、高技术制造业的发展，工业产业结构继续向高级化方向调整。

1. 整体结构变动：重型化趋势明显、高端化显现

近年来，广东在石化、钢铁、汽车、核电等大型、特大型重工业项目的拉动下，重工业保持较快的增长。2006～2010年，广东规模以上工业增加值年均增长15.0%，重工业增长15.4%，轻工业增长14.5%，重工业增速高于轻工业0.9个百分点。2010年重工业增加值是轻工业的1.5倍，轻重工的结构由2005年的41.8:58.2调整到2011年的38.5:61.5。

比较2005年和2010年规模以上工业增加值的行业比重，在37个行业大类中，比重增加的幅度超过10%的有19个行业，比重减少的幅度超过10%的有8个行业，比重增减幅度超过10%的共27个行业，占37个大类行业的73.0%。"十一五"时期广东工业行业结构发生了较大变化。其中，基础产业、原材料、冶炼、装备制造等行业的比重上升幅度较大，而电子、部分轻工行业的比重下降幅度较大，部分优势传统产业的比重有较大幅度的提升。黑色金属矿采选业、有色金属矿采选业、非金属矿采选业、燃气生产和供应业的比重变动幅度在60%以上，石油加工、炼焦及核燃料加工业的比重变动幅度为54.5%，黑色金属冶炼及压延加工业、有色金属冶炼及压延加工业比重变动幅度超过30%，通用设备制造业、专用设备制造业、交通运输设备制造业的比重均有较大幅度的提升；通信设备、计算机及其他电子设备制造业的比重下降15.8%，饮料制造业的比重下降34.2%，烟草制造业的比重下降18.2%，文教体育用品制造业的比重略降3.8%；食品制造业的比重从1.49%提升至1.74%；纺织服装鞋帽制造业

的比重从 2.76% 提升至 3.18% ；木材加工及木竹藤棕草制品业的比重从 0.45% 提升至 0.63% ；家具制造业从 1.14% 提升至 1.24% 。

产业高端化发展显现。产业科技创新步上一个新台阶，科技进步对经济增长的贡献率超过 50% ，专利申请量、授权量和 PCT（专利合作条约）国际专利申请均居全国首位，已累计取得 230 多项具有自主知识产权的核心共性技术并实现产业化；全省的国家级企业技术中心有 59 家、工程技术研究中心 19 家、国家重点实验室 13 家，均居全国前列。产业技术自给率逐步上升达到 65% ，从对外技术依赖型加快向技术自主型及技术输出型转变，拥有了一批核心技术。目前，广东省共有中国名牌产品 299 个，中国驰名商标 267 个，广东省名牌产品 1659 个，广东省著名商标 2381 件。高技术产业蓬勃发展，产业规模跃居全国首位。

2. 主导产业：“现代性”、“先进性”特征强化

近年来，广东新一代移动通信设备、数字音视频、新型平板显示等新兴电子信息制造业发展迅速，生物医药产业持续发展壮大，汽车、船舶等资金技术密集型产业发展迅猛，电动汽车、卫星导航等产业从无到有逐步发展起来，广东制造业的“现代性”和“先进性”成分日益增加。

制造业的“先进性”体现在生产上就是产出中的附加值比重比较高，也即工业增加值率比较高。广东规模以上工业增加值率（收入法）从 2005 年的 18.6% 提升到 2010 年的 23.6% ，平均每年提高 1 个百分点。在电子行业，以加工装配为主、产品附加值较低的电子计算机制造业、家用视听设备制造业的比重逐年下滑，但技术含量比较高的通信设备制造业的比重在电子行业整体比重下降的情况下仍保持稳定，电子计算机制造业增加值占规模以上工业增加值的比重从 2005 年的 6.1% 下降至 2010 年的 4.9% ，家用视听设备制造业增加值的比重从 2005 年的 3.1% 下降至 2010 年的 1.3% ，通信设备制造业增加值的比重从 2005 年的 6.5% 略降至 2010 年的 6.0% ，电子元件和电子器件占全省工业的比重维持不变。

高技术制造业增长动力充足，以医药、电子、通信设备、计算机、办

公设备为主体的高技术制造业受国内外旺盛需求的拉动下，保持了较快的增速，高技术制造业增加值占规模以上工业增加值的比重从 2007 年的 20.5% 提高到 2011 年的 21.6%。装备产业、钢铁产业、石化产业获得长足发展，先进制造业增加值占规模以上工业增加值的比重从 2007 年的 45.1% 提高到 2011 年的 47.8%。2006~2011 年，广东规模以上高技术制造业增加值年均增长 17.3%，高于工业整体（年均增长 14.6%）增速 2.7 个百分点，有力地推动了广东工业的较快发展。

广东重点打造 16 个优势行业和 7 大制造基地，装备制造业发展迅速，实力显著提升。广东规模以上装备制造业工业企业从 2005 年的 8880 家增加到 2010 年的 14666 家，工业增加值从 3121.36 亿元增加到 7812.47 亿元，翻了一番多，主营业务收入从 12996.52 亿元增加到 31114.45 亿元，利润总额从 583.53 亿元增加到 2208.42 亿元，装备制造业的整体规模扩大了一倍以上。近几年，装备制造业增加值占工业增加值的比重有所上升，2010 年达到 34.0%。汽车产业进入产销两旺的高速发展期，汽车整车和零配件制造形成汽车产业链，广东已经成为中国重要的汽车生产基地。汽车产量从 2005 年的 41.36 万辆发展到 2010 年的 156.29 万辆，年均增长 30.5%。2010 年汽车制造业完成增加值 1176.90 亿元，同比增长 19.9%，占规模以上工业比重为 5.1%，比 2005 年提高 1.6 个百分点。

工业产业的"现代性"还体现在工业的能源综合利用效率高，重点耗能行业的技术水平明显提高，落后产能进一步得到淘汰。2010 年，广东单位 GDP 能耗 0.664 吨标准煤/万元，为全国单位 GDP 能耗的 65%，位居全国第二低位；单位工业增加值能耗 0.753 吨标准煤/万元，为全国最低值，能源综合利用效率居全国领先地位。全省火力供电煤耗由 2005 年的 353 克标准煤/千瓦时下降到 2010 年的 325 克标准煤/千瓦时，单位水泥综合能耗由 2006 年的 109.93 吨标准煤/吨下降到 2010 年的 88.26 吨标准煤/吨。

3. 地区间产业结构布局趋于合理

在积极承接国际产业转移的同时，广东省大力实施"双转移"，不断优化产业布局和结构，促进了区域经济协调发展。利用 2005 年、2009 年、2010 年四大经济区域的分行业增加值数据，计算出四大区域间的结构相似系数（见表 6.8）。

表 6.8　　　　　　广东四大经济区域工业结构相似系数变动情况

地区	2005 年	2009 年	2010 年
珠三角—东翼	0.659	0.577	0.564
珠三角—西翼	0.233	0.255	0.263
珠三角—山区	0.450	0.479	0.482
东翼—西翼	0.222	0.240	0.236
东翼—山区	0.287	0.270	0.269
西翼—山区	0.138	0.118	0.125

表 6.8 的数据显示，广东工业结构的地区同构化不明显，而差异性比较明显，而且这种差异性有增强的趋势。四大区域中，除了珠三角与东翼的结构相似系数超过 0.5 外，其他各区域间的系数均比较低，珠三角与山区、东翼与西翼、东翼与山区、西翼与山区间的产业结构相似系数在 0.3 以下，而且珠三角与东翼、东翼与山区、西翼与山区间的产业结构相似系数呈下降趋势。总的看，由于广东的市场竞争机制较成熟，产业政策较合理，地区间的工业结构同构性较弱，互补性较强，整体布局较科学。

随着产业的聚集和转移同时进行，区域发展协调性不断提高。通过对 2005~2010 年的数据进行分析，可以发现产业转移和空间布局调整总体上促进了广东产业的均衡化发展：一是东翼和山区工业的地位加强，珠三角及西翼工业地位相对削弱。东翼 4 市的工业增加值比重从 2005 年的 3.9% 升至 2010 年的 5.7%；山区 5 市的工业增加值比重从 2005 年的 3.9% 提升至 2010 年的 6.7%；两区域的比重共提高 4.6 个百分点。珠三角 9 市的工业增加值比重从 2005 年的 87.3% 降至 2010 年的 83.0%；西翼 3 市的工业增加值比重从 2005 年 4.9% 下降至 2010 年的 4.7%。二是全省 21 市间的工业发展差距呈缩小的趋势。2005~2010 年，广东 21 市工业增加值比重指标的离差系数分别为 1.48、1.43、1.36、1.38、1.33 和 1.30，呈缩小趋势，说明广东工业产业在集聚和扩散的过程中，产业转移对缩小地区间工业发展差距发挥积极的作用（见表6.9）。

表6.9　　　2005～2010年广东各区域工业增加值比重变动情况（%）

指标	2005年	2006年	2007年	2008年	2009年	2010年
全省	100	100	100	100	100	100
珠三角9市	87.3	86.5	85.2	85.0	83.8	83.0
东翼4市	3.9	3.9	4.3	4.6	5.1	5.7
西翼3市	4.9	4.9	4.8	4.9	4.7	4.7
山区5市	3.9	4.7	5.7	5.5	6.4	6.7
21市平均值	4.8	4.8	4.8	4.8	4.8	4.8
21市标准差	7.0	6.8	6.5	6.6	6.4	6.2
离差系数	1.48	1.43	1.36	1.38	1.33	1.30

4. 内源型经济发展加快，地位提升

内资企业加快发展，经济地位得到强化。2006～2010年，广东内资企业增加值年均增长25.8%（未扣除价格因素影响），远远高于"三资"工业的增速（15.1%）。其中，有限责任公司和私营企业发展最快，五年现价增加值年均分别增长28.0%和21.9%。内资工业增加值的比重从2005年的36.9%提高到2010年的47.7%，提高10.8个百分点，年均提高2个百分点；"三资"企业占全省比重则由2005年的63.1%下降至2011年的50%（见表6.10）。

表6.10　　　"十一五"广东工业分经济类型发展情况（%）

经济类型	2005年增加值比重	2010年增加值比重	2006～2010年现价增加值年均增长
规模以上工业	100	100	19.5
内资工业	36.9	47.7	25.8
有限责任公司	10.1	14.2	28.0
股份有限公司	6.9	7.6	21.9
私营企业	11.6	18.3	30.9
外资工业	63.1	50（2011年）	15.1
港澳台商投资企业	34.9	26.6	13.2
外商投资企业	28.2	25.7	17.3

5. 产业链更加完备、产业聚集力进一步增强

产业链条更加完备。形成了产业链齐、配套较全、在全国乃至全球竞争力较强的电子信息、汽车、石化等高端产业链。深圳、广州 8.5 代液晶面板、佛山 OLED、河源汉能太阳能光伏等重大项目启动建设，极大提升了广东省电子信息产业链和价值链，电子信息产业自我配给率达 80% 以上；全省 56 家汽车整车生产企业和 500 多家零部件配套企业，已构成了从研发设计到整车和零部件制造再到检测营销的完整汽车产业链；石化形成了从上游原油采炼、乙烯生产到中下游合成材料、精细化工、橡胶加工等完整的产业链。此外，产业配套能力进一步提升，惠州、江门 LED 产业基地、中山灯饰产业、肇庆新型电子元器件产业等突破点的建设，使得广东省 LED 产业涵盖了从原材料、到上游的外延材料和芯片制造、到中游的 LED 器件和封装、到下游的应用产品以及测试仪器和生产设备的整个产业链条；韶关建设的大型高端铸锻件生产基地，填补了广东省高端铸锻件的空白，为广东省船舶产业、海洋工程产业、汽车产业、航空产业发展提供了有力的配套支撑。

产业聚集力进一步增强。一是形成了一批龙头企业。2010 年，广东主营业务收入最大的 50 家工业的收入达到 19450.05 亿元，占规模以上工业的 23.1%；主营业务收入超 10 亿元的工业企业占规模以上工业主营业务收入的比重达到 50.6%，该比重比 2005 年提高 4.3 个百分点；有 4 家企业主营业务收入突破 1000 亿元、54 家超百亿元。二是产业转移园区的发展加快，聚集效应在逐步增强。2009～2011 年，广东省级产业转移园区工业增加值年均增长 32.3%，园区吸纳从业人员达到 39.34 万人。2010 年底，广东省 34 个省级产业转移园区共有 797 家规模以上工业企业，虽然投产的企业不多，但发展比较快，企业规模也比较大，有的初步形成了产业链，产业聚集效应比较强。2010 年，这 797 家企业实现工业总产值 1873.15 亿元、工业增加值 479.45 亿元、税收 83.63 亿元，分别占广东省规模以上工业企业的 2.2%、2.4% 和 2.6%。34 个园区工业增加值增长 40.3%，增幅

比同期全省工业高 23.5 个百分点。三是产业集中化明显。工业 50 强主营业务收入入门门槛提高到 80.7 亿元，全省工业企业营业收入超千亿元 4 家、在国家重点监测的 336 种工业产品中，广东有 19 种产品产量占全国的一半以上，产量居全国第 1 位的产品有 70 种，居前 3 位的有 158 种，居前 5 位的有 198 种，分别占总数的 20.8%、47.0% 和 58.9%。全省形成规模的产业集群达 135 个，其中年产值千亿元以上的有 3 个，百亿元以上的有 33 个，50 亿元以上的有 78 个。拥有 9 个国家级高新技术区、15 个国家级特色产业基地、70 个省级产业集群升级示范区、21 个省级先进制造业基地。珠三角的 IT 产业集群增加值占全省总量的九成以上，占全国同行业的三成以上；家电产业集群增加值占全省同行业的九成以上，占全国同行业的近 1/4。"广佛肇"汽车产业总产值占全省的 85.9%，"深莞惠"电子信息产业增加值占全省的 78.3%，"珠中江"船舶工业企业数占全省的 38.5%。

（三）促进产业转型升级的一些举措

近年来，特别是国际金融危机后，广东省顺应国际产业转移的新趋势和经济自身的发展规律，抓住产业转型升级的新动向、新机遇，结合国内外需求的发展趋势，出台一系列政策措施大力促进产业转型升级。

总体宏观调控方面，出台了《珠江三角洲地区改革发展规划纲要（2008～2020 年）》等政策，谋划了广东发展大局，以改革促发展，以发展促转型。产业结构调整方面，全面落实重点产业调整振兴规划和配套政策，不断推进主导产业高端化、新兴产业规模化、传统产业品牌化，促进制造业由一般加工向高端制造转变、产品竞争向品牌竞争转变、广东制造向广东创造转变。制定了《关于加快建设现代产业体系的决定》、《广东省现代产业体系建设总体规划》等政策，促进产业结构向高级化和适度重型化调整。自主创新方面，加快重大科技成果向现实生产力转化，培育壮大具有自主知识产权的创新型企业，不断提升产业层次，制定《广东自主创新规划纲要》等。同时严格行业准入门槛、加强监督检查力度，推动落后装备与技术的淘汰与退出，提高技术装备水平和环境保护水平。

中微观方面，广东省在全省不同地区、不同部门选取了 52 个全省产业转型升级的突破点，加大整合资源力度，积极利用各方资源，以更加有力的措施推动产业转型升级。主要的举措如下。

1. 产学研合作，促进自主创新提升

各地各有关部门积极探索形式多样、开放式的政产学研合作模式，加快专项课题研究和科技成果转化，着力在重点行业和领域突破一批关键技术。例如，阳江市特别围绕五金刀剪产业，制定五金刀剪技术路线图，组建五金刀剪产学研创新联盟，建立五金刀剪产业技术创新平台，开展五金刀剪产业关键性技术攻关，建立企业科技特派员工作站等，有力地推动了传统产业转型升级。惠州市以培育企业技术（工程）中心为重点，完善以企业为主体、市场为导向、产学研相结合的创新体系，在电子信息、LED领域掌握了一批具有自主知识产权的核心和关键技术。汕尾市着力推动企业加快专项课题研究和科技成果转化，促进企业产学研用结合，研制出国内首创的鱼皮胶原肤和鱼鳞胶原肤，经济效益提高了 30 倍以上，填补了中国蛋白肤中分子量低于标准的空白。同时，积极指导鼓励支持企业建立健全技术研发机构，打造国家、省、市的企业技术中心和工程技术研发中心，不断提升企业的核心竞争力。东莞和江门两市在国家认定企业技术中心实现了零的突破，佛山南海联邦家私成为家具行业目前唯一一家国家企业技术中心。潮州市加大以企业技术中心为抓手的创新平台建设，设立国家陶瓷及水暖卫浴产品质量监督检验中心（潮州）、潮州陶瓷研究院等一批公共检验服务平台，有 5 家卫生陶瓷企业参与国家强制性标准的制修订工作，在陶瓷产业标准技术上实现话语权，提升陶瓷产业竞争力。

2. 优化存量，促进传统产业高端化

运用高新技术、先进适用技术和现代管理技术改造提升传统制造业，

推动传统制造业加快向产品研发、设计、营销等附加值高的产业链环节延伸。通过集中国家、省、市财政的投入，支持优势传统产业的重点技改项目和平台建设，加快传统产业的改造步伐，促进产业升级。例如，阳江市积极引导企业加快建立现代管理制度，加快企业人才队伍建设，推动企业从传统封闭治理模式向现代开放治理模式转型、从家族企业向现代企业跨越。中山市市财政产业发展资金设立优势传统产业升级项目子项，对电器机械、金属制品、纺织服装、家具、食品等中山优势传统产业的59个项目给予2120万元的专项扶持资金。中山小榄镇紧抓优质企业、优质项目，积极鼓励优秀企业上市，大力支持企业从产品经营走向资本经营的转变，发挥龙头企业的辐射带动作用，做大做强产业集群。

3. 品牌建设和名牌带动，提升产业集群核心竞争力

各地纷纷加大财政投入，加大研发力度，推进自主品牌产品开发，推进产品标准化建设，开展名牌培育，强化区域品牌建设，提升产业集群核心竞争力。省经信委大力实施千百亿名牌培育工程，加强产业集群品牌开拓，大力培育名牌、名标和区域品牌，目前全省产业集群升级示范区拥有省级以上名牌产品688个，驰名（著名）商标772件，分别占全省的47.74%和29.15%。例如，中山古镇出台管理办法规范"古镇灯饰"产业区域品牌的使用管理，实施（古镇+图）商标战略，鼓励符合资格企业使用优质标志等优惠政策；并通过省经信委申报创建工业和信息化部国家新型工业化产业示范基地，提升古镇灯饰产业集群发展。珠海市通过申请"珠海打印耗材"、"世界打印耗材之都"集体商标等，加大珠海打印耗材区域品牌的宣传力度；树立珠海打印耗材产业的公共形象。东莞市以国家、省名牌分别奖励100万元、30万元的标准，投入1660万元财政资金对去年新获名牌的企业进行表彰；通过各大媒介对大朗毛织、厚街鞋业等16个市重点扶持发展产业集群以及名牌名标开展大范围宣传；在国内和世界多个国家注册区域商标树立了大朗、厚街等区域品牌。

4. 重大项目带动，强化产业集聚发展

各地积极发挥重大项目的龙头带动作用，以重大项目的突破带动相关配套产业的发展，既完善了产业链条，又强化了产业的集聚发展。例如，广州市加强城市商业网点规划，优化商业网点布局，推进重点商业项目建设，引进高端商业品牌，打造餐饮业亮点工程，建设国际化水平的会展聚集区，加快形成都会级现代商业聚集区。河源市瞄准世界 500 强和国内 100 强电子信息企业开展重点招商，成功引进了一批总投资 100 亿元的中兴通讯河源生产研发培训基地等重大投资项目，引进一批电子信息上下游关联配套项目，促进手机产业做大做强。阳江市大力开展招商引资，吸引研发设计企业、服务支持企业落户阳江，加快产业链的延伸和发展。顺德区和英德市签订区域经济合作协议，本着政府引领、市场运作，优势互补、共同发展，全面合作、互利共赢的原则，两地建设广东顺德清远（英德）经济合作区，为产业转型升级构筑新的载体。惠州市重点在规划引导、重点项目建设、关键技术突破、投融资体系建设等方面推进 LED 产业集群基地、光电产业基地两个产业基地建设，力争到 2015 年，把惠州建设成为全国重要的、技术创新基地和应用示范基地，成为战略性新兴产业发展的主要载体和新的经济增长极。

5. 节能减排，推动产业绿色低碳发展

各地各有关部门进一步明确目标责任，加大工作力度，切实抓好节能减排重点工作落实，加快循环经济示范体系建设，扩大清洁生产审核领域，推动产业向绿色环保型发展。例如，惠州市持续深化节能降耗工作，注重在统筹谋划、整体推进、优化结构上下功夫，从 2008 年至 2010 年节能措施得分连续 3 年排名全省第一；2011 年又全力扭转了上半年能源单耗仅微降的劣势，全年单位 GDP 能耗下降幅度达到 3.6%。潮州市在陶瓷产业中开展以节气为重点的窑炉技术改造，陶瓷产业节气 30% 以上，潮州陶瓷产区单位产品能耗量低于国内同行业平均能耗量 10% 以上，节能降耗领跑全国。梅州市促进水泥产业走新型工业化道路，加强政策规划引导，确保列入 2011 年省淘汰落后水泥产能计划任务顺利完成，构建绿色现代产业体系、加快绿色的经济崛起。

6. 信息化提升，加快工业化与信息化融合

各地推动物联网等信息技术在工业领域的应用，加速企业管理信息化，发展电子商务，推动信息技术服务企业与传统产业企业间加强交流与合作，形成工业化和信息化的互动发展格局。例如，云浮市通过温氏集团畜牧养殖物联网示范工程的建设，搭建起畜牧养殖物联网关键技术研发公共平台，带动广东省乃至全国畜牧养殖物联网产业的发展，从而全面提高中国畜牧养殖业的信息化水平。深圳市"蛇口网谷"项目建成后将引进互联网、电子商务和物联网及相关产业的企业 300 家以上，实现年产值 300 亿以上，打造成高效益产业和高素质人才集聚，生产、生活、生态和谐发展的现代化产业基地，成为华南区最重要的互联网、电子商务产业基地以及物联网产业应用示范基地之一。湛江市加快推动用信息技术改造提升传统产业，实施信息化与工业化融合示范工程，重点建设了吴川"中国羽绒网"、廉江"家电 WAP 网"与"官渡工业园""一园两网"等信息化示范点工程；支持以专业镇、产业园区（基地）或龙头企业为依托的产业集群信息公共服务平台建设，为中小企业提供政策法规咨询、产品研发、质量认证、软件租用、信息技术培训、在线支持等服务。

7. 公共服务平台，促进配套服务体系建设

各地以先进技术开发及产业化应用为基础，加快技术研发平台建设；针对建立品牌、开拓渠道的需求，搭建商贸交易平台；强化信息化手段的应用，提高公共服务水平。例如，东莞市重点抓四大平台建设，市、镇财政加大扶持力度加强创新服务平台建设，打造大朗镇毛衫流行趋势发布基地、厚街镇"全球潮流趋势发布会"等商贸采购、建立品牌、开拓渠道、引领潮流的综合展示平台，引进检测企业开展毛织品测试、检验、认证服

务建设检测平台，与黄埔海关达成加工贸易联网管理、建设毛织网和毛织数据库提供信息服务建设信息平台。中山市小榄镇不断加大对以小榄镇生产力促进中心为主体的公共服务平台的投入，充分发挥小榄镇商会等行业组织的服务、引导和桥梁作用，以完善的中小企业公共服务体系助推企业转型升级。省经信委和顺德区政府共建广东工业设计城，推进九大重点建设项目，搭建六大公共服务平台，汇聚工业设计机构及设计大师60余家，设计人才600余名，每年完成创新设计项目3000余项，获得专利500余项，设计销售产值近2亿元，拉动工业产值近100亿元。

三、上海和江苏工业企业转型发展情况

近来，各地政府及一批优秀企业转型意识较前两年高涨，转型发展的意识在强化、越来越明确。这主要是由于发展环境发生了重大变化，并且中国经济社会已经发展到了一个崭新阶段。资源环境约束越来越突出，过去依赖于要素投入、规划化扩张的发展模式已无法适应新的发展要求，"萝卜快了不洗泥"的发展阶段已经过去。政府和优秀企业对此已有清醒认识。2009年出台的"十大产业调整振兴规划"等就集中反映了政府对此的判断、认识。我们调研的上海市①和江苏省②的企业在转型发展方面走在全国前列，积累了一些经验，同时也对转型发展过程中遇到的一些困难提出了政策诉求和建议。

（一）两地经济和产业发展基本情况

上海市2011年实现生产总值1.92万亿元，按可比价格计算，比上年

①　上海确立了"创新驱动、转型发展"的总体思路，构建战略性新兴产业引领、先进制造业支撑、生产性服务业协同发展的现代工业体系；设立规模为100亿的"转方式、调结构"专项资金等。

②　2009年南京"千企升级"，2011年江苏"万企升级"。

增长 8.2%。其中，第一产业增加值 124.94 亿元，下降 0.7%；第二产业增加值 7959.69 亿元，增长 6.5%；第三产业增加值 1.11 万亿元，增长 9.5%。第三产业增加值占全市生产总值的比重为 57.9%，比上年提高 0.6 个百分点。全年实现工业增加值 7230.57 亿元，比上年增长 7.5%。全年战略性新兴产业总产出 1.02 万亿元，比上年增长 12.2%。电子信息产品制造业、汽车制造业、石油化工及精细化工制造业、精品钢材制造业、成套设备制造业、生物医药制造业等六个重点工业行业完成工业总产值 2.13 万亿元，比上年增长 6.5%，占全市规模以上工业总产值的比重达到 66.7%[①]。近年，上海的消费需求高于投资需求、三产发展快于二产、先进制造业快于一般工业、现代服务业发展快于服务业整体水平、外贸进口快于出口、节能减耗水平高于全国，城市功能显著提升，金融、贸易、航运软硬实力大幅提升，经济形态正在快速向服务经济转型。

江苏省 2011 年实现生产总值 48604.3 亿元，按可比价格计算，比上年增长 11%。其中，第一产业增加值 3064.8 亿元，增长 4%；第二产业增加值 25023.8 亿元，增长 11.7%；第三产业增加值 20515.7 亿元，增长 11.1%。人均地区生产总值 61649 元，比上年增加 8809 元[②]。产业结构持续优化，三次产业增加值比例调整为 6.3∶51.5∶42.2。江苏省近年产业优化升级步伐明显加快。江苏工业经济以实施转型升级工程为重点，稳增长、调结构、抓创新协调推进，加快了实现由工业大省向工业强省跨越的步伐。"十一五"期间，江苏工业增加值年均增长 17%；2011 年工业增加值达到 2.5 万亿元，同比增长 13.8%。总量位居全国榜首，"十一五"末工业经济总量重返全国第一位置。主要行业长期在国内处于第一方阵，机械、纺织行业总量居全国首位，电子、石化、冶金、医药行业居全国第二，建材、轻工行业分列全国第三、第四。

---

① "2011 年上海市国民经济和社会发展统计公报"。
② "2011 年江苏省国民经济和社会发展统计公报"。

（二）两地工业企业转型发展的情况

新兴业态涌现。两地企业转型发展的突出表现为新兴业态不断出现，并快速出现一批具有引领行业发展和变革地位的企业。这些企业由于市场快速成长，并通过自身在服务模式和盈利模式领域的创新，业务稳步扩大，成长性及持续盈利能力良好。如上海春宇供应链管理有限公司是中国最大的基于电子商务平台的化工供应链服务提供商，成长非常快。南京海尔曼斯等为应对网购潮流，开始构建网络营销体系。

向价值链两端延伸。两地企业转型发展的另一个特点是努力向价值链两端延伸。如上海三菱电梯将服务创新作为提升制造竞争力的有效途径，引进世界先进的安装维保技术，通过电梯远程服务系统、800/400 全国 24 小时服务热线，提供产品附加服务以实现现代服务产业化，服务业务营收占比已达 20%。再如上海英格索兰认为产品创新、节能高效解决方案是持续增长的引擎，2010 年 11 月在多元化工业基础上成立节能服务公司，创新合同能源管理、能源托管、交钥匙工程、系统整改及舍白淘汰换新工程等多样节能服务商业模式适合不同业务需求。其他具有向价值链两端延伸转型发展特征的企业还有：南京康尼机电从制造向服务延伸；上海电气从制造向工程总承包延伸；华光股份从单一的锅炉制造逐步向以工程设计为主的电站设计、设备成套、工程总包及主要设备制造转变，具备了 150MW 火电机组的设计总包能力；无锡锡州机械有限公司从生产领域向生活领域延伸。

重视创新。如上海电气依靠技术创新提升企业核心竞争力，年均科技投入 40 亿元左右，依靠跨国并购后的资源整合、推进开放型市场化重组、推进新一轮合资合作等商业模式创新实现可持续发展（与跨国公司携手立足于全球市场，与 30 年拓展中国市场的合资有本质不同，也有别于以前的技术引进性合资）。浙江贝达药业公司用 10 年时间研发成功世界第三个、中国第一例小分子靶向抗癌药，结束了中国小分子靶向抗癌药完全依赖进口的历史。

绿色发展逐渐成为自觉理念。如强生（中国）有限公司采取全球一致的可持续发展战略，将安全和环境保护放在经营策略首位。精益生产，选用节能、环保材料和技术，产能提高85%，每年节约2.4万吨水和近10万美元的能耗。中国华电集团综合运用电源结构调整、技术升级和创新管理等方式大力发展循环经济，推进清洁生产，淘汰落后产能。供电煤耗从2009年的340.4克/千瓦时降至321.1克/千瓦时，年均下降6.4克/千瓦时。

专栏2　　　　　　**上海电气转型发展的主要做法**

坚持四个依靠：依靠技术进步，提升企业核心竞争力；依靠商业模式创新，实现持续发展；依靠改革和管理，提高企业经济效益；依靠人力资源，实现"再次创业"目标。

1. 依靠技术进步，提升企业核心竞争力。主要措施有：明确公司研究技术发展战略，构建一体化的技术研发体系，持续保持科技高投入，实现若干重大技术突破；善于向行业内顶尖的跨国公司系统学习；积极自主创新，对接国家和上海的战略性新兴产业规划。

2. 依靠商业模式创新，实现持续发展。在这方面的转型发展举措有：从单一的装备制造向工程总承包延伸；瞄准细分行业龙头，稳妥推进跨国并购；创新合作形式，与国际知名公司开展新一轮的合资合作；与央企紧密合作，共同推进技术突破；发挥上海现代服务业发达的优势，推进二、三产业结合。

3. 依靠改革和管理，提高企业经济效益。这方面采取的主要举措有：减少下属企业法人，减少富余人员；改革重心由解决历史遗留问题，转向建立可持续发展机制；加强管理，"专注到傻"。

4. 依靠人力资源，实现"再次创业"目标。这方面采取的主要措施有：探索形成核心员工管理和激励机制，加快引进紧缺高端人才并加强培养，着重完善经营管理人才结构并加强交流。

（三）两地工业企业转型的主要成就、经验与问题

1. 主要成就

江苏省走出了一条实体经济支撑强劲、具有一定示范效应的科学发展、创新发展、率先发展之路。主要表现为：总量规模持续领先，工业经济规模大，发展速度快，总量位居全国前列。

经济效益稳步提高。工业经济发展规模速度与质量效益有机统一，实现了利润、利税增速高于销售收入的良性循环。"十一五"期间利润、利税年均分别增长 29.4% 和 26.5%，总量居全国第二。

产业结构逐步优化。高新技术产业和新兴产业规模壮大。2011 年，江苏全省高新技术产业产值突破 3.6 万亿元，占工业比重达 35% 以上；新兴产业销售收入达到 2.6 万亿元，增长 30% 以上。生产性服务业提速发展，增加值占 GDP 比重年均提高 1 个百分点；软件和信息服务业业务收入 3100 亿元，增长 35%。

创新能力不断增强。企业创新主体地位逐步强化，创新体系不断完善，技术进步投入不断加大，创新成效显著。2011 年，江苏国家和省级企业技术中心突破 700 家，全社会研发经费占地区生产总值比重达到 2.2%，企业专利申请、授权量居全国首位。两化融合初见成效，信息技术广泛应用于工业领域，信息化带动产业发展效果明显。

集聚效应日益显现。工业园区、产业集群规模壮大，大企业、大集团支撑带动作用增强，企业集聚效应逐步显现。2011 年，园区工业产品销售收入占全省工业比重超过 70%，产业集聚区实现营业收入 4.8 万亿元，同比增长 20%。

外向发展水平提升。"引进来"质量不断提高，"走出去"步伐明显加快。

绿色制造有效推进。节能减排措施有力，淘汰落后步伐加快，可持续

发展能力显著增强。2011 年，江苏单位 GDP 能耗在"十一五"期间下降 20.45% 的基础上再下降 3.52%，超额完成主要污染物减排任务。

近年来，资源能源约束加剧、环境容量制约、商务成本随经济发展水平不断提高、投资保持高幅增长难以为继、世界经济格局发生新变化对国际竞争提出更高要求等挑战促使上海主动选择转型发展。首先，上海近年的产业结构进一步优化。服务业成为上海经济发展的绝对主力，就业人数占比近 60%，对经济增长贡献率达 60%，地方财政收入占比 70% 以上，利用外资占比超过 80%；上海 2011 年战略新兴产业占 24%，传统制造业向服务转型，代工企业向外地转移，留在本地的企业注重提升业务能力和提高代工利润率，生产性服务业比重大幅提升，已经占第三产业的 52.3%。其次，经济增长告别投资拉动，转向消费拉动。上海 2011 年 GDP 增长 8.2%，固定资产投资"零增长"，而社会消费品零售总额增长 12.3%，对经济增长的贡献位居第一；同时，投资结构转型，每年 1300 亿 ~ 1400 亿元工业投资中，战略新兴产业投资占 30%，对外地投资增加，如宝钢 75% 投资在外地；工业企业研发投入保持 15% 的增长速度。第三，工业布局优化。上海最近提出进一步完善工业的"三环布局"，在内环线以内，限期淘汰属于禁止类中的行业、产品，相关生产企业基本完成"改性"（向第三产业）或"转型"（向创意产业和都市型工业）改造，加快中心城区工业优化布局转型发展；在内外环线之间，重点发展都市型工业和高科技产业以及与支柱工业相配套的产品；在外环线以外，大型新增工业项目向市级以上工业区集中，并按各工业区产业功能定位导向布局。第四，工业节能成果显著。过去五年，上海加快淘汰落后产能，万元生产总值综合能耗下降 5.32%。目前，上海万元 GDP 能耗在全国是最低的几个省份之一。

2. 主要经验

企业转制奠定转型发展基础。如南京白敬宇药业公司由老字号国企转制成全员持股的有限责任公司，南京康尼由校办企业转制成高管持股的民营高科技企业，南京海尔曼斯集团有限公司是军转民企业，南京工艺装备制造有限公司由传统国企转制成国有控股。改制使企业焕发了活力、完善了内部激励机制，战略投资者改善了企业治理机构，形成有效的外部约束。

重视提升劳动生产率。企业转型是内外部混合作用，以内因为主，首要是提高效率。以前中国具有劳动力成本低的优势，现在的企业重视投入买机器以代替人工大批量生产，买最好的制造设备、检测设备，完善管理体系等。上海华昌纱线厂、无锡锡州机械有限公司均是如此。这些企业的共同特点是：创新战略以"价值创造"为核心，把创造可持续价值、提升劳动生产率作为创新追求。

拓展产品线或业务领域。南京海尔曼斯参与研发了很多部门行业（总后、公安部等）的标准研制工作，拓展了业务渠道。同时，这些企业在发展中都能比较好地把握好速度与质量的关系，平衡好企业发展的短期和中长期利益。

3. 两地工业企业转型发展过程中存在的问题与困难

两地工业企业转型发展虽然取得了巨大成绩和丰富经验，但在转型发展过程中也暴露出不少的问题，在政策环境和市场环境建设方面还存在着诸多制约企业转型发展的障碍亟待破解。

转型发展的经济制度环境需要重构。一些政策、监管与一些新兴业态有冲突、碰撞。如行业分类和资质管理过于传统，一些新兴行业企业很难找到行业主管部门，申请上市、产品合格证书等后续手续很难处理。如某行业领先企业资质认定时，首次不能申请一级，承担项目时不能有合格资质。同时还存在对新兴行业的监管滞后等问题。中国经济进入了新的发展阶段，发展服务经济所需制度环境与工业经济不一样，以前的制度是为促进工业化发展的，不适应或制约了发展服务经济，需要重构包括税收、监管、信用、统计等各个层面的经济制度。

政府部门之间的工作职能有待理顺，应更加注重完善企业招标、中小企业融资、支持企业"走出去"获取"两种资源,两个市场"等领域的机制设计。

政府的宏观调控和对企业转型发展的引导应更多地从经济性规制转向社会性规制,简化产业政策、强化社会性规制。未来的产业政策应该强化社会性规制(安全、环境、资源和外部性等),在控制产业发展对环境的影响、降低资源消耗和能源消耗等方面发挥更大的作用。同时,政府应该充分发挥政府组织的重要工程和重大项目对于一些产业发展的带动作用,从需求侧来促进企业提高技术水平和增强产业竞争力。通过这些措施,制定所有制中性、更具竞争性、严格限定应用范围的产业政策体系,打破垄断、放松管制、放宽准入、开放市场、鼓励竞争。

一些部门的审批效率亟待提高。如新药审批缓慢,对创新型制药企业发展影响很大,成为制药企业反映普遍存在的问题。转型是长期并有痛苦代价的过程。中国已有一批优秀企业开始主动调整,大多数企业也在积极适应;企业转型发展的意识越来越明确。我们所调研的企业大多认为"企业问题最终还是靠企业自身解决"。就政府而言,应提高心理承受能力,相信企业的适应、调整能力,尊重企业的市场主体地位,重视市场规律,坚持市场化原则,通过完善政策环境为企业创造公平竞争、鼓励创新、有序经营的市场环境。转型必然伴随创新,市场化原则绝不意味政府在企业转型发展过程中无所作为,而是可以创新体制机制,通过规划、社会性规制、需求侧鼓励、政策引导、资金支持等发挥重要作用。

创造有利于企业形成稳定预期和长期行为的政策环境。中国正处于经济社会的加速转型期,政府频频出台各种调控政策,其中多数为应急型政策,容易导致企业短期行为,影响企业的创新、转型和升级等长期行为。中国的企业家经常要面对市场和政策的双重不确定性,企业经营决策面临更加复杂的局面,导致很多企业缺乏稳定预期和长期行为。建议尽可能减少应急型政策,创建稳定和可预期的政策环境,对地方政府实行与转型发展相适应的指标体系和考核体系,这将有利于长远规划的优秀企业规范化、规模化转型发展。

政府在支持实体经济发展，保护知识产权，打击假冒伪劣产品，培育具有民族自信和自豪感的成熟消费者理性健康消费等方面可以发挥更积极作用，特别是要发挥政府在产业规划、政策引导、资金支持等方面的积极作用：如企业和地方对政策的精致性提出更高要求，主要表现为希望有考虑地区差异的、有可操作性、有区别的区域差别发展政策，如差别性的转移支付政策、金融支持政策、减排政策等。转型发展有新的特点，追求可持续发展同时也会出现"业务结构此消彼长"、"技术研发投入增大"、"效应显现滞后"、"模式创新有成有败"等现象。传统的指标体系基本上是 GDP 导向，对企业而言，主要是工业总产值、收入、利润等指标，已难以准确反映企业转型发展的真实状态，也难以体现对企业转型发展的激励作用。全社会缺乏与转型发展相适应的指标体系与考核体系，两地地方政府和很多企业都呼吁应尽快形成与转型发展相适应的指标体系和考核体系。

此外，以现有（传统）加工制造业为基础提升效率和附加值，可能比"新兴产业替代"更为现实。因此，还应充分重视传统产业的转型升级、加大对企业技术改造的支持力度、加大对中小企业的金融支持力度、制定战略性新兴产业市场需求鼓励政策、具有明显经济效益和社会效益的先进技术的强制推广使用、国家强制性措施引导战略性新兴产业发展，研究制定战略性新兴产业创新需求激励政策，扩大企业研发费用加计扣除范围。

最后，在我们对中国企业转型发展情况进行的大规模调查研究过程中，不少企业反映应收账款呈不断上升趋势，资金回笼难度越来越大，相互拖欠现象较为普遍，20 世纪 90 年代初曾严重困扰中国企业的"三角债"问题有卷土重来之势。"三角债"会加剧企业融资困难，破坏市场信用体系，影响社会和谐稳定。潜在的企业"三角债"危机需要各方高度重视、未雨绸缪。企业（社会）信用体系不健全、法治不完善也是新"三角债"复发蔓延的重要原因，实际上是法治部分失灵和企业诚信危机。解决企业

"三角债"的基础在于完善企业信用体系。可依托央行征信信息系统等技术手段，建立、完善企业债务风险监测预警体系；完善信用监督和失信惩戒机制，发展信用服务市场，加快建设企业和个人信用服务体系；引导企业重视信用风险管理、完善经营管理机制。

四、浙江省企业转型发展的情况

"十一五"以来，浙江全面实施"八八战略"和"创业富民、创新强省"总战略，加快推进产业结构升级和增长方式转变，经济总量快速增长，经济效益保持较好水平。

（一）转型发展成效

1. 数据变化

①总量。2010年，全省规模以上工业增加值10397亿元，比上年增长16.2%，"十一五"期间年均增长13.5%。规模以上工业企业数增加，由2005年的4万个发展到2010年的6.3万个，在全国31个省市中居首位，占全国的14%。

②效益。规模以上工业企业实现利润从2005年的1098亿元增加到2010年的3004亿元，年均增长23.2%；全员劳动生产率由2005年的8.4万元/人提高到2010年的12.9万元/人，增长53.6%；利润总额3004亿元，比上年增长47.3%，年平均增长23.2%。

③企业活力。在规模以上工业企业中，大中型企业工业增加值比重由2005年的51.3%提高到2010年的53.1%。2010年，私营企业增加值4252亿元，比上年增长18.4%，增幅居各经济型之首。私营企业增加值占规模以上工业的比重为40.9%，港澳台商、外商投资企业增加值占到25.6%非

公有制经济成为工业经济的重要组成部分。全省规模以上工业企业中，属于高新技术产业的企业达 11048 家，比 2005 年增加 4928 家，占企业总数的 17.4%，比 2005 年提高 2.3 个百分点。

④自主创新能力。2010 年，全社会科技活动经费为 830 亿元，比 2005 年增长 1.58 倍，年均增长 20.9%，R&D 经费投入相当于 GDP 的比例由 2005 年的 1.22% 提高到 1.82%。规模以上工业新产品产值 10143 亿元，新产品产值率达 19.6%，比上年提高 1.7 个百分点，比 2005 年有较大幅度的提高。高新技术产业增加值 2396 亿元，占规模以上工业的 23%，比重比 2005 年提高 5.3 个百分点。

⑤节能降耗。2010 年，单位 GDP 能耗降为 0.72 吨标准煤/万元，完成万元生产总值能耗降 20% 的目标任务，年均降幅 24.4%，总节能 3400 万吨，以年平均增长 7% 的能耗支撑了年均 11.8% 的经济增长。化学需氧量排放量削减 15.1%、二氧化硫排放量削减 15%。八大高耗能行业增加值 3814 亿元，占规模以上工业增加值比重为 36.7%，比 2005 年降低 0.4 个百分点。

⑥淘汰落后产能。累计淘汰落后炼钢能力 230 万吨、炼铁能力 13.2 万吨、关停小火电机组 527 万千瓦。冶金行业已关停小电炉 53 座、小轧钢 27 条、小高炉 13 座，分别销毁钢、材、铁产能 230 万吨、75 万吨和 14 万吨，关停小铁合金产能 80 万吨，水泥行业全部淘汰机立窑 705 台、产能 5820 万吨，水泥小磨机 99 台、产能 755 万吨，成为全国第一个水泥生产完全新型干法化的省份。

2. 产业布局

①装备制造业。浙江是全国重要的装备制造和出口基地，杭州大型成套设备、绍兴节能环保设备、温州电工电气装备、宁波塑料机械、街 111 动力机械等一批特色产业基地地位突出。截至 2010 年底，全省拥有规模以上装备制造企业 25790 家，全年实现工业总产值 18378 亿元，约占全国的 10.1%。

②汽车产业。规模快速成长，结构不断优化，并在杭州、宁波、台

州、金华、温州、绍兴等地形成了具有一定规模与特色的整车与零部件产业集聚区。截至 2010 年底，全省拥有整车企业 62 家，年产各类汽车 54.4 万辆，实现汽车及零部件工业总产值 1627 亿元，约占全国的 5.38%。

③船舶产业。基本形成了以舟山为核心，宁波、台州、温州各具特色的现代船舶制造基地，船舶产业规模位居国内前列。截至 2010 年底，全省拥有规模以上船舶修造及设备企业 337 家，年造船完工量达 1066.8 万载重吨，全年实现工业总产值 867 亿元，约占全国的 12.8%。

④石化产业。通过宁波石化经济技术开发区、中国化工新材料（嘉兴）园区、杭州湾上虞工业园区、衢州氟硅新材料产业基地等一批专业化工园区的培育建设，形成了以炼油、有机化工原料、合成材料及下游化学品制造业为主体的产业体系，2010 年实现规模以上企业工业总产值 5400 亿元以上。钢铁产业以压延加工为主，杭钢、宁钢已成为国内钢铁行业的重点骨干企业，宁波、温州、嘉兴、丽水等地建成了各具特色的不锈钢企业集群，形成了以废钢熔炼为起点，集热轧、开坯、冷轧及制品加工等为一体的不锈钢产业链。截至 2010 年底，全省拥有规模以上钢铁企业 877 家，全年实现工业总产值 1878 亿元，约占全国的 3.29%。

⑤电子信息产业。全省拥有各类国家级和省级信息产业基地（园区）30 家，形成通信和计算机、电子机电、电子元器件及材料、软件和信息服务 4 个超千亿产业集群和 7 个超百亿元产业基地（园区），2010 年实现主营业务收入 8055 亿元，产业规模居全国第 5 位。

⑥医药产业。以杭州、台州、绍兴为重点，上下游相互衔接、企业集聚发展的医药园区格局基本形成。截至 2010 年底，全省拥有规模以上医药企业 548 家，全年实现工业总产值 772 亿元，约占全国的 6.4%。

⑦纺织产业。浙江是全国最重要的纺织产业基地，也是世界级的化纤产业基地，余杭家纺、嵊州领带、温州鞋业、绍兴纺织等一批产业集群在国内纺织业中地位突出。截至 2010 年底，全省拥有各类纺织企业 13365 家，全年实现工业总产值 8279 亿元，约占全国的 19.4%。

⑧轻工业。浙江是全国的轻工业大省，产业门类齐全，区域特征明显。其中，家电行业主要集中在杭州、宁波、温 111 等地，皮革业主要集中在海宁和温州，造纸业以杭州、宁波、嘉兴 3 市为主，塑料制品业主要分布在宁波、温州、台州等地。截至 2010 年底，全省拥有规模以上轻工业企业 18706 家，全年实现工业总产值 11815 亿元，家电、塑料制品、食品饮料、皮革和造纸五大行业的工业总产值已超过全省轻工业总产值的一半以上。

⑨建材产业。长兴、建德、兰溪、衢州、诸暨、富阳、桐庐等地水泥产业已有较大规模，南涛、嘉善已成为全国最大、专业分工齐全的装饰装修木制品生产基地，并形成了玻璃纤维、陶瓷产品、新型墙体材料等一批块状经济区域。截至 2010 年底，全省拥有规模以上建材工业企业 1921 家，全年实现工业总产值 1355 亿元，约占全国的 4.8%。

⑩有色金属产业。我省有色金属以加工业为主，块状经济特征明显，诸暨、江北、富阳等地形成了颇具特色的铜加工块状经济，路桥及镇海建成了国内重要的再生金属拆解回收基地，富阳、桐庐形成了铜渣、铜泥再生利用基地。截至 2010 年底，全省拥有规模以上有色金属工业企业 940 家，全年实现工业总产值 1858 亿元，约占全国的 6.2%。

(二) 需要进一步改进的方面

1. 投资体制如何更好与市场经济发展相适应

2004 年，国务院印发《关于投资体制改革的决定》（国发〔2004〕20号），对于落实企业投资决策权、发挥市场机制起到了重要的作用。经过多年的发展，经济社会发展水平、宏观环境、市场情况、企业实力均发生了很大的变化，如何适应新的形势发展，进一步推进投资体制改革，按照"谁投资、谁决策、谁受益、谁承担风险"的原则落实好企业投资自主权，激发企业动力。要进一步修改完善国家核准目录，哪些行业需要交给市场、哪些项目的审批产能规模需要调整。浙江省于 2005 年出台实施《企业投资项目核准和备案暂行办法》，如果国家进行了修改完善，浙江省也可以根据国家的政策作出调整，将能够下放的审批权下放到市县，进一步增强活力，方便企业办事，提高行政效率。

2. 如何进一步推进行政审批制度改革

这是各级政府老生常谈的一个难题，也是与企业发展关系最为密切的一件事情。如何做到"减少审批事项、减少审批部门、减少审批环节、减少审批时间"，需要优化行政审批流程。按照各部门的审批职责，逐项理出流程的各个环节，将具体时间、条件等予以明确，形成一套标准化流程并予以公开。

3. 国家专项资金如何更好支持产业发展

2008 年，国际金融危机爆发以后，国家为了扭转经济过快下滑的形势，实施专项资金支持产业振兴，发挥了一定的作用。但是，实施过程中会遇到信息不完全、市场变化、判断偏差、人为因素影响等。如何使国家资金流向支持对产业转型起作用的项目、最需要资金改进技术的企业、真正起到"四两拨千斤"的杠杆作用，需要在确定支持方向、项目筛选申报、专家评审等环节加以改进。

4. 支持中小企业尤其是小微企业发展

中小微企业是创业创新的主体，是市场经济是否发育良好的重要标志，是经济是否具有活力的有效试金石。一是在产业集聚区、开发区划出一定比例用地，或建设中小企业标准厂房，为中小微企业发展解决空间问题。二是加大中小企业技术改造专项资金的支持力度，突出对科技型、成长型中小微企业的支持，鼓励它们往专业化、精细化方向发展，增强竞争力①。

---

① 资料来源：浙江省发展改革委。

五、新形势下东南沿海产业转型升级的方向和思路

转型升级、提高产业核心竞争力是"十二五"中国产业发展的主要任务。东南沿海作为中国经济发展的引领和改革开放的先行地区，探索产业转型升级的新途径、新举措，既是自身转变经济发展方式的内在要求，也可以为全国发挥示范带头作用。本报告以杭州为案例，分析了产业转型升级面临的问题和矛盾，提出了下一步转型升级的思路和相关政策建议。

（一）当前东南沿海产业转型升级面临的新矛盾、新挑战

改革开放30多年来，中国东南沿海在产业发展取得显著成效的同时，其发展模式的弊端也日益显现，尤其是近年来，随着国内外环境的变化，东南沿海产业转型升级面临着新的挑战和冲突，具体表现在以下方面。

1. 各种要素成本加快上升，传统比较优势进一步削弱

用工成本明显增加，2006～2009年杭州制造业从业人员工资增长了30%，2011年1～4月杭州劳动力成本就同比增长了25%～30%。2011年4月杭州工业品出厂价格指数同比上涨5.7，而原材料购进价格指数同比上涨13.8，原材料价格与工业品出厂价格差距进一步扩大。融资成本大幅增加，2011年一季度，浙江省规模以上工业企业银行贷款余额和流动资产增幅比上年全年分别低2.0和0.5个百分点，应收账款、利息支出增长较快，特别是中小企业利息同比分别增长42.8%和35.4%。此外，2011年用电缺口很大，预计迎峰度夏期间杭州缺口将在100万千瓦以上，制约了企业的正常生产经营。

2. 外需增长动力依然不足，不确定因素较多

发达国家经济恢复较慢，加上发达国家大力推进再工业化、频繁对华

发起贸易摩擦，外贸出口形势不容乐观。同时，企业对大宗商品价格走势、人民币汇率等难以把握，普遍不敢接长单、大单。1~4月，人民币对美元中间价升值幅度超过1.97%。2011年1季度，浙江工业企业出口交货值增长17.5%，比上年同期回落9.6个百分点；4月份出口交货值增长16.4%，比上年同期回落15.0个百分点。

3. 创新能力不足，工业增加值率较低

企业创新投入普遍不足，目前，杭州市规模以上的工业企业研发投入占企业营业额的比例为1.5%，与国内领先企业4.6%的平均研发投入强度相比，差距很大。工业发展质量和效益不高，工业增加值率持续走低，1998年杭州工业增加值率为24.75%，2005年为20.70%，到2009年更是下降到19.08%，低于全国26.5%的平均水平，更低于发达国家35%以上的水平。

4. 基础设施建设量大，民间投资的积极性调动不够

完善的基础设施是产业转型升级的重要条件。随着城市形态的变迁、人口的集聚集中、交通方式的变化、生产生活方式的变革，新一轮的基础设施建设成为许多东南沿海地区发展的重要任务。在政府财力有限、资金缺口较大的情况下，民营投资无疑是很重要的组成部分，但总体而言，民间投资偏少。2011年1季度，杭州民间投资仅占全部基础设施投资的4.5%。其中，以城市市政设施建设为主的水利环境和公共设施管理业及以道路建设为主的交通运输、仓储和邮政业中民间投资比重分别仅为2.6%和5.7%。

（二）下一步东南沿海产业转型升级应着重在三方面下功夫

针对上述矛盾和挑战，结合传统产业转型升级理论，我们认为，未来东南沿海产业转型升级应突出抓好改善产业发展环境、增强产业发展能力和优化产业绩效目标三项重点工作。三者相互联系、相互统一、相互促进。

1. 改善产业发展环境

产业发展环境是产业转型升级的外因，主要包括自然环境、社会环境、政府作用和市场需求等。

（1）自然环境

自然环境主要指资源与基础设施环境、区位、气候条件等，如土地资源、水资源、交通运输、邮电通信、电力供应、油气供应、环保设施等等。这些是产业发展和转型升级基本的、首要的因素。

杭州是国家级风景名胜区，正在建设与世界名城相媲美的生活品质之城，打造国内领先、世界一流低碳城市，这些为杭州产业转型升级提供了良好的自然环境。在调研中我们感到，杭州也面临港口资源利用不足等问题，如何充分利用好杭州京杭大运河的优势，加强运河沿岸码头的整合、加强水运基础设施和现代化功能性港区建设，是改善杭州自然环境的重要内容。

（2）社会环境

社会环境主要包括人才环境、生活环境及人文环境等。一个良好的产业生态系统要发展起来，必须有大批的、多层次的人才。生活环境包括居住条件与成本、良好教育条件、社会治安等。人文环境既包括成文的制度，也包括社会风气，如法制观念、开放意识、竞争意识、合作意识、包容意识等。

杭州市连续6年被评为"中国大陆最佳商业城市"、"中国最具幸福感城市"第一名，荣登"国民休闲贡献城市"、"电子商务十大创新创业城市"榜首，一流的社会环境为杭州产业转型升级营造了扎实的基础。在新的发展阶段，杭州如何继续弘扬"精致和谐、大气开放"的城市人文精神，为来杭州投资建设的企业和人才，打造更加开放公平的环境，也应成为社会环境的重要组成部分。

（3）政府作用

政策是否健全、是否公开透明、是否稳定，对产业的发展有着重要的影响，也是企业考虑是否入驻或长久投资的重要因素。同时，政府的服务水平也十分重要。政府服务效率高，官员廉洁，依法行政，很少摊派，企业得到了优质服务，发展舒心、顺心，口碑相传，越来越多的企业会到来。

杭州在全国率先推出了"满意单位不满意单位"评选活动，将社会评价的"满意单位不满意单位"评选与目标考核相结合，增强了干部服务意识，提升了行政效率，人民群众对政府机关的满意度持续攀升，政府成为产业转型升级的强有力推动力量。在政府作用上，要强化各地政府规划和决策的权威性，加强已有政策的连续性和约束性，提高行政效率和执行力度，形成政府良好的口碑和信誉。

（4）市场需求

市场需求包括国际市场需求和国内市场需求，也包括细分市场的需求。在新形势下，东南沿海产业发展过度依赖于外需的模式已难以为继，必须内外并举，积极拓展国内需求。同时，应适应挑剔且内行的顾客，不断提高产品质量与档次，促进产业转型升级。

在扩大国内市场方面，杭州提出了要利用专业市场的品牌效应扩大杭州产品的国内市场份额，充分利用大型展会提高杭州产品在国内市场的知名度。同时，加强品牌战略，将商标战略工作列入政府目标责任考核体系，提高产品质量，这是杭州结合自身实际推进产业转型升级的重要举措。

2. 增强产业发展能力

产业发展能力是产业转型升级的内因，主要有控制能力、创新能力、协同能力和避险能力等方面。

（1）控制能力

控制能力主要是指从事的产业或产业链上的环节，在全球价值链中是处于全球产业发展的控制地位还是附属地位，是追随者还是领导者，一般而言，具有控制能力的产业或环节，应该处在全球价值链的中高端，这是反映产业发展能力的重要标志。

杭州拥有一批市场占有率名列前茅的企业，娃哈哈的销售收入占饮料业十强的40%以上，华立集团是全球最大的电能表制造商，杭氧集团的空分设备国内市场占有率达60%左右，汽轮集团的工业汽轮机国内市场占有率接近80%，这些都成为杭州提升产业控制能力的有利条件。

（2）创新能力

创新是一个产业持续进步的动力源泉。创新能力主要是指产业的技术原创能力、技术向产业转化的能力怎么样，制度创新的水平如何，等等，是包括技术创新、市场创新、组织创新、产品创新、商业模式创新、金融创新等多方面在内的全面创新能力。

为增强创新能力，杭州提出了科技综合实力和区域创新能力居全国大中城市先进地位的目标，2015年研究与试验发展经费支出占国内生产总值比重达到3%以上，高新技术产业占工业销售产值的比重达到35%。

（3）协同能力

协同能力主要是指核心企业与关联企业、制造业与生产性服务业的协同状况，企业与政府、科研院所、金融机构、教育培训机构、中介服务、行业协会等的协同能力，地区间产业发展的协同能力也是其重要内容。

在促进产业协同发展上，杭州提出，促进块状经济产业链纵向延伸和横向拓展，加快培育现代产业集群。大力推进生产性服务业发展，建设全国物流节点城市，打造长三角南翼金融中心，全力打造全国电子商务中心，打造中介服务业领先城市。调研中，我们感到加强京杭大运河沿岸现代化物流港区建设，是推动杭州产业协同发展的重要步骤。

（4）避险能力

随着国内外形势的快速变化和发展不确定性大大增加，产业发展的风险日益增加。加快构建完善的信息收集、分析、决策和反应机制，增强产业的预见预警和抗风险能力，也是产业转型升级中必须着力增强的。

为应对国际贸易风险，杭州提出要推进对外贸易预警机制和示范点建设，健全外贸运行监测和应急机制。帮助外贸企业积极应对国际贸易摩擦，增强企业规避非关税壁垒的能力。引导企业利用各种工具，规避人民币汇率风险。鼓励行业协会、涉案企业积极开展境外知识产权维权。

3. 优化产业绩效目标

产业绩效是增强产业能力和改善产业环境相互作用的结果。反过来，产业绩效目标也为增强产业能力和改善产业环境明确了方向。新形势下，产业绩效目标应包括投资收益、增长速度、市场份额、产业贡献等方面，包括经济、社会、环境等目标。

（1）投资收益

投资收益反映了产业的资本回报。过低的投资收益不利于利润积累，从而影响研发投入与扩大再生产，对产业的长远发展不利。

2010年杭州规模以上工业利润率由2006年的4.5%提高到6.8%，反映了近年来杭州工业效益得到改善。

（2）增长速度

增长速度，反映了产业发展的快慢，它可以分析某个产业是成熟产业还是潜力巨大的新兴产业，还可分析其在生命周期中所处的阶段，是初始培育期、快速成长期，还是稳定成熟期、衰落期。

2010年杭州通信设备及其他电子信息制造业产值同比增长25.5%，利润增长65.9%。医药制造业产值增长19%，利润增长17.2%。太阳能光伏产业产值同比增长131%，利润增长116%。半导体照明产业同比增长100.77%，物联网产业同比增长35%。显示出杭州高科技产业良好的增长潜力。

（3）市场份额

市场份额，主要衡量该产业在全国乃至全球这一产业中的地位，市场份额越大，地位越重要，发展的稳健性越好，在整个产业中的导向性越强。

杭州提出"十二五"期间要重点发展文化创意、旅游休闲、金融服务、先进装备制造等十大产业，打造国际重要旅游休闲中心、全国文化创意中心、电子商务中心、区域性金融服务中心、高技术产业基地，这要求杭州在上述产业领域在国内占有较高的市场份额。

（4）产业贡献

产业贡献，主要考察产业对当地的贡献，这种贡献既包括经济贡献，如税收、占地区经济总量比重等，又包括社会贡献，如创造就业量，还包括节能环保、建设"资源节约型、环境友好型"社会方面的贡献。

杭州"十二五"规划确定的各类指标中，不仅包含了规模以上高新技术产业占工业销售产值比重、十大产业的发展规模等经济目标，包括了单位生产总值能耗、二氧化碳排放和主要污染物排放等环境能耗指标，还包括力争充分就业社区和充分就业行政村创建达标率100%等就业指标，使产业发展能够更加体现科学发展、和谐发展、协调发展的总体要求。

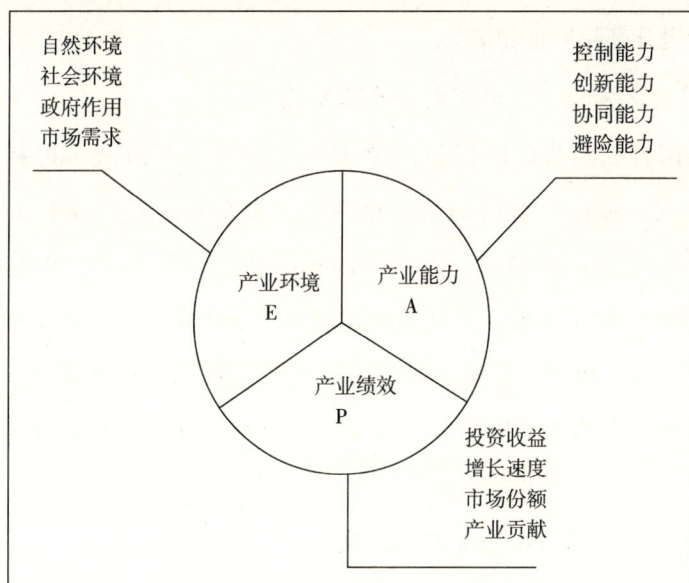

图6.1 产业转型升级示意图

（三）促进东南沿海产业转型的政策建议

1. 切实处理好速度与质量的关系

坚持在发展中促转型，在转型中谋发展，尤其是在宏观形势发生较大变化的情况下，既要保持政策连续性、稳定性、协调性，坚定转型升级的方向和做法，又要周密部署、统筹考虑，做好政策的及时动态调整，避免大起大落，实现质量、速度、效益的统一，实现平稳健康可持续发展。

2. 加强传统产业改造，提升产品质量

高度重视存量资源改造，妥善处理好产业转型和产业转移的关系，推动传统产业的改造提升，拓展研发设计和销售等价值链两端能力建设，加强新技术的应用推广，推动节能降耗和落后产能淘汰，促进工业化与信息化的深度融合。大力实施品牌和知识产权战略，维护良好的市场竞争秩序和环境，提升产品质量和信誉。

3. 创新发展模式，促进新兴产业发展

加强国家创新与区域创新的紧密合作，探索开放式、可持续创新平台的建设，强化产业链的整体创新，大力推进关键技术核心技术研发。突出抓好体制创新，下大力气改革束缚产业发展的体制机制，营造良好的投资软硬环境，不断发挥和增强市场机制作用，形成公平、公正、公开的竞争机制，鼓励各种所有制经济投资新兴产业领域。推动供给侧政策和需求侧政策协调发挥作用，形成政府支持新兴产业发展的新路径。

4. 促进大企业与小企业的协同发展

一方面要着力培育"大而强"的行业龙头企业，提升系统集成能力，发挥导向作用，带动配套企业发展；另一方面要促进"小而精"企业发展，日本一些小企业虽然只有几个人、但其产品世界第一，关键是其掌握

了核心技术，要积极发挥中小企业体制、创新等方面的优势，帮助解决其在融资、技术改造中面临的问题，加大扶持力度，为产业发展提供基础性力量，创造大量就业机会。

5. 强化基础设施建设，发展现代产业集群

适应新形势的要求，创新投融资模式，加快交通、能源、水利、信息等基础设施建设，推进基础设施的综合化、网络化和信息化，提升城市可持续发展的承载能力。加强对传统产业集群的整合提升，优化发展环境，打造良好产业生态，促进产业链条和产业与外部环境之间的协同发展，积极发展物流、金融、信息等生产性服务业，加快培育和发展一批特色明显、创新活跃、环境友好和市场竞争力强的产业集群。

6. 大力实施人才战略，形成人才高地

积极搭建平台，营造良好的创业和生活服务环境，加强优秀人才的引进、培养和集聚，促进人才在当地"生根发芽"。针对不同类型的人才，制定相应的配套政策，切实改革一些束缚人才发挥作用的制度，如外籍人士不能独立承担国家科研项目，高端人才的个人所得税征收偏高等。同时，要避免各地相互挖人才造成的负面效应。

六、湖北省企业转型发展调研分析

（一）湖北省经济和产业发展基本情况

湖北省经济发展长期略低于全国平均水平，但2000年以来发展速度明显加快。从人均GDP水平看，1978年时为333元，为全国平均水平381元的87.4%，到上世纪90年代初与全国平均水平的差距有所缩小，1990年时人均GDP为全国的93.7%。但到2000年时仅相当于全国平均水平的80.1%，2000年以后，特别是2008年以来中部地区崛起，到2011年湖北

人均 GDP 已经达到全国平均水平的 97.2% 。

工业化发展快，工业比重高于全国平均水平。2000 年以来，湖北省工业加快发展，取得了突出的效果。2000 年时，湖北省第二产业比重为 40.5% ，远低于同年全国 45.9% 的水平，而到 2011 年，湖北省三产比重为 13.1∶50.0∶36.9，而全国为 10.0∶46.6∶39.9。比较来看，在 11 年里，湖北省工业比重提高了 9.5 个百分点，而在此期间全国仅提高了 0.7 个百分点，这说明 2000 年以来湖北经济增长主要靠工业加快发展拉动。

工业结构有所优化升级。湖北省自"十一五"以来，强力推进"千亿元产业计划"，优势支柱产业不断壮大，电子信息、钢铁、汽车、石化、装备制造、食品、纺织和建材等八个产业主营业务收入相继突破千亿元，占全省规模以上工业的比重由 2005 年的 65.4% 上升到 77.0% 。以电子信息、生物医药为主的高新技术产业增加值占全省规模以上工业增加值的比重由 2005 年的 26.7% 提高到 27.7% ；重工业中机电产业比重由 2005 年的 38.9% 提高到 39.8% 。一批重点产品迈上新台阶，许多产品达到国际先进水平。

（二）转型发展的情况

1. 企业在加强研发、提高附加价值方面取得一定进展

在湖北的调研发现，尽管湖北属于经济相对不很发达的中部地区，许多企业仍把主要精力放在加快发展方面，但也出现了不少优秀企业，依靠技术升级和创新实现了竞争能力和提高附加价值能力的提升。不少企业在沿价值链攀升方面取得了一定进展，非制造环节（研发设计、品牌价值、销售渠道和售后服务等）对总利润贡献在 10% ~ 50% 之间的企业比重从 2007 年的 52.0% 提高到 2011 年的 60.0% 。

表 6.11　　　　湖北企业非制造环节对企业总利润的贡献（％）

非制造环节对利润的贡献	湖北省			全国		
	2007 年	2009 年	2011 年	2007 年	2009 年	2011 年
10% 及以下	40.0	36.0	28.0	63.0	51.5	44.6
10% ~ 50%	52.0	56.0	60.0	26.3	36.3	41.4
50% 及以上	8.0	8.0	12.0	10.7	12.2	14.0
合计（％）	100	100	100	100	100	100

数据来源：湖北数据来自于 54 家调研企业，全国数据来源于 1491 份问卷调查结果，下同。

企业研发人员比重呈不断提高趋势。被调研企业中，2007 年研发人员占员工总数的比重平均为 14.8%，到 2009 年提高到 16.6%，2011 年进一步提高到 17.4%。从每个企业看，大部分企业研发人员的比重都呈上升趋势，这说明企业对研发的重视程度在不断提高。从研发费用看，研发费用占销售收入的比重在 2007 年到 2009 年从 4.3% 提高到 6.7%，但 2011 年又降低到 5.8%，说明在经济形势不好时企业更有可能会削减研发投入。

随着企业不断加大研究投入，所拥有的专利数量明显增加。受访企业中，2007 年平均每个企业拥有 7.1 件专利，2009 年增加到 11.7 件，2011 年提高到 19.2 件，增加速度非常快。不过企业之间拥有专利的差别很大，很多企业没有自己的专利，而有的企业拥有较多专利。2007 年，被调研企业中，武汉光迅科技股份有限公司拥有 121 件专利，到 2011 年该公司拥有专利数提高到 221 件。

表 6.12　　　　湖北省调研企业平均拥有的专利和商标数

	2007 年	2009 年	2011 年
平均拥有专利数	7.1	11.7	19.2
平均拥有商标数	2.7	3.2	8.7
回答此问题企业数量	32	34	38

2. 企业发展主要依靠外延式扩张模式

在不同的发展阶段，企业增长的模式有显著差别。在经济起飞阶段，由于市场规模增长较快，企业主要选择外延式扩张模式，即通过在本企业内部增加要素投入，或者建设新的工厂以扩大产能。到了经济发展较高的阶段，企业更多选择通过分工协作和兼并重组以实现优势互补和能力升级，因此从发展模式的特征上也可以看出转型发展的情况。

从湖北的调研情况看，企业发展仍然属于外延式扩张模式，其中2007年以来有36.6%的企业选择新建工厂以扩大产量，有78.0%的企业通过本厂内部增加投入，或者挖掘潜力以提高产出。只有4.9%的企业通过外包和协作的方式提高产出能力，所调研企业中没有通过兼并重组模式扩大产出的，这说明当前湖北省在企业发展过程中，仍属于注重发展的阶段。

3. 丰富主导产品的品种，提高主导产品层次是湖北企业升级的主要模式

在产业结构调整中，湖北企业大多保持主业不变。从全国的调查数据看，企业2007年以来高达37.4%的受访企业进行过产业结构调整。与此相比较，湖北省的被调研企业中，也有约1/3的企业进行过产业结构调整（总共38家回答此问题的企业中，有13家进行过产业结构调整）。在产业结构调整的方式中，同样向产业链上下游延伸是最主要的形式，在2007～2011年中占50%以上的比例，而保持主业不变但不断拓展企业经营行业也是企业转型发展的常见方式之一，2011年这一方式在各种方式中的比重为30.0%。

在保持主导产品基本不变的情况下，湖北省企业转型升级的主要方向有两种，一是主导产品层次不变，但品种更为丰富，约有1/4企业采取这种模式促进发展。但更多的企业选择了在保持主导产品不变的情况下，向高端产品发展的模式，约有一半的企业在向高端化发展。

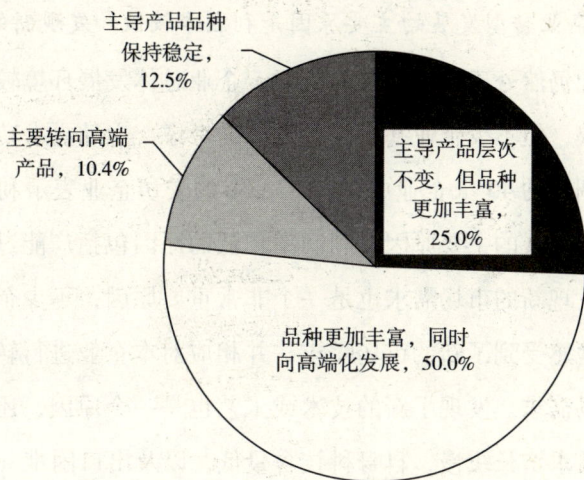

图6.2　湖北企业在产品发展上的主要状况

4. 重视通过引进现代管理技术和工具推动管理转型，但与全国相比仍有差距

调研中发现，湖北省的企业较为重视现代管理技术和工具的应用，应用这些管理技术的企业比重逐年提高。2007年约有20.0%的企业实施了ERP（企业资源计划），到2011年共有44.0%的企业实施了ERP。其他的如引入全面质量管理、精益生产、电子商务的比重也都有大幅度提高。

但我们也发现，在使用这些现代管理手段的比重上，湖北与全国平均水平还有较大差距。例如2011年全国被调研企业中，有65.3%引入了ERP管理，而湖北只有44%，湖北企业中采用电子商务的比例也比全国平均水平低18个百分点。

表6.13　　　　湖北企业现代管理手段应用比例（%）

引入的管理手段	湖北省			全国		
	2007年	2009年	2011年	2007年	2009年	2011年
引入ERP（企业资源计划）	20.0	28.0	44.0	30.4	48.0	65.3
引入TQM（全面质量管理）/ISO9000	54.0	58.0	60.0	52.1	64.1	68.3
精益生产（LP）或准时生产（JIT）	10.0	18.0	26.0	15.2	27.6	36.6
开始采用电子商务	10.0	18.0	24.0	20.1	31.3	43.2

5. 促进企业转型发展的主要原因是利润率较低和发现新的市场需求

虽然湖北仍然处于加快发展的阶段，企业总体发展环境较好，近些年也都增长很快，但不少企业基于长远发展的考虑，主动寻求转型发展的道路。在接受调研的 40 家企业中，有 37.5% 的受访企业表示利润率较低是企业开始转型发展的主要原因，利润率较低的原因包括产能过剩、市场竞争激励等。发现新的市场需求也是一个非常重要原因，不少企业在经营过程中，敏锐地感受到了新的市场需求，并相应对本企业进行转型，以发掘这个新的市场需求。发现了新的技术或工艺也是一个原因，还有少数企业是由于市场需求增长缓慢，自身科技含量低，以及出口困难（主要是出口企业）而开始转型。

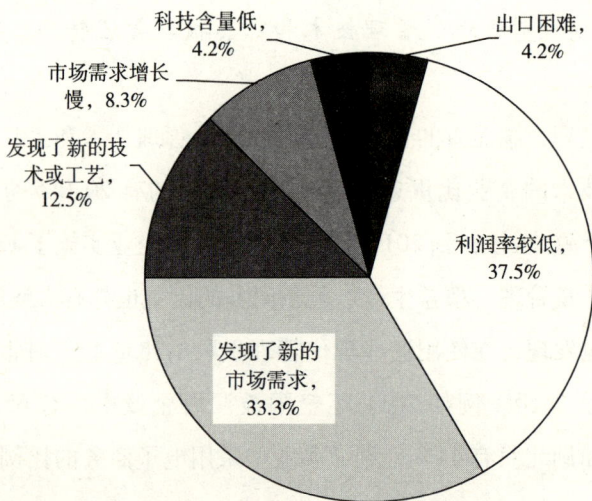

科技含量低，4.2%
出口困难，4.2%
市场需求增长慢，8.3%
发现了新的技术或工艺，12.5%
利润率较低，37.5%
发现了新的市场需求，33.3%

图 6.3　湖北企业实施转型发展的主要因素

6. 湖北企业在技术创新中面临的主要困难是缺乏研究人员和技术合作伙伴

技术创新是企业转型升级的重要途径，不同地区的企业在技术创新中所面临的主要困难，或者说制约因素也各不相同。湖北作为一个内陆省份，虽然有很多大专院校，也有很多历史悠久的企业，但调研中许多企业反映难以吸引高水平的技术人才，这在很大程度上影响了企业的技术改造和升级。调研中有44%的企业反映缺乏研究人员，还有40%的企业反映缺乏共同开展技术创新研究的合作伙伴，资金困难也是另外一个重要的制约因素，有约1/3的企业反映缺乏技术创新所需要的资金支持。

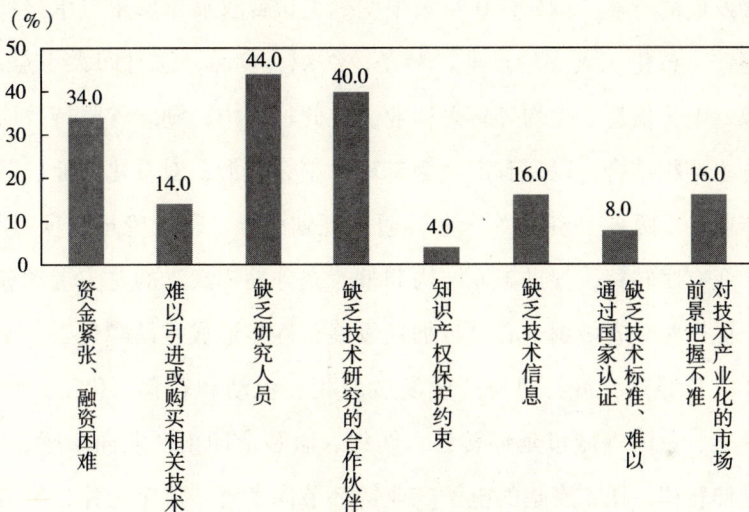

（%）

数值	类别
34.0	资金紧张、融资困难
14.0	难以引进或购买相关技术
44.0	缺乏研究人员
40.0	缺乏技术研究的合作伙伴
4.0	知识产权保护约束
16.0	缺乏技术信息
8.0	缺乏技术标准、难以通过国家认证
16.0	对技术产业化的市场前景把握不准

图6.4　湖北企业在技术创新中面临的主要困难

（三）湖北省关于促进工业转型发展的主要措施和经验

1. 湖北促进工业转型发展的主要政策措施

（1）通过规划引导，加快推进产业转型升级

为加快推进工业转型升级，湖北省围绕以科学发展为主题和以转变发展方式为主线，组织编制了《湖北省工业发展"十二五"规划》和20多项行业发展规划，明确了"十二五"期间工业经济转型升级发展的目标和加快推进工业结构调整的主攻方向，提出了"十二五"时期工业经济转型升级的重要工作任务和政策措施，加大了对新型工业化发展的引导和推动力度。研究制定有利于资源节约、环境友好、绿色增长的产业政策体系，完善市场准入机制，加快形成产业政策与财税、信贷、土地、环保、安全

等政策配合的实施机制。

（2）高度重视产业转移工作，做好在产业转移过程中实现工业的转型发展

湖北省制定了《产业转移指导目录（2012年本）》，明确了各地区重点承接发展的行业，例如在该目录中明确提出武汉城市圈重点承接发展汽车、钢铁、石化三大支柱产业，装备、纺织、食品、建材四大重点产业，新能源、电子信息、生物等新兴产业。在此过程中，湖北省坚持政府引导与市场主导相结合，以现有产业为基础，整合资源，对重化工业、劳动密集型产业、"两高一资"等产业，通过规划引导，行业管理，项目扶持，实现产业有序转移，促进工业结构调整。充分发挥武汉的龙头带动和辐射作用，促进两个省域副中心城市加快发展，逐步形成宜昌磷化工、十堰汽车产业以及鄂州、黄石建材产业发展的相互流动和转移，化工产业向潜江、孝感、黄冈等城市延伸转移，纺织、服装及印染产业向孝感、仙桃、天门延伸转移，用工密集的电子产业链环节向孝感、咸宁延伸，努力构建特色突出、错位发展、分工协作，互补互促、布局优化、集约发展、共生共赢的产业发展新格局。通过对各地区承接产业转移进行规范指导，有利于降低各地区产业结构趋同化的倾向。

（3）注重加快传统产业技术改造，大力推进技术创新和技术进步

运用高新技术、先进适应技术和信息技术，加快对老工业基地、资源枯竭型城市和传统产业的技术改造；围绕提升产品质量、档次和装备水平、节能减排和两化融合进行技术改造，促进工业结构调整和转型升级，推动钢铁、汽车、电子、石化、食品等主导产业高端化，建材、纺织等传统产业高新化，高端装备制造、新一代信息技术、新能源汽车、生物等新兴产业规模化。充分发挥武汉高等院校、科研院所装备、技术、人才的优势，与圈域内企业开展广泛合作，建立研发平台，通过共享技术中心，推进产学研联盟；鼓励和引导企业加大研发投入，加强企业技术中心、工程中心和重点实验室建设，增强企业自主创新能力和核心竞争力。以产业发

展的重大需求为导向，引导和支持圈域内企业与高校、科研院所、中介服务、金融机构形成"技术创新战略联盟"，构建多元化技术创新服务体系。以圈域内最有基础和条件的领域作为突破口，坚持发挥市场基础性作用与政府引导推动相结合，积极争取国家政策支持，加快发展新一代信息技术、高端装备制造、生物、节能环保等支柱产业，加快培育新材料、新能源、新能源汽车等先导产业，构建新的经济增长极。

（4）推进工业化和信息化深度融合，促进制造业与生产性服务业融合发展

湖北省加大推进工业化和信息化融合力度，通过抓重点、抓应用、抓示范，深化"两化"融合，围绕研发设计、过程控制、企业管理、物流库存、人力资源开发等环节，推进工业技术研发信息化和产品数字化、生产过程自动化、企业管理信息化，提升产品的科技含量和附加值。建立健全"两化"融合评估指标体系，积极探索以"两化"融合为特征的产业发展模式，不断提高区域、产业、企业信息化水平。引导大中型企业将现有的IT和相关服务部门进行业务剥离外包，推动制造业物流外包促进制造业与服务业互动、融合，推进生产型制造向服务型制造的转型。发挥省经信委省"三网融合"办公室的牵头作用，积极协调、主动作为、搞好服务，按照国家"三网融合"试点工作要求，加快推进武汉城市圈电信网、互联网、广播电视网"三网融合"试点工作。

（5）推动生产要素和资本要素的合理流动，大力培育市场主体，促进大中小企业协调发展

湖北省坚持积极推进冶金、建材、纺织、化工、专用汽车等行业的跨区域兼并重组，推动要素合理流动，引导资源向优势企业集中，重点培育发展一批技术先进、核心竞争力强、主业优势明显，具有较强投融资能力、扩张能力和区域竞争力，能带动所在地区乃至全省经济快速发展的大企业大集团。注重加快中小企业发展。继续推进中小企业"成长工程"，加大对微型企业的扶持，引导中小企业走"专、精、特、新"的发展路

子；引导协调中小企业与大企业配套协作和钢铁、汽车、石化等产业上下游的延伸，促进大中小企业协调发展，提高市场响应速度和整体竞争力。

2. 湖北促进企业转型发展的主要成就与经验

通过调研并结合湖北地方政府的统计分析，我们发现近年来湖北省在促进企业转型发展中取得了显著的进展。首先，自主创新能力显著增强。到 2010 年底，湖北省大中型企业技术开发机构达到 418 个，国家认定的企业技术中心、工程研究中心分别达到 31 家和 4 家，省级认定的企业技术中心达到 253 家，世界 500 强企业在鄂设立技术研发中心 10 余家。"十一五"期间，全省企业专利申请量 48834 件、授权量 21557 件，分别占申请总量和授权总量的 43.75% 和 44.5%。取向硅钢、东风猛士越野车、嵌入式纺纱等一批具有自主知识产权的技术和产品达到国际先进水平。许多重大技术装备、关键原材料、重要零部件自主化水平进一步提高。其次，通过实施"主导产业倍增计划"和"千亿产业接续计划"等，规模经济行业产业集中度明显提高，培育发展了一批具有国际竞争力的企业集团。可持续发展能力不断增强，资源节约、环境保护和安全生产水平显著提升。主要耗能行业单位产品能耗持续下降，重点行业清洁生产水平明显提升。安全生产保障能力进一步提升。2010 年，湖北省规模以上工业增加值能耗为 2.09 吨标准煤/万元，比 2005 年下降 40.64%；工业二氧化硫排放量比 2005 年下降 17.55%，工业化学需氧量比 2005 年下降 6.51%，为我省全面完成"十一五"节能减排目标任务作出了突出贡献。

总体而言，湖北省仍处于加快发展的过程中。调研发现，湖北企业更多考虑的是如何抓住机遇加快发展的问题，但在转型升级中有了一些好的经验和做法，也有一些需要注意的教训，主要有以下几个方面。

（1）充分利用现有的税收优惠政策，促进企业的转型发展

目前中国出台了一系列的税收政策，有利于促进企业技术创新和转型升级。湖北省国税部门统计自 2008 年以来，全省国税系统通过认真落实促进企业转型及结构性减税等相关税收政策，每年全省减税规模达 120 亿元

左右，累计减税近 500 亿元。2008 年落实增值税扩大抵扣范围政策，武汉、黄石、十堰、襄樊四个试点城市共抵退增值税 28 亿元。2009 年以来，增值税转型改革在全省顺利实施，明显降低了企业的投资成本，尤其是促进机械交通装备制造业、电力、采矿、化工等行业的投资力度加大，推动了产业结构优化。

目前的税收政策有一定的鼓励创新效果。湖北省 2008 年以来通过落实鼓励软件产业和集成电路产业发展的增值税优惠政策，累计办理退税 10 余亿元，促进产业发展质量和水平的提高。从 2008 年开始实施的新企业所得税法，对企业研发费用实行加计扣除，对国家重点扶持的高新技术企业减按 15% 税率征收企业所得税，鼓励技术开发和自主创新，通过落实这一优惠政策，全省累计减免企业所得税 20 余亿元。

许多税收制度有利于推进企业节能减排。近几年，湖北落实资源综合利用企业增值税退税 2 3 亿元，推动了循环经济发展。从 2008 年起，国家先后调整和完善节能减排、环境保护等税收政策，对企业购置用于环境保护、节能节水等专用设备的投资额可抵免部分企业所得税。通过落实这一优惠政策，湖北省相关企业累计享受抵免所得税近 10 亿元。

（2）充分尊重市场主体地位，利用市场力量引导企业发展

调研中我们发现有个突出现象，那就是许多原有的国有企业，通过改制以后取得了显著的发展。这些企业由于原来具有较好的基础，在改变经营和管理体制以后，甚至取得了比民营企业更快的发展。根据湖北省政府部门统计，"十一五"时期，50 户国有大型企业基本完成企业改制，100 户国有骨干企业民营化改制全部完成。2010 年，全省规模以上工业国有及国有控股企业为 829 家，比 2005 年减少 229 家，共实现增加值 2513 亿元，是 2005 年的 2.4 倍。另外，湖北省重视对非公有制企业的支持。2010 年，全省规模以上工业非公有制企业由 2005 年的 5755 家增加到 15277 家，共实现增加值 3623.5 亿元，是 2005 年的 3.8 倍，占全省规模以上工业增加值的比重达到 59%，已经成为推动全省工业经济增长的主要力量。

（3）重视规划引导，提高产业集聚水平，减少地区间同质化程度

低水平同质化竞争是中国许多地方发展的一个重要弊端，许多地区存在产业结构类似、产业层次低下的问题。要引导企业走专业化发展道路，促进产业结构优化升级，政府的规划和引导至关重要。湖北省近年有意识地引导县域经济的集群发展，大力推动以汽车、钢铁、石化等资金技术密集型产业为主的"一核四带"现代制造业聚集区基本形成。到 2010 年，全省国家级开发区达到 7 个，省级开发区达到 124 个，共实现规模以上工业增加值 4268.1 亿元，占全省的比重提高到 69.6%；已形成 67 个重要成长型产业集群，东湖生物医药、随州专用汽车、荆州石油机械等产业集群在全国具有较强的竞争优势，东湖高新光电、宜昌磷化工和仙桃无纺布产业集群先后入选全国百佳产业集群。

七、四川省企业转型发展的地区实践与经验

（一）经济和产业发展基本情况

2007 年以来，尤其是经历 2008 年汶川特大地震、全球金融危机之后，四川省在统筹科学救灾、科学重建、科学发展，加快推进美好新家园和西部经济发展高地建设，胜利完成了灾后恢复重建任务。2009～2011 年，以"保增长、调结构、扩内需、惠民生"为主要目标，将产业振兴和经济发展转型相结合，大力发展传统优势产业，加快发展壮大"7+3"特色优势产业，培育发展战略性新兴产业，经济走出了"止滑提速——巩固回升——高位求进"的发展曲线，经济实力和发展基础已经迈上了一个大台阶。2011 年全省 GDP 跨过 2 万亿元大关，达到 21026.7 亿元，总量居全国第 8 位，增长 15.1%，四川经济增速在全国前 10 位万亿元经济大省中位居第 1 位。地方财政实现了吃饭财政向发展财政的历史性转变，2011 年地

方公共财政收入突破 2000 亿元，达到 2044.4 亿元，增长 30.9%。在经济快速发展的同时，人民群众的生活得到了明显的改善，5 年来城乡居民收入基本实现了翻番，2011 年城乡居民收入分别达到 17899 元和 6128.6 元，增速分别达到 15.8% 和 20%。

各产业发展领域，规模以上工业增加值达到 8929 亿元、居全国第 8 位，增长 22.3%、居全国第 2 位。十大重点产业占四川省工业总量 85% 以上，装备制造、食品饮料、电子信息、石化等优势产业增加值分别增长 22.8%、27.5%、43.6%、27.5%；全省销售收入过百亿元的大企业大集团增加到 40 户，4A 级物流企业 12 家；国家新认定 6 家企业技术中心、5 个国家地方联合工程研究中心（工程实验室），全年完成技改增长 19% 左右。

（二）转型发展的促进措施及效果

"十二五"以来，四川省按照国家"保增长、扩内需、调结构"的战略部署和省委省政府积极打造西部经济发展高地的工作目标，采取了多方面转型发展的政策措施。

一是加强重大规划和企业转型政策研究，发布了四川省"十二五"工业和服务业专项规划，以强化对地方各级政府和企业转型发展的引导作用。

二是积极推进重大项目实施，把加快重大产业基地和重大产业项目建设作为企业转型的抓手，围绕"全局性、基础性、战略性"定位，重点推进石化、汽车、装备、天然气、稀土等优势特色产业发展。特别是抓住灾后重建和扩大内需等难得机遇，推动了攀钢西昌新基地、成都轿车、达钢集团、川威集团等一大批重大产业项目布局建设。

三是积极推进区域产业协调发展，编制了攀西战略资源创新开发试验区规划纲要、建设方案及相关产业发展规划等，研究协调泸州等资源枯竭城市转型工作，组织自贡、内江、德阳、绵阳、乐山、宜宾、攀枝花等 7 个纳入《全国老工业基地调整改造规划》的城市编制了《四川省老工业基地调整改造规划研究》。

四是扶持战略性新兴产业发展，积极组织实施国家战略性新兴产业专项，协调推进瑞华特电动车电控系统、尼龙聚酯新材料、攀枝花钒钛合金等一批项目建设，促进成都新能源汽车、自贡新材料、德阳新能源装备、广汉高铁设备、资阳节能产业、高技术纤维产业基地等新兴产业集群培育和项目申报工作。

五是推进服务业发展改革工作，完成四川省服务业发展报告等 5 个课题研究，会同省级有关部门开展实地专题调研，结合四川省实际参与国家"十二五"服务业规划编制，提出了修改意见和建议，推进成都国家服务业综合改革试点工作。

六是全面推进节能减排和结构调整，出台《四川省关于抑制部分行业产能过剩和重复建设引导产业健康发展的通知》，重点支持十大节能重点工程建设，三年灾后重建累计淘汰了 600 万吨落后水泥产能，通过撤并和迁建产业园区、建设循环经济区等方式，调整了近 40 个地处灾区的工业园区，促进产业集中、集群发展。

七是积极承接产业转移，出口结构进一步优化。

通过在"结构转型"方面采取的多方面措施，四川省取得了积极的成效。2011 年四川省全年关停小火电 47.96 万千瓦、小煤矿产能 238 万吨，淘汰钢铁落后产能 50.5 万吨、水泥落后产能 470.7 万吨。全年进出口总额 477.8 亿美元，增长 46.2%，机电产品出口增长 90% 左右；在"促内需、惠民生"方面，2011 年，四川省社会消费品零售总额达到 7837.4 亿元，增长 18%，十大产业产销率 97.7%，利润总额同比增长 37.3%。初步走出了一条集约、优化、创新、开放、低碳、可持续的新型工业化道路。

（三）主要成就与经验

1. 坚持集聚集约集群发展，改变工业过去的分散布局模式

四川省审视"一五"、"三线"建设以来产业布局方面的问题和不足，顺应工业化进程加快对社会大生产大协作的客观需求，通过科学规划引导、"三线"国企搬迁、退城入园、退二进三等措施，推进工业生产空间布局调整，2008 年下半年确立了"扩区建园，提高办园水平"的方针和"一园一主业、园区有特色"要求，把产业园区建设作为"两化"互动发展、产城融合的重要结合点，制定实施了"1525 工程"，着力推进优势产业关联、成链、集聚、集约、合作"五向发展"，彻底改变四川历史上形成的战备型嵌入式和沿线沿江粗放布局模式。产业园区建设成为全省走新型工业化道路的主战场，成为聚集生产要素、统筹三次产业发展和推进对外开放合作的重要载体。

2011 年，全省工业在产业园区的集中度达到 64%，比 2007 年提高近 20 个百分点；建成 1000 亿元产业园区 1 个、500 亿元园区 5 个、100 亿元园区 51 个。初步形成了现代制造业和现代服务业"双轮驱动"、协调发展的产业格局。德阳重大装备制造业、攀枝花钒钛产业园区、自贡节能环保装备制造业、五粮液产业集中区等 10 个产业园区被命名为"国家新型工业化产业化示范基地"，成为全省产业结构调整优化和转型升级的重要引擎。

2. 坚持发展特色优势产业，促进竞争力由弱变强

四川省把握住国家支持发展特色优势产业的历史性机遇，发挥自然资源富集、科教资源丰富、工业门类完善基础雄厚等比较优势，规划提出重点发展电子信息、水电能源、装备制造、油气化工、钒钛钢铁、现代中药、饮料食品和航空航天、汽车制造、生物等"7＋3"优势特色产业，2011 年以来连续两年财政均设立 20 亿元新兴发展专项资金，支持 100 个新产品规模化、市场化。

2011 年，"7 + 3"优势产业增加值增长 26.1%，占规模以上工业比重提高到 81.8%；装备制造、饮料食品产业销售产值跨上 5000 亿元台阶，能源电力、油气化工产业销售产值突破 3000 亿元，钒钛钢铁、电子信息产业超过 2000 亿元，汽车制造产业达到 1000 亿元。战略性新兴产业迅猛发展，总产值增长 52%，新一代信息技术、新材料、节能环保装备产业增长 172%、46%、44%。技术密集型、资金密集型产业比重不断提高，电子设备、油气化工、通用设备制造产业销售收入在全省工业的比重较 2008 年底分别提高 0.8、0.14、0.3 个百分点；高能耗、高排放、低效益"两高一低"行业比重降低，黑色金属冶炼及压延加工、化学原料及化学制品制造、有色金属冶炼及压延加工行业增加值与 2008 年底相比分别下降 2.9、0.8、0.7 个百分点。2011 年，全省规模以上工业企业达到 11860 户，其中超百亿的大企业大集团由 5 年前不足 10 户发展到目前 45 户。德阳东汽、东电、二重、宏华"四大厂"配套企业由"十五"末不足 500 家发展到目前超 1100 家，自贡节能环保装备产业配套企业超过 300 家。四川工业品国内市场占有率超过 5% 的行业达到 10 个，数字家电、发电设备、第三代军机等一批优势产品市场份额居全国前列，产品出口不断扩大，规模以上工业企业实现出口交货值 1484.9 亿元，增长 79.1%，支撑全省出口总额跻身全国十强。

3. 坚持创新驱动内涵发展，不断增强发展后劲

四川省技术改造投资在 2007 年突破 1000 亿元后，仅 2 年时间突破 2000 亿元，2011 年突破 3000 亿元，达到 3503 亿元，规模总量持续居西部第一。2011 年，全省技术改造投资占工业固定资产投资比重达到 61.1%，比 2007 年提高 9.4 个百分点；技改投资对全省工业增加值增长的贡献率达到 16.7%，拉动增长 3.7 个百分点。2011 年四川省科技进步对经济增长的贡献率超过 45%，全社会研发投入占 GDP 比重达到 1.56%。全省科技创新企业专利申请数、授权数分别为 9983 项、6588 项，分别是 2007 年的

4.2 倍、5.7 倍；工业新产品销售收入达到 3141 亿元，是 2007 年的 37 倍。全省的国家级企业技术中心达到 39 户，比 2007 年增加 19 户，总量居全国第七、西部第一。省级以上企业技术中心达 389 户，比 2007 年增加 224 户。

通过创新驱动发展，四川省产品种类、质量、附加值、品牌影响力、市场竞争力得到显著提升。自贡市延伸盐化工产业链，以盐为原料的调味盐、美容产品多达 100 余个，畅销日本市场，出口价格提升到每吨 200 多美元。德阳市推进磷产品精深加工和产业嫁接，原来卖磷矿石发展到今天生产销售食品级、电子级磷化工产品，价格由每吨 300 元提高到 1 万元。成都武侯鞋业从贴牌生产变为自主研发，拥有自主品牌 300 多个，2011 年实现产值超过 150 亿元。

4. 坚持招商引资与产业发展结合，提升开放合作水平

2011 年四川省引进外资突破 110 亿美元，引进国内省外直接投资突破 7000 亿元，外资企业产值超过 1000 亿元，是十年前的 10 倍。在川落户的境外世界 500 强企业达到 173 家，居中西部首位。成功引进富士康、仁宝、纬创、德州仪器等知名企业落户，截至 2011 年底引进配套企业 136 家、投资总额达 425 亿元，电脑制造、集成电路、软件、光电显示和网络通信产品制造多条产业链顺势打通，积极支撑四川电子信息产业到 "十二五" 末成长为万亿产业，奠定了四川在全球笔记本电脑产业链的重要地位。承接产业转移的突破性进展，迅速促进重大产业规模壮大，优化产业结构，奠定了四川可持续发展的基础。

5. 坚持低碳绿色发展，加快转变发展方式

四川省坚持 "控制增量、调整存量、上大压小、淘汰落后" 方针，"十一五" 期间全省单位工业增加值能耗累计下降 32.03%，超过全国平均水平 6.02 个百分点，工业节能对全社会节能贡献率达到 120%，以年均 13.3% 的能耗增长支撑了年均 22.4% 的工业增长。2011 年全省单位工业增

加值能耗再下降7.78%，主动放弃"双高"项目的引进，全面开展行业节能技术改造、能效物耗"对标"的节能减排能力，在灾后重建的过程中顺势淘汰落后产能，国家鼓励的新型干法水泥比重由过去的不到30%提高到目前的75%以上。"十一五"期间，全省关停钢铁、水泥、造纸等行业落后产能达3300万吨。2011年，淘汰266户企业的落后产能，形成306万吨标准煤节能能力，全省规模以上工业单位增加值能耗超额完成6%的目标任务。

（四）需要解决的问题及建议

四川省要实现今后五年"三个翻番"（即：全省生产总值、地方公共财政收入、城乡居民收入实现翻番）、"五个提升"（即：产业实力、城镇化水平、开放水平、发展保障能力、社会建设和管理水平显著提升）的奋斗目标，就需要着力推进产业结构调整和发展方式转变。但四川省也面临着转型发展的多重困难，除了与全国一样在2012年遭遇到经济增速回落下滑、企业经营成本（融资成本、原材料、劳动力成本）上涨较快、部分行业企业面临需求不足等困难之外，四川省还面临一些具有当地特色的困难，需要国家相应政策支持，主要表现在以下几个方面。

1. 优势资源产业受限于国家统一产业政策，需要差异性政策

四川省作为西部资源丰富的大省，很多优势资源的产业发展受到国家统一产业政策的局限。如白酒产业在四川宜宾与贵州交界等适宜酿酒的城市有很大发展前景，且部分有实力的企业在环保等多个方面的技术达到先进水平，但受限于国家对白酒产业的定位，不能够作为主导产业得到有关优惠扶持政策。

又如四川是水电大省，目前有一些直供电政策，但按照国家统一政策，对一些用电低谷时段的过剩水电，限于政策就直接排放掉了。节能减排计算时如果把水电也算进去，就把水电产业当作高能耗产业了。

因此，建议对西部省份具有的特色优势资源产业，给予产业政策上的差别对待，实施差异化的产业政策支持。建议国家在实行差别化的税收政策方面进一步加大力度，支持西部地区加快优势资源开发。支持攀西国家战略资源创新开发实验区建设，在资源勘探、资源配置、资源开发等方面加大支持力度；支持推进水电、天然气资源开发，推进战略资源就地转化，提高资源就地转化效率；实施资源、环境补偿制度，加大对资源输出地的经济补偿，支持贫困地区、革命老区、盆周山区脱贫。

2. "三线"老工业基地改造，需加快制定成渝经济区产业引导政策

四川省在国家"三线建设"中上了很多大项目，占全国总资产比例也比较高，部分地区面临老工业基地改造问题。2008年汶川地震后，结合灾后重建，对许多老工业基地实施了整体搬迁改造，已经较好地解决了很多历史包袱问题。在面临新时期西部发展问题时，区域发展需要投入较多资金去实现企业转型升级和老工业基地改造。国家在东北老工业基地改造中已经有成熟的经验做法，四川要尽快争取把老工业基地改造的政策和规划实施细则出台，获取更大的对外开放权限、审批权限等。加快制定实施成渝经济区的产业引导政策，建议国家在实行差别化的产业政策方面进一步加大力度。一是建议国家早日出台成渝经济区建设配套支持政策，加快培育壮大中国新的经济增长极。在新一轮西部大开发中，积极实施差别化的区域支持政策，将更多重大产业项目布局到西部，从而进一步优化国家区域生产力布局。二是建议国家更加注重发挥西部地区的军工优势，从政策、资金、市场、技术、人才等方面给予更多的支持。对成渝两地符合国家鼓励产业发展方向的产业，给予其用地指标、能源指标、环境评估、企业上市、发行债券、银行贷款、产品销售（出口）退税等方面的倾斜支持。

四川省要抓住成渝经济区、天府新区和攀西钒钛战略资源创新开发实验区建设契机，加快城市群建设，规划建设一批布局合理、功能完善的产业新区，实施"退二进三"、"返城入园"，加大园区基础设施和公共服务

平台建设，发展生产性服务业，提升产业配套功能。建议国家重点加大对西部地区社会事业、民生领域、交通水利等基础设施建设、生态环境保护等方面的信贷支持力度，加大对西部地区重大项目建设资金的供给保障力度。

3. 避免平移沿海落后产业，实现真正的转型升级

在土地资源越来越紧缺、环境保护越来越迫切的制约下，在各地天然气、电力指标缺口较大和工业用地指标存量较少且总量一定的情况下，要素保障难度进一步加大，企业的要素供应更趋紧张。四川省已经有多个地市反映年度用地计划不足，但也存在土地闲置和利用率不高的问题。天然气供需矛盾突出，缺口常年存在。

因此，作为产业转移承接地区的西部省份，四川省在实现工业化和城镇化的过程中，要充分抓住后发优势，吸取东部沿海地区发展的经验，在促进经济增长的同时要时刻关注经济增长的质量，在承接东部沿海产业转移时要切实纠正部分地市简单平移东部低环保技术、低成本的污染类产业，要高起点的重视环境保护工作，避免重复走"先污染再治理"的老路。建议国家结合各地的实际情况，加快推进实施差别化的调控政策，加大对西部地区以及经济社会薄弱环节、节能环保、战略性新兴产业等方面的支持，将重心放到结构调整上来。

4. 应对劳动力转移返乡，抓好"归雁经济"发展

四川省作为传统的劳动力输出大省，在2011年已经实现了劳动力在省内流动与省外流动平分秋色的格局。同时，省外回流劳动力也开始具有一定规模。这些具有多年发达地区打工经验的劳动力返回四川省就近创业，他们带着经验带着技术甚至带着订单等，是促进四川省扩大就业、最广泛的提高劳动参与率的重要力量。四川省应充分发挥省级创业资金引导作用，支持回乡农民工创业、归国留学生创业和企业职工创业，掀起创新创业热潮。打造各类创业平台，推进小企业创业基地建设，开展创业辅

导，鼓励创业，扩大就业。切实贯彻扶持中小微型企业协调发展的政策，深入实施"一个计划、五项工程"（"小巨人"企业计划、中小企业成长、配套、特色、创新、融资工程），加强中小企业服务平台网络体系建设，优化小微型企业提质发展的服务环境，推进创业就业，发展实体经济。

第七章

促进中国企业转型发展的政策调整

一、调整产业政策 促进企业转型

中国是实施产业政策较多的国家，主要有支持某些产业优先发展的产业结构政策，支持大企业发展的产业组织政策，支持"自主创新"的产业创新政策。当前，企业转型发展进入关键时期，核心是由投资扩张规模转向创新驱动，但许多产业政策却严重制约企业转型，表现在：产业结构政策日趋泛化，政策宣称要支持的重点产业过多过滥；产业组织政策以规模为导向，助长企业投资扩张，"产能过剩"问题越治理越严重，竟由传统产业蔓延到新兴产业；产业创新政策手段单一，对企业转型的激励和压力不足。产业政策需要及时调整，促进企业转型发展。

（一）重点产业日趋泛化，产业结构政策宜收缩聚焦

"加快"、"促进"或"推进"发展的战略性重点产业越来越多。"十一五"期间，国务院先后出台《关于加快振兴装备制造业的若干意见》、《关于加快发展服务业的若干意见》和《关于加快培育和发展战略性新兴

产业的决定》，其中，战略性新兴产业确定了节能环保、新一代信息技术、生物、高端装备制造、新能源、新材料和新能源汽车等 7 个重点领域。近期，国务院又出台了《进一步鼓励软件产业和集成电路产业发展的若干政策》《关于加快推进现代农作物种业发展的意见》《关于促进民航业发展的若干意见》《关于深化流通体制改革加快流通产业发展的意见》，明确软件产业和集成电路产业是"国家战略性新兴产业"，农作物种业是"国家战略性、基础性核心产业"，民航业是"中国经济社会发展重要的战略产业"，流通产业是"国民经济的基础性和先导性产业"。之前，国务院国资委确定的"关系国家安全和国民经济命脉的重要行业和关键领域"包括军工、电网电力、石油石化、电信、煤炭、民航、航运等 7 大行业，国有经济保持绝对控制力；"基础性和支柱产业"包括装备制造、汽车、电子信息、建筑、钢铁、有色金属、化工、勘察设计、科技等 9 大行业，国有经济保持较强控制力。此外，有关部委还先后制订了"促进"或"推进"卫星应用、半导体照明节能、高技术服务、工业设计、再制造、海水淡化等产业发展的指导意见；物联网、云计算、LED、文化创意、动漫等新的产业方向也陆续获得政策肯定，成为地方上招商引资的新宠和企业投资热点。基础产业、支柱产业、核心产业、先导产业、新兴产业，国家政策支持的战略重点产业层出不穷，不胜枚举。

泛化的产业结构政策不利于企业转型发展和产业升级。一是不利于具有国际竞争优势的传统产业转型升级。中国真正具有国际竞争优势的仍是传统产业，如中国纺织产品加工量占世界一半多、出口总额占世界 1/3 以上，是名副其实的纺织大国。纺织是"中国制造"的重要标志，却面临国内成本上升和国际市场竞争压力加剧的双重挑战，转型升级任务紧迫、空间巨大。但由于贴不上"新兴产业"、"先进制造业"或"高端服务业"等各种"标签"，往往不被地方重视，甚至成为要淘汰的对象，产业转移也不受欢迎。许多企业或是响应政策号召，或是跟风，都加入到发展各种新兴产业的大潮，面临很大风险。二是不符合产业发展规律，导致新兴产业发展走上歧路。2009 年，国务院批转发改委等部门《关于抑制部分行业产能过剩和重复建设引导产业健康发展的若干意见》，在"产能过剩和重复建设问题"突出的领域中，多晶硅和风电设备这样的新兴产业赫然在列。一边鼓励"加快发展"，一边治理"产能过剩"，这种自相矛盾的政策暴露出中国新兴产业发展偏离了创新驱动的发展轨道——政策鼓励"加快"，企业快速切入，低端环节尤其是整机组装门槛最低，进入最快，于是"投资一哄而上、重复引进和重复建设"，结果"新兴产业"还没有发展起来（市场没有启动、技术没有突破、商业模式没有形成，尤其是旧体制没有改革）就"产能过剩"了。

产业结构政策应当大幅收缩，聚焦到真正影响企业转型和产业升级的关键环节上来。根据产业在国际和国内的成熟程度，可以将产业大体分为三类，分别考虑是否需要产业结构政策。第一类是国际国内都很成熟的产业，如钢铁、汽车、纺织、家电、轻工、建筑、化工、通用设备制造，包括 IT 产业中计算机、笔记本、手机等产品的整机组装等等。这些产业国内早已形成基础，甚至"产能过剩"，即使与国际最先进水平在某些领域和环节有差距，也应当由企业自身去努力，而不应再靠政府扶持。这类产业中，产业结构政策应当全面退出，代之以不断提高的市场准入标准来促进企业转型升级。第二类是国际成熟、国内发展相对滞后的产业，如现代服务业中的物流、信息、金融、咨询、文化、教育、公共管理等。这类产业之所以发展滞后，是因为相关领域体制改革滞后，应主要通过加快推进改革而不是产业结构政策促进相关产业的发展，需要通过改革为企业"松绑"来释放产业增长的活力。第三类是国际国内都不成熟的产业，即全球性新兴产业，如新能源、生物技术、新材料、新能源汽车等。这类产业尽管存在"弯道超车"的机会，但风险很大，出台产业结构政策应当慎之又慎、少之又少。只有在产业技术路线基本明确、市场开始启动、企业商业模式确立之后，才有必要出台相应鼓励政策，以帮助企业加速产业化和进一步启动市场。近年来国内风电、太阳能、电动汽车等战略性新兴产业发展遇到的障碍表明，实质性的体制改革比倾向性的鼓励引导更为重要。

（二）对企业竞争干预过多，产业组织政策宜逐步放弃

产业组织政策以规模为导向，强调"上大关小"、"上大压小"，直接干预市场竞争。早在1989年，《国务院关于当前产业政策要点的决定》提到"企业组织结构分散，生产集中度差"的问题，要求限制"小钢铁、小有色金属、小铁合金、小化工、小炼油、小建材、小造纸厂"发展。1994年，国务院《90年代国家产业政策纲要》提出"产业组织政策的目标"，"对规模经济效益显著的产业，应形成以少数大型企业（集团）为竞争主体的市场结构"，配套实施"固定资产投资项目经济规模标准"，"低于经济规模标准的项目，原则上不予批准"。自此，中国重点行业的政策都以规模为导向，扶持保护大企业，限制小企业：一是直接用行政手段"上大关小"，如重组中石油和中石化两大集团，同时清理整顿小炼油厂，巩固两大集团依靠政府赋予的专营权而获取的市场垄断地位；二是在项目审批上"上大压小"，如清理小钢厂，以高炉和转炉的容积大小划分鼓励、限制和淘汰类产能，小钢厂乃至中型钢厂都在淘汰之列；三是以提高产业集中度为目标，扶持"龙头"企业，如对已有汽车企业的投资项目实行备案制，对新建企业的投资项目实行核准制。直到近期，扶持中小企业才开始进入政策视野，但支持大企业仍是主流。2009年，国务院出台十大产业调整和振兴规划，全部都有支持大集团或骨干企业发展、鼓励兼并重组的内容，其中，汽车、钢铁和有色三个产业有提高产业集中度的目标，钢铁、石化和有色仍有"关小"或"压小"的政策措施；仅有纺织、轻工和电子信息三个产业提出了扶持中小企业发展的政策导向，船舶和物流两个规划中提到了对中小企业的引导。

以规模为导向的产业组织政策扭曲企业行为，不利于企业转型发展。

企业转型发展的核心是由过去的投资驱动、规模扩张转向创新驱动、提高效益，以规模为导向的产业组织政策却助长企业投资扩张。尽管产业政策以治理"产能过剩"为出发点，但"上大压小"导致新增产能速度远远大于淘汰落后速度。要发展就得上大项目，否则就会被淘汰。钢铁行业先是淘汰 300 立方米以下炼铁高炉，接着宣布淘汰 400 立方米以下高炉。企业只有一步到位 1000 立方米以上乃至更大规模的高炉，才能避免在未来几年内被淘汰，而龙头企业都上 5000 立方米以上世界最大的高炉，新核准的项目每个都是 1000 万吨、远期 3000 万吨的产能规模。"十一五"期间，累计淘汰炼钢能力 7224 万吨，但粗钢产量增加 2.75 亿吨，每年新增产能都在 5000 万吨以上，累计净增产能接近 3 亿吨。同时，"不再核准和支持单纯新建、扩建产能的钢铁项目，所有项目必须以淘汰落后为前提"，企业为了能获得新项目开工的审批，必须"收购"到足够多的"落后产能"进行"淘汰"，使"落后产能"也身价倍增。一方面，"上大压小"、"淘汰落后"根本没给企业留出搞创新的时间，投资扩大规模、上新项目、上大项目才是企业第一要务，"产能过剩"由低端设备、落后设备的"产能过剩"转变为高端设备、先进设备的"产能过剩"；另一方面，中小企业在创新上最具活力，在国家创新体系中有独特作用，而以规模为导向的产业组织政策严重忽视甚至抑制了中小企业发展。

产业组织政策颇受诟病，越来越不适应新的形势，应当坚决放弃。近年来，中小企业发展受到空前重视，支持中小企业发展的政策密集出台，"重大轻小"的政策环境正在发生改变。在所有产业政策中，以规模为导向、支持大企业发展、歧视中小企业的产业组织政策越来越偏离实际，最受诟病。理论上，规模经济和有效竞争作为产业组织政策的依据并不充分，拿中国当前工业化进程中的企业规模与产业集中度与已完成工业化的美国、日本相比缺乏可比性。国际经验方面，日本汽车和钢铁企业在规模尚小时就已经有很强的创新倾向和国际竞争力，在本田等企业的强烈抵制下[1]，通产省试图组建三大汽车集团、限制汽车工业准入的产业组织政策彻底流产。实践中，许多真正靠竞争力发展壮大起来的企业，都是当初政策着力打压的企业，而政府着力保护的大企业，要么是行政垄断，要么是扶不起的阿斗。产业组织政策不断失效，一些部门经国务院批准出台文件，不到 2～3 年即被证明判断失误，仍坚持不改，政策公信力受损，部分行业里"违规"成为常态。产业组织政策尤其不利于中小企业和新企业发展，已成为制约企业向创新驱动转型的重要障碍，应当彻底放弃，而使政策导向进一步强化公平竞争和激励创新。

（三）手段较为单一，产业创新政策应着力加强

产业创新政策仍以供给侧资金支持和项目带动为主，对企业转型的激励和压力不足。"十一五"期间，在各级政府高度重视下，"自主创新"的社会氛围空前高涨，研发投入、专利数量、重大科研成果、新产品产值等创新指标在统计上明显提升，但企业创新发展和产业转型升级面临的创新不足问题并没有很好解决，表现在"十二五"规划纲要中仍把"科技创新能力不强，产业结构不合理"问题摆在了突出位置，进一步强调"增强自主创新能力，壮大创新人才队伍"。目前，产业创新政策仍由科技部门主导，以供给侧的资金支持和国家科技重大专项为主，对扩大产业技术来源、降低技术引进成本有一定作用，但不能促进整个产业实现创新驱动转型。与产业结构政策和产业组织政策相比，产业创新政策明显偏弱，多是对科技政策的配套、落实及补充，缺乏有效的政策工具，没能给企业创新发展和产业升级带来足够的压力和动力。

不断提高产品的市场准入标准，促进传统产业更新改造、转型升级。标准是影响技术需求和供给的重要因素，发达国家在能源、环保、健康、

---

[1] 本田宗一郎对通产省的官员说："政府工作人员本应以维护公共利益为天职，可是现在变成了人们开拓新事业的障碍物。"

安全和消费者保护等方面不断提高市场准入标准，迫使企业不断采取新技术，使之成为推动企业创新的重要动力。企业无论采用什么技术路线、无论用什么设备生产，最终都要靠产品进入市场实现获利。过低的产品标准制约新技术推广应用，挤占新产品市场空间。目前，产业政策对企业生产不断提高准入门槛，包括投资规模、技术路线、环境标准、能耗指标、健康安全乃至产品品种等等，事无巨细，而对产品市场准入标准缺乏必要的调整和提高，一般只有爆发严重产品质量安全事故时，才会重新审视产品标准。实现传统产业转型升级的目标，政府官员不能代替企业家决策，更不可能直接插手企业生产，只有通过不断提高产品的市场准入标准来体现政策目标，把转型的压力有效传递给企业。

通过制度变革疏解转换成本，促进新兴产业发展。新兴产业是创新驱动的产业，要通过新技术产业化和新产品大规模进入市场来实现新旧产业更替。产业更替中，消费模式、上下游产业链和相关体制政策都面临转变，会产生三类企业难以负担的转换成本。一是消费者改变购买惯性而产生的消费者转换成本，包括购买价格之外的额外支出、代价或损失，如新制式手机换号的麻烦，对生物新药、转基因产品的担心，不舍得抛弃旧产品，以及新产品与配套产品的兼容性等等。二是产业链转换成本，包括新旧产业更替中上下游产业的追加投资和机会损失，典型的如电动汽车产业大规模发展会对充电设施有大量需求，风能、太阳能的发展都需要对电网进行投资改造，相关领域投资可能很大，并使石化、煤炭等产业面临巨大的机会损失。三是制度转换成本，主要是发展新兴产业过程中社会要承担的风险和管理模式转型的代价，尤其是政府管理模式需要转型，可能要不断"试错"，如电动自行车、电动汽车上路要对交通规则进行必要的调整，风电、太阳能发电上网要改革已有的行业管理体制。政府应致力于为企业构建有利于创新的市场环境，"携号转网"、"以旧换新"等规定有助于消除消费者转换成本，协调上下游产业、支持新主体进入、鼓励不同技术路线和商业模式公平竞争有助于消除产业链转换成本，关键是要切实推进垄断行业和相关领域管理体制改革，建立合理的利益疏导机制，为新兴产业发展降低制度转换成本。

二、促进研发创新提高企业转型升级能力

随着劳动力等要素成本的刚性上升以及竞争的日益激烈，国内有越来越多的企业把创新当作提升竞争力和实现转型升级的重要战略。调研中企业的年均研发经费占销售收入的比重达到 4.22%（上市公司平均水平高些，所以这个比重偏高），新产品销售收入占营业总收入的比重超过 30%。1400 多家企业中，只有 2% 的企业倾向于靠模仿别人，更多的企业则希望建立自己的技术能力。推动企业创新的关键因素是外部环境，而这正是创新领域改革亟需突破的地方。

研发创新是促进企业转型发展的根本解决办法之一。企业要转型发展，根本是不断创新产品，提高产品质量和附加值。目前中国很多产品领域已经达到很大的生产规模，但产品的质量和档次仍有待提高，例如中国平板玻璃产能过剩，但电子用平板玻璃仍要进口；风机风电设备过剩，但风机轴承和控制系统还要靠进口。光伏产业产能过剩，但其整体的制备工艺、关键核心设备仍依赖引进，一些发达国家已经完善的新兴的技术方法甚至尚未涉足。石化行业产能过剩，产品主要为低端。几乎各个重要行业都存在低端产品过剩，高端领域技术跟不上的情况。因而，促进中国产业转型升级，创新是根本解决办法之一。

（一）企业对创新反应较多的几个问题

1. 缺乏公平有效的市场竞争环境

竞争性的市场环境是生产率稳步提高的前提，是促进企业创新的基本

条件，市场竞争会激起创新和创业激情。调研中，有27%的企业认为由于缺乏公平竞争的市场环境导致企业创新动力不足。特别是知识产权保护不到位，有41.6%的企业遭遇过知识产权侵权，在被调研的非上市公司中有近40%的企业认为用法律手段保护知识产权很难取得效果，一些企业甚至宁愿花3年时间、投入大量人力来研制"黑匣子"寻求自保，而放弃法律保护。知识产权保护的不到位，助长了盗版、假冒，即便成功的技术创新也很难获得较好的效益，挫伤了企业创新的积极性。地方保护问题依然较突出，有23.5%的企业认为近年来地方保护主义加重了，主要是地方政府对本地产品进行保护，企业在外地发生法律诉讼和经济纠纷时会受到不公正待遇，在争取当地政府财税支持和土地资源等方面外地企业受歧视，并购当地企业有时会受到地方政府过多干预。市场准入难也影响了企业创新，在垄断性行业、市政建设等公共性领域，民营企业、中小企业都遇到了准入瓶颈，一些民营企业被迫与国企合作或卖出股份以求得市场机会。

2. 政府主导创新的方式反而抑制了创新

调研中，有近50%的企业建议应改进政府支持创新的方式，特别是改进对企业直接进行补贴的做法。现行做法容易导致不公平，会引导企业把主要精力放在寻找政策机会和"搞关系"上，创新成了企业最后的选项，如接受问卷调研的1440家企业的负责人平均每年和政府打交道的时间超过了30个完整工作日。企业反映突出的问题是政府对研发和产业化的支持方式。在支持研发方面，现行的通行做法是由企业申报，由政府部门选定研发项目、分钱，并对成果进行评估、鉴定、表彰，这不仅导致政府资金使用效率低下，而且容易产生寻租腐败，造成社会不公，并会强化政府对企业的不当干预。在支持产业化方面，财政资金直接对产业化进行资助带来很多问题，同时由于政府与一些企业捆得过紧，在企业快速发展时政府给予了企业过多的直接和间接支持，企业只能按政府意志办事，而当企业因经营不善陷入困境时，政府则被绑架，甚至要为亏损企业埋单，从而进一步扭曲政府与企业、政府与市场的关系。在产业政策方面，政府定规划、对投资和市场准入进行审批的管理体系也已严重滞后于创新发展，应对产业政策体制进行调整。

3. 创新的条件不足

调研中，有超过60%的企业反映融资、人才、市场准入、标准缺乏等是制约创新的主要因素（放入问卷分类数据），中国现行的人才评价、奖励、引进制度以及教育体制与创新要求相差甚远，人才的认定和选拔还保持着更多的行政评定、以文章和论文论英雄、遵循官本位和论资排辈的做法，极大地限制了人才优势的发挥，扼杀了创新主体的积极性。大学和科研机构有大量创新成果，但却不能与企业技术创新有机结合，科技成果被大量闲置，科技资源严重浪费，而企业由于技术供给不足又不得不从国外引进技术。也有一些企业反映很多重大项目投资没有给本国技术和企业更多工程实践和市场应用的机会，本国企业遭受歧视和挫折。

（二）实现创新驱动的相关改革建议

1. 建立公平的竞争环境

放宽市场准入，取消垄断行业的行政性准入限制，鼓励其他企业特别是民营企业进入。加快主要垄断行业的存量重组，形成有竞争的市场结构。改革投资审批和产业管理体制，放宽非垄断但受行政管理的如汽车、能源、服务业等产业的市场准入，鼓励市场竞争。对新兴产业一般不应再设置市场准入门槛，鼓励多元市场主体进入，政府主要通过信息引导、制定标准等规范市场秩序。

建立落后企业退出制度。要鼓励创新就应允许企业有生有死，新企业进入、生产率高的企业扩张与落后企业倒闭、失败企业退出应是并存的过程，很多时候是失败企业的数量远远高于成功企业的数量，正是这种优胜劣汰机制实现了资源的优化配置。应尽快完善《破产法》，强化企业破产的法律机制。应消除制约兼并重组中的地方保护、行业壁垒、所有制限制等因素，鼓励创新资源通过市场机制向优势企业集中。应强化行业技术、环保、安全等标准制度，以此为主要手段淘汰落后产能。要健全社会保障制度，用社保来保障退出企业的人员，而不是用行政手段和财政资金来保护该退出的企业。

加大知识产权保护。从支持引进模仿为主的知识产权制度转向支持原创和再创新为主的知识产权制度，要下决心打击假冒伪劣、非法仿制、盗取知识产权、通过不正当手段获取竞争对手的技术人才和相关知识的行为，提高违法违规的成本和对其惩处的力度，充分保障创新者的权益。

2. 改进政府支持方式

尽量减少实施制订规划、建立准入门槛、政府确定产业发展方向和技术路线、政府选择特定企业进行支持的产业政策。要充分发挥市场机制地产业发展方向和技术路线选择的基础性作用，政府主要通过信息发布、技术标准、市场规范等方式对产业发展进行引导。并将支持产业的重点放在破解长期制约产业发展的垄断行业市场准入难、部门分割导致产业融合难（如三网融合）、创新产品进入市场难（如首台首套）等体制性问题上。

分类支持研发活动。对基础研究和科学探索应减少项目支持的方式，鼓励大胆探索，允许失败，并为科研人员提供稳定的支持。基础领域应逐步成为政府资金支持创新的主要方面。对企业技术创新也不应多采用项目申报再直接进行资金支持这种方式，而主要应采用税收支持和财政后补贴方式。

改革对产业化的支持方式。应更多支持需求侧，政府资金用来培育市场，再让市场来拉动企业创新。政府直接投入产业化的资金应尽量不用直接拨款方式，而应采用与金融结合的方式来支持创新活动，如成立基金通过市场化方式直接投入，或将财政用来支持金融资本或与金融资本合作，让金融资本去支持创新企业。

调整国家科技投入分配，使其更符合创新的特性。目前中国创新资金主要集中在创新的前端环节大专院校的研发。国家大量科技资金的投入大多数情况下换回的仅仅是发表的一些文章。国际经验表明，一项创新能够最终形成产业化商品，其创新投入资金的分配是研发经费为1，中试环节为10，产业化环节需要100。因而，应当按照这种创新特性重新分配国家科技投入资金，并探讨相应的监督体系。

3. 深化教育与人才体制改革

建立现代大学制度，落实高校办学自主权。借鉴国有企业改革中的现代企业制度建设的经验，探索建立校董会、校长、监督机构的制衡机制。下决心去行政化，真正实现教授治校。落实办学自主权，让大学真正按大学的规律办学，在治理、招生、教学方式、课程设计、人员招聘、薪酬水平、学科专业和研究方向设置等方面有充分自主权。同时建立国家教育监管机构，改进大学评价体系，切实提高大学质量。可通过试点和建立教育特区的办法探索建立现代大学制度和现代办法模式。放宽办学限制，允许国外知名大学来华办学，让国外知名大学更大程度地参与到国内创新人才的培养体系中。改革地方和民间办学体制，拓宽办学筹资渠道。通过公私合作来扩大职业教育规模，为中小企业和创业企业提供适应各种产业复杂度的技术型员工。

4. 进一步强化知识产权制度与本国国情的配合度

知识产权制度是促进创新的关键制度之一。技术发达国家的美国，其国家创新战略尤其突出知识产权制度对创新的作用，日本更提出"知识产权立国"的口号。

日本和印度由于在知识产权制度的制定中非常关注与国情的配合，其国家的创新以及一些战略性行业的国际竞争力提升很快。日本知识产权制度的"可专利性"标准一直低于美国，并尽量缩小一个专利的保护范围，使得日本可以用一些微小的技术创新包围美国的原始创新，形成产品创新中的交叉许可，通过这种再创新逐渐成为一个技术发达国家。印度一直致力于提升国民寿命，将医药产业作为知识产权法的重点关注领域，在TRIPS实施前后都对该领域的知识产权制定了特殊制度，促进本土医药产业的发展，如今印度成为没有被跨国公司占据本国医药市场主要份额的唯一一个发展中国家。

中国从 20 世纪 80 年代开始制定知识产权有关制度，短短几十年时间完成了西方发达国家一百多年的历程，成就巨大。21 世纪初期的中国知识产权纲要更是体现了中国在知识产权制度方面的巨大进步。但由于中国接触知识产权制度时间短，尚未完全理解知识产权制度的经济效用及应用方法。虽然知识产权制度已经建立有三十余年，但中国技术创新整体能力提高仍然不足，本国 DVD 产业更是遭遇海外知识产权大棒的覆灭性打击，中医药领域的传统知识以及遗传资源不能得到有效保护，被外国企业掠夺性地免费使用。

因而，建议中国从三个方面强化知识产权制度与本国国情的配合度。一是中国知识产权制度在 10 年内仍以支持"再创新"为主，从"可专利条款""强制许可""实验使用"等条款入手，为中国技术再创新创造良好的制度空间；二是强化不同行业对知识产权制度的不同需求。电信行业技术更新周期快，医药行业研发周期长，应当根据每个行业的技术发展特点以及本国产业的国际竞争力对知识产权制度进行完善；三是以更积极主动的态度介入到国际知识产权制度的变迁过程中，争取更有利于中国的国际制度空间。

5. 坚定不移地建立优先资助本土创新成果的采购体制

政府采购具有公共政策功能，要求政府在采购活动中调节宏观经济供求关系，承担起实现社会公共利益的责任。由于政府采购的巨大金额是任何单一企业无法比拟的，因而政府往往是市场上最大的单一消费者，对新产品初期市场的培育起着至关重要的作用。美国政府采购法里也明确规定了其政府采购在促进创新、扶持中小企业等方面的政策功能。

2006 年起，中国科技部、发改委和财政部等颁布了系列政策，明确规定"经认定的国家自主创新产品将在政府采购、国家重大工程采购等财政性资金采购中优先购买"。但这些政策实施后，遭到欧美企业、中国美国商会、中国欧盟商会、欧盟和美国政府的巨大压力，以该规定违反 WTO 项下规定的"国民待遇"等理由，通过各种渠道对中国政府施压。中国财政部最终确定于 2011 年 7 月 1 日起停止执行《自主创新产品政府采购预算管理办法》《自主创新产品政府采购评审办法》《自主创新产品政府采购合同管理办法》等关于自主创新的三项规定，使自主创新与政府采购脱钩。

事实上，美国经济在高新技术推动下的快速发展很大程度上得益于美国通过政府采购的方式对高新技术企业的支持。有资料显示，美国政府采购的至少 70% 以上是本国产品。日本政府采购的 90% 以上是本国产品。不同在于，美国由于自身技术发达，可以通过提高购买产品的技术标准等方式将外国产品拒之门外；而日本则通过将大额采购拆散为很多个小额采购来规避 WTO 项下《政府采购条约》（GPA）的约束。

因此，中国应当在提升规则制定技巧，增强国际应对能力的情况下，坚定不移地建立优先资助本国创新产品的政府采购体制。优先资助本国创新产品的政府采购体制需要下列举措：一是深入了解分析 GPA 对各国政府采购政策的约束以及尚存的可由各国自主的制度空间；二是针对本国创新产品特点，参照日本美国经验，可在采购中制定不违背国民待遇原则，但实际有利于本国创新产品的特殊壁垒；三是深入了解日美欧的政府采购制度，在可能的争端发生时，以子之矛攻子之盾。

三、完善节能减排管理制度，促进产业转移和优化升级

区域间的产业转移是产业结构优化布局调整和升级的重要环节。产业转移除了受各地区资源要素相对禀赋的变化，以及市场需求变化的吸引以外，相关政策也有重要影响。根据本研究课题组在企业转型发展情况调研过程中各地方政府和企业反映的问题，目前中国的节能减排制度对产业区间转移形成了一定的制约，需要及时加以改革完善，以便利区域间的产业转移。

（一）目前节能减排制度对产业转移的制约及其他问题

积极推动节能减排工作是中国缓解资源环境矛盾，加快经济发展方式转变的重要途径。"十一五"期间中国提出单位国内生产总值能耗降低20%、主要污染物排放总量减少10%的约束性指标并基本完成，使节能减排上了一个新的台阶。"十二五"期间中国又制定了单位GDP碳排放降低17%和主要污染物减排8%～10%的约束性指标。为实现节能减排目标，中国制定了优化产业结构、实施节能减排重点工程、大力发展循环经济等多项具体措施（国发2011-26号文），但其中最具约束性的制度是将全国节能减排目标分解到各省区市，各省区市再逐层分解到下一级政府，通过层层分解落实，明确各级政府、有关部门、重点用能单位和重点排污单位的责任，并加强目标责任评价考核。目前的制度简单明了、容易实施，有效保证了节能减排目标的实现，但也存在一些问题。

1. 层层分解方法分隔了全国统一的市场，影响了产业转移和结构优化调整

各地区采取层层分解的模式，事实上对国内市场进行了分割，影响了区域专业化分工和协作。在这种模式下，每一级行政区域，比如县市、乡镇甚至企业都分配有排放总量约束，由于企业转移并不能伴随排污总量的相应转移，大大增加了产业和企业区域优化调整的难度。比如一个印染厂很难从一个地区迁移到另一个地区，因为在总量减排的背景下，迁入地区一般很难协调出可用的排放总量指标。

2. 各地区发展差异很大，指标层层分解方法很容易对部分地区发展造成约束

中国仍然处于经济增长较快的发展阶段，各地区经济发展阶段差异很大，而且越是较小的区域其差异越大。例如各省的经济增长速度最多相差几个百分点，而县与县之间经济增速可能相差十几个甚至几十个百分点。

因此，越是具体到基层的区域，其节能减排的任务就存在越大的差异性。目前各地区在执行节能减排过程中，往往将节能减排指标层层分解到基层政府，例如县甚至乡镇一级。这就很可能发生部分地区没有节能减排基数或者原有排放基数过小的问题，由于跨地区之间的指标调配往往非常困难，导致节能减排成为部分地区制约发展的重要因素。

3. 节能减排主要依靠行政性手段，付出的成本较高

在目前的管理方法下，各级地方政府是节能减排的具体责任和实施主体，造成了目标的落实主要依靠行政性手段的普遍现象。在节能减排工作中，各级政府所拥有的调节手段有很大差别。比如中央政府可以采取全面的财政、税收政策，省级政府也有一定的经济手段，而县市甚至更基层政府，难以运用价格、税费、标准等经济手段，只能主要依靠行政审批（新的投资项目）、关停并转等行政性措施。另外，由于各地区之间存在发展竞争，如果部分地区提高对节能减排的税费等标准，会降低该地区对投资的吸引力，因此，地方政府也不太愿意采用经济调节手段。

与税收、财政和排放标准、规范等经济手段和排放权、排污权交易等市场机制相比，行政性手段加大了对企业的直接干预，提高了全社会的节能减排成本，降低了经济运行效率。

4. 目前的体制下政府较为注重对大企业和耗能排污大户的监管，容易忽略对小企业和小污染源的监管

由于各地区主要实行污染物总量控制，而高耗能和高污染的主要是少数行业和少数企业，这导致许多地区注重对重点行业和耗能及排污大企业的监管而忽略对小污染源的监管。这一方面造成了许多环保事故，另一方面也造成了大企业和小企业不平等竞争的市场局面，不利于企业正常发展。

（二）进一步完善节能减排制度促进产业优化调整的政策建议

1. 确立主要依靠市场化措施实现节能减排目标的改革方向

虽然中国目前的节能减排管理方法简单有效，但也存在行政干预过

多、成本过大等许多问题，甚至还出现一些地区为了完成节能减排指标，在不缺电的情况下拉闸限电等不正常现象。从其他各国的经验看，也主要依靠经济手段和市场化机制实现节能减排任务。因此，从长期看，中国必须确立节能减排工作要转到主要依靠市场化手段和措施的改革方向，争取到"十三五"或"十四五"时期不需要再通过层层分解的方法实现节能减排任务。

2. 中央政府层面积极推动财政税收政策和排放标准的调整

进一步提高污染物排放的税费征收水平和征收力度，同时加大对节能减排研发和技术设备推广应用的财政支持力度。在我们关于企业转型发展问题的调研中，约一半的企业反映节能减排的投入大而收益小，支付的排污费也较少，污染费征收也存在很大的自由度，企业节能减排的动力和压力不足。因此，需要进一步研究适度提高节能减排的税收政策，大力加强征管力度，使能源利用效率低、污染排放大的企业真正付出更大的成本。同时，加大财政支持力度，使从事节能减排研发和推广应用的企业能够得到更大的支持。

结合主体功能区规划，适时修订不同主体功能区的污染物排放标准。节能减排工作需要体现各地区资源环境承载力差别，而最能体现资源环境承载力的就是全国主体功能区规划。2010 年国发 46 号文的《全国主体功能区规划》对不同主体功能区提出了不同的环境政策，例如优化开发区域要实行更严格的污染物排放标准，要严格限制排污许可证的增发，完善排污权交易制度等。由于目前执行的大多数污染物排放标准都是在主体功能区规划发布前制定的，因此，需要及时根据《规划》要求，修订并提高现有的污染物排放标准，以标准促进节能减排工作。

3. 选择部分地区进行主要采用市场化方法推动节能减排的改革试点

对节能减排方法的改革应坚持先试点后稳步推进的方法，首先选择少数面积较小的省份，或者地市一级的区域进行主要采用市场化方法推动节能减排的改革试点，在试点地区取消对节能减排任务的层层分解，而主要依靠市场化方法，主要通过试点地区内部的优化调整，加强节能减排总量的区域内协调实现既定目标。

当前在地方层面要重点推动排放权交易。除了财政和税收政策外，排放权（包括碳排放权和污染物排放权）交易也是发达国家普遍使用而且效率很高的一种市场化机制。由于税收政策具有全国统一性，建议目前在各地方重点推动建设排放权交易机制，通过排放权交易，实现区域内部节能减排的市场化调整。

参考文献
References

[1] Adams J. D. , 1984, Transforming Work. Alexandrix: Miles Review Press

[2] Amsden, A. , 1989, Asia's Next Giant: South Korea and Late Industrialization, New York, Oxford University Press

[3] Barker, L. V. and Irene, M. D. , 1997, "Strategic change in the turnaround process: theory and empirical evidence", *Strategic Management Journal*, (18): 13 – 39

[4] Blumenthal, B. and Haspeslage, P. , 1994, "Toward a Definition of Corporate Transformation", *Sloan Management Review*, Vol. 35, NO. 3, pp. 101 – 106

[5] Boyle, R. D. and Desai, H. B. , 1991, "Turnaround strategies for small firms", *Journal of Small Business Management*, Vol. 29, No. 3, pp. 33 – 43

[6] Bibeault, D. , 1982, Corporate Turnaround. New York: McGraw – Hil

[7] Baysinger, B. D. , Kosnik, R. D. and Turk, T. A. , 1991, "Effects of Board and Ownership Structure on Corporate R&D Strategy", *Academy of Management Review*, Vol. 34, No. 1, pp. 205 – 214

[8] Crowston, K. and T. W. Malone, 1988, Information Technology and Work Organization, in*Handbook of Human – Computer Interaction*, North Holland

[9] Ching, H. & Wayne, C. , 2008, "From Contract Manufacturing to Own Brand Management: The Role of Learning and Cultural Heritage Identity", *Management and Organization Review*, Vol. 4, No. 1, pp. 109 – 133

[10] Daft R. L. , 1994, Management. Orlando: The Dryden Press

[11] Dunpy, D. C. and Stace D. , 1991, Under new Management: Australian organizations in transition. New York: McGraw – Hill

[12] Eriksson, R. Lindgren, U. and G. Malmberg, 2008, "Agglomeration Mobility: Effects of Localization, Urbanization and Scale on Job Changes", *Environment and Planning*, Vol. 40 (10), pp. 2419 – 2434

［13］Forbes N.，Wield D.，2001，"From Followers to Leaders：Managing Technology and Innovation in Newly Industrializing Countries"，London Routledge

［14］Gersick，C. J. G.，1994，"Social Psychology in Organizations：Advances in Theory and Research"，*The Academy of Management Review*

［15］Grabher，G. and O. Ibert，2006，"Bad Company? Th Ambiguity of Personal Knowledge Networks"，*Journal of Economic Geography*，Vol. 6（3），pp. 251 – 271

［16］Gereffi G.，1994，"The Organization of Buyer – driven Global Commodity Chains：How United States Retailers Shape Overseas Production Networks"

［17］Ginsberg，A.，1988，"Measuring and Modeling Changes in Strategy：Theoretical foundation and Empirical Direction"，*Strategic Management Journal*，（9）：559 – 575

［18］Hamel，G. and Prahalad，C. K.，1990，"The Core Competence of Corporation"，*Harvard Business Review*，Vol. 68，No. 3，pp. 79 – 91

［19］Hammer，M. and Champy，J.，1993，Reengineering the corporation：A Manifesto for Business Revolution. London：Nicholas Brealey Publishing Limited

［20］Hobday，M.，1995，"East Asian Latecomer firms：Learning the technology of electronics"，*World Development*，Vol. 23，No. 7，pp. 1171 – 1193

［21］Jonathan，D. D.，2000，"Corporate transformation without a crisis"，*The Mckinsey Quarterly*，（4）：116 – 128

［22］Klimann，R. H. and Covin，T. J.，1988，Corporate Transformation：Revitalizing Organizations for a Competitive World. San Franscisco：Jossey – Bass

［23］Klein M. M.，1996，"Tip for Aspiring Reengineers"，*Planning Review*，Vol. 24，No. 1，pp. 40 – 41

［24］Kimberly，J. R. and Quinn，R. E.，1984，Managing Organizational Transition. Illinois：Jessey Base Inc

［25］Kotter，J. P.，1995，The New Rules. New York：The Free Press

［26］Kanter，R. M.，Stein，B. A. and Jick，T. D.，1992，The Challenge of organizational change：how company experience it and leaders guide it，New York：Free Press

［27］Levy A. and Merry U.，1986，Organizational Transformation . New York：Praeger

［28］Lall，S.，1992，"Technological capabilities and industrialization"，*World Development*，Vol. 20，No. 2，pp. 165 – 186

［29］Meyer，2000，"International Production Networks and Enterprise Transformation in Central Europe"，

Comparative Economic Studies, No. 42, pp. 135 – 150

[30] Muzyka, D. , de Konig, A. and Churchill, N. , 1995, "On transformation and adaptation building the entrepreneurial corporation", *European Management Journal*, Vol. 13, No. 3, pp. 346 – 363

[31] Oinas, 2000, "Localization VS. Globalization Revisited: Knowledge Creation in Local Worlds of Production", Paper presented at 2000 residential conference

[32] Prahalad, C. K. and Oosterveld, J. P. , 1999, "Transforming internal governance: the challenge for multinationals", *Sloan Management Review*, Vol. 40, No. 3, pp. 31 – 40

[33] Pietrobello, C. and R. Rabellotti, 2007, Upgrading and Governance in Clusters and Value Chains in Latin America, Harvard University Press

[34] Reger, R. K. , Duhaime, I. M. and Stimpert, J. L. , 1992, "Deregulation, Strategic Choice, Risk and Financial Performance", *Strategic Management Journal*, (13): 189　204

[35] Rindova, V. P. and Kotha, S. K. , 2000, "Continuous 'Morphing': Competing through Dynamic Capabilities, Form, and Function", *Academy of Management Journal*, Vol. 44, No. 6, pp. 1263 – 1280

[36] Ricardo Valerdi and Craig Blackburn, 2010, "Leveraging measurement systems to drive enterprise transformation: Two case studies from the U. S. aerospace industry" *Information Knowledge Systems Management*, Vol. 9, No. 2, p p. 77 – 97

[37] Rappert, B. Webster, A. and D. Charles, 1999, "Making Sense of Diversity and Reluctance", *Research Policy*, Vol. 28 (8), pp. 873 – 890

[38] Shaheen G. T. , 1994, "Approach to Transformation", *Chief Executive*, No. 3, pp. 2 – 5

[39] Slywotzky, A. J. , 1996, Value Migration: How to Think Several Moves Ahead of the Competition. Boston: Harvard Business School Press

[40] Schendel, D. , Patton, G. R. and Riggs, J. , 1976, "Corporate Turnaround Strategies: A Study of Profit Decline and Recovery", *Journal of General Management*, (3): 3 – 11

[41] Staber, 2001, "The Structure of Networks in Industrial Districts", *International Journal of Urban and Regional Research*, Vol. 3, pp. 3 – 18

[42] Schmitz, H. , 2007, "Reducing complexity in the industrial policy debate", *Development Policy Review*, Vol. 25, No. 4, pp. 417 – 428

[43] Schmitz, H. , 2006, "Learning and Earning in Global Garment and Footwear Chains", *The European Journal of Development Research*, Vol. 18 (4), pp. 546 – 571

［44］ Uzzi, B., 1997, "Social Structure and Competition in Inter – firm Networks：The Paradox of Em-beddedness", *Administrative Science Quarterly*, Vol. 42 (1), pp. 35 – 67

［45］ Verona, G. A, 1999, "resource – based view of product development", *The Academy of Management Review*, Vol. 24, No. 1, pp. 132 – 142

［46］ Wycoff, J. and Richardson, T., 1995, Transformation Thinking. New York：Berkley Publishing Group

［47］ William B. Rouse, 2005, "A Theory of Enterprise Transformation", *Systems Engineering*, Vol. 8, No. 4, pp. 279 – 295

［48］曹振华．企业转型战略管理模型建构与实证研究．上海：复旦大学出版社，2006

［49］陈明，余来文．动态环境下企业战略变革的主要影响因素及其对策．当代经济，2006（6）

［50］陈明璋．企业转型的策略与成功关键．贸易周刊，1996（5）

［51］黄旭．企业战略变革研究．成都：四川大学出版社，2004

［52］李志军．加快技术改造步伐，促进纺织机械业转型升级．国务院发展研究中心 2012 年第 121 号调查研究报告

［53］林温正．台湾传统集团企业转型策略之研究．台湾大学 2000 年毕业论文

［54］刘世锦．中国"挤压式"增长后的速度回落与增长模式转型．国务院发展研究中心 2011 年第 237 号调查研究报告

［55］刘志彪．生产者服务业及其集聚：攀升全球价值链的关键要素与实现机制．中国经济问题，2008（1）

［56］隆国强．加工贸易转型升级的方向与政策．国务院发展研究中心 2008 年第 152 号调查研究报告

［57］瞿宛文．台湾后起者能借自创品牌升级吗．世界经济文汇，2007（5）

［58］任泽平．当前中国产业结构的变动趋势和制度需求．国务院发展研究中心 2012 年第 27 号调查研究报告

［59］沈恒超．促进服装鞋帽业转型升级的建议．国务院发展研究中心 2012 年第 11 号调查研究报告

［60］森口八郎．开拓中小企业的活路——企业转型成功实例．台北：华泰出版社，2000

［61］孙宝强．产业升级理论研究中的争论与反思．天津商业大学学报，2011（4）

［62］孙早，张振．优惠政策、财政分权与民营企业的绩效表现．财经研究，2005（12）

［63］孙早，张振．优惠政策、法律制度与私营企业的发展．经济学家，2007（5）

[64] 谭开明，王宇楠. 财政政策支持中小企业自主创新的路径分析. 技术经济与管理研究，2010（3）

[65] 王庆喜，宝贡敏. 制度转型与中国民营企业成长战略取向. 财经问题研究，2005（3）

[66] 王忠宏. 关于促进东南沿海产业转型升级的政策建议. 国务院发展研究中心 2011 年第 216 号调查研究报告

[67] 王忠宏，贾涛. 广东以产业转移促进产业转型升级调研报告. 国务院发展研究中心 2011 年第 235 号调查研究报告

[68] 王忠宏，李建伟. 新形势下东南沿海产业转型升级的方向和思路——以杭州为例. 国务院发展研究中心 2011 年第 147 号调查研究报告

[69] 王忠宏，彭晓博. 浙江推动传统产业转型升级调研报告. 国务院发展研究中心 2011 年第 234 号调查研究报告

[70] 王中宏，盛朝迅. 江苏以创新引领产业转型升级调研报告. 国务院发展研究中心 2011 年第 236 号调查研究报告

[71] 王忠宏，石光. 上海探索多种方式推动产业转型升级调研报告. 国务院发展研究中心 2011 年第 232 号调查研究报告

[72] 吴家曦. 浙江省中小企业转型升级调查报告. 管理世界，2009（8）

[73] 邬爱其. 超集群学习与集群企业转型成长. 管理世界，2009（8）

[74] 杨振. 企业战略转型初步研究. 上海：复旦大学出版社，2004

[75] 肖丕楚. 传统优势企业转型研究. 成都：四川大学出版社，2005

[76] 谢碧枝. 企业转型中的多角化策略选择——以食品业为例. 屏东科技大学 2000 年毕业论文

[77] 谢坤霖. 从资源基础观点看企业转型成功因素——以高雄房地产广告代销业转型建筑开发业为例. 国立中山大学 2007 年毕业论文

[78] 许寿峰. 小巨人耀升的时代. 战略生产力杂志，1989（397）

[79] 杨桂菊. 代工企业转型升级：演进路径的理论模型. 管理世界，2010（6）

[80] 叶荣义. 转型策略、执行力与经营绩效之研究——以石化业为例. 国立中山大学 2006 年毕业论文

[81] 袁素萍. 企业转型成功关键因素之研究. 国立成功大学 2003 年毕业论文

[82] 赵昌文，范保群，许召元. 当前中国企业转型发展的主要模式与进展——基于实地调研及中小板创业板上市公司问卷调查. 国务院发展研究中心 2012 年第 146 号调查研究报告

[83] 张茂林. 企业直面战略转型. 政策与管理，2002（5）

［84］张聪群．产业集群环境下浙江中小企业转型的战略选择——基于地方政府的视角．科技与管理，2011（1）

［85］竹本次郎．从劳动密集到技术密集的转型．台北：日本文摘杂志社，1989

［86］周佳欣．台湾中小企业策略性转型之研究．东吴大学1997年毕业论文

［87］周佩萱．试析中国中小企业转型困境．台湾经济研究月刊，1993（8）